U0899361

外交学学术文丛
人才培养项目

大国无疆

中国崛起动能论

肖　洋◎著

时事出版社

图书在版编目（CIP）数据

大国无疆：中国崛起动能论/肖洋著．—北京：时事出版社，2013.11
ISBN 978-7-80232-612-5

Ⅰ.①大… Ⅱ.①肖… Ⅲ.①发展战略－研究－中国 Ⅳ.①D60

中国版本图书馆 CIP 数据核字（2013）第 224590 号

出版发行：时事出版社
地　　址：北京市海淀区巨山村 375 号
邮　　编：100093
发行热线：（010）82546061　82546062
读者服务部：（010）61157595
传　　真：（010）82546050
电子邮箱：shishichubanshe@ sina. com
网　　址：www. shishishe. com
印　　刷：北京百善印刷厂

开本：787×1092　1/16　印张：20　字数：242 千字
2013 年 11 月第 1 版　2013 年 11 月第 1 次印刷
定价：56.00 元
（如有印装质量问题，请与本社发行部联系调换）

自　序

崛起的思潮激荡着神州大地，民族复兴迈上了最后的征程。

随着中国崛起步伐的加快及程度的加深，各种大大小小的障碍也逐渐浮出水面，当笔者试图去寻找问题的根源时，发现它竟是如此的盘根错节、险象环生，以至于突然对中国的崛起前景近乎悲观了……不，笔者坚信古老而又强大的中国能冲破层层阻挠，实现中华民族的伟大复兴。

席卷全球的金融危机使得中国的崛起意识提前十年形成了思潮，而且激发中国读书人像康有为、梁启超那一代人一样，再一次将眼光扩展到了全世界。

任何国家的崛起过程都是一个十分艰难的博弈过程。中国崛起之路可以说“路漫漫其修远兮”。国家，不能绑在民族主义的战车上前行，德、日的教训还不够深刻？一个多灾多难的民族，和平发展不仅符合世界潮流，亦符合人民最根本的利益！慷慨赴死易，从容负重难，慎之！

中国恐怕是近代史上最孤独的崛起中大国。世界史上大国崛起的历史表明，成长的关键期往往可能意味着麻烦与困难的频生。如果因此而失去了战略的洞察力和决断力，可能会导致崛起的中断，甚至坠下悬崖。能否始终保持战略清醒，心无旁骛，不受干扰，牢牢盯住战略目标，决定着大国崛起的成败。从全球范围看，中国崛起的阻力正呈现出几何数的增长，国际安全环境也发生了很多不利于中国的变化。毕竟既有强国不愿意看到中国的崛起，因为谁也不愿意轻易放弃已经拥有的权力和利益。当美国推进“重返亚太”战略的时候，我们该怎么走？是绕道而行，还是破浪前进？怎样才能不让眼前的困难干扰了我们实现战略目标的进程？

战略能否获得成功，主要取决于对目的和手段是否能做精确的计算，能否把它们正确地结合起来加以使用。中国的崛起在给世界创造巨大共赢机会的同时，也势必会冲击现有的区域和全球政治、经济和安全格局。在相当长的时间里，尤其是在新格局、新秩序尚未稳固建立之前，盘算如何平衡中国力量，设法对冲负面影响，甚至试图规制、遏制中国的努力都会始终存在。

从长期的对外经济战略来看，中国的一个非常明确的目标仍然是经济的国际化与全球化。这同国家所实施的新的内需型发展战略是不相矛盾的。目前一个现实的问题是，在全球化进程陷入僵局的情况下，中国作为一个崛起的大国应当如何应对，中国在推动全球贸易与投资发展上应起到怎样的作用。也就是说，在目前这复杂和多变的国际环境下，短期和中期应如何作出调整，以便更有力地实现中国的对外发展以及综合发展的长期目标。因此，中国崛起的可持续动力是本书重点关注的问题。

今天的中国，实力非昔日可比。我们拥有了比历史上任何时候都更强大的掌握自己命运的力量。如果说，以往中国的崛起是抓住了全球大格局变化的战略机遇，而今天的中国则有了更多为自身和平发展创造战略机遇的能力。这同样也是中国崛起进入关键期的重要标志。用好这一能力关系到两个百年的战略目标的实现，同样也关系到全球和区域政治、经济和安全秩序的调整与重建。一个朝着小康社会迈进的中国必定是和平发展新秩序的建设性贡献者。

今天，当笔者沐浴着北京的春风，一种前所未有的悲壮和哀痛化作泪水滚落下来。四百年的期盼，两百年的浴血奋战，终于迎来了这次崛起的机遇。无数前辈的鲜血、汗水、智慧、祝愿，化作沙砾和碎石，铸就了我们今天崛起的基础。我们承续着前辈的血脉，我们牢记着前辈的祝愿和嘱托。我们必须为一部悲惨的近代史续写出壮丽辉煌的篇章。本书中的观点主张，凭的是深入研究中国和平崛起过程中面临的种种险境所得出的一些意见，经过若干的时间后，可能会推翻一些观点，但相信某些部分是具有参考价值的。

作为青年学人，选择中国崛起的动力作为探索目标，是一项极具挑战性的工作，尽管我尽力而为、尽己所能，但受年龄、理论水平、思维能力所限，难以完整地将萦绕在脑海中的思绪整合成严密的战略思维，加上资料的挖掘把握还有很大潜力，文中当有诸多不当甚至谬误之处，敬请读者批评指正。

笔者坚信：再经过二三十年的发展，中国崛起必将注入持久的活力与动力，而步入全方位改革的中国，就像蓄势待发的鲲鹏，内力一足就会展翅高飞，实现改变世界的抱负。正是：

鲲鹏展翅九万里，背负青天朝下看，换了人间。

谨以此书献给所有为中国和平崛起做出贡献的人，献给所有关心中国命运的人，也献给所有关心世界未来的人。

肖　洋

2013 年 7 月于北京

目　录

第一章

中国崛起与国际格局的演变

自人类社会迈入 21 世纪以来，美国以打击国际恐怖主义为契机，紧锣密鼓地施行其新的全球战略，先后发动了阿富汗战争、伊拉克战争、利比亚战争。与此同时，美国政府多次公开宣传其“单极世界”理论，为其称霸世界提供理论依据，美国这一系列举动给国际社会和大国关系带来了深远的影响。在国际政治格局中，“单极化”与“多极化”成为两种主要发展趋势。中国面临着如何营造一个和谐与安全的国际环境，以加快经济社会发展的步伐，增强自身的综合国力；如何促进国际政治格局向多极化发展，推动国际关系民主化；如何协调与其他大国的关系，有效地进行全球治理等问题。这一系列问题已被提到战略的高度，引起了学术界的广泛关注和热烈讨论，尤其是研判当今国际政治格局的发展趋势，已成为国内外举世瞩目的重要问题。对当今国际政治格局的研究，能为我国应对不断变化的国际政治格局提供一定的理论支持和决策建议，具有重大的理论与现实意义。

第一节　当今国际政治格局的判读

冷战结束20多年来，新的国际政治格局始终未能形成。国际政治格局呈“一超多强”的状态，并向“多极化”方向发展。作为一定历史时期的产物，国际政治格局并非一成不变，随着时代的发展，国际舞台上的主要政治力量发生变化，国际政治格局也将随之而变。“9·11”事件的发生，对国际政治格局产生了一定的影响，并引发了人们对左右国际政治格局的“极”的思考。

一、传统国际政治格局的基本类型

格局一词包含两重含义：既指事物的内在结构，又指事物的形式、状态和规模。国际政治格局是指在国际舞台上的主要政治力量之间在一定历史时期内相互联系、相互作用而形成的一种结构状态。① 美国接二连三地发动战争，使得学者们热衷讨论的“极”的概念再次成为显学。一些学者纷纷对当前的格局做出自己的判定，认为目前的国际格局是“单极”或是“多极”等。那么，究竟什么是“极”，国际政治格局中的“极”究竟有哪些含义，这都是本章所要探讨的内容。

---

① 宋新宁、陈岳：《国际政治学概论》，中国人民大学出版社2000年版，第75页。

(一)“极”与国际政治格局

所谓“极”，是指支撑格局或左右格局赖以存在的力量基础，它既可以是一个国家，也可以是一个国家集团甚至国家联合体。[①] 除此之外，在特定的条件下，一些国际组织包括政府间组织和非政府组织也能对国际力量对比态势产生重大影响，因此也可以作为“极”。

关于“极”的定义在学界并未达成一致。有学者认为，“极”是指行为体的数量以及它们的实力分配状况，因此体现着国际体系的结构。多数学者认为，“极”是指那些拥有强大权力资源，并对国际事务有重大影响的力量，“单极”、“两极”、“多极”是指国际关系中全球层面上的力量分布状况，即国际体系的结构。[②] 冷战结束以后，人们仍然用“极”来分析世界格局，这是因为国家之间关系的互动平台被界定为体系。然而，当今世界政治的变化表明，继续用“极”作为分析国际政治格局的工具有着明显的缺陷。“极”强调的是世界格局主体之间物质层面的实力或权力作用，而世界格局主体则往往被局限为国家或国家集团。随着时代的发展，“极”在内容和形式上的局限性已显而易见。

例如，联合国作为最大的国际组织，在维护世界和平、促进世界经济发展、缓解地区紧张局势等方面发挥着大国无法替代的作用。随着国际政治民主化的发展，其他旨在维护地区和平与安全的区域性政府间组织，也在各个领域发挥着相当重要的作用。作为准国家的国际组织欧盟，已经使区域一体化程度达到较高的水平，并作为一个重要的行为实体在国际事务各领域发挥重大作用。欧盟的一体化发展，将进一步促使国际政治力量分布态势发生变化，并最终使

---

① 崔矗：《当代世界经济与政治》，湖南大学出版社2000年版，第2页。

② 詹姆斯·多尔蒂、小罗伯特·普法尔茨格拉夫：《争论中的国际关系理论》，世界知识出版社2003年版，第129页。

国际政治格局发生改变。再如，非政府组织通过为国家间合作提供多层次的沟通渠道，推动国家间政治、经济、文化、社会的全面合作，在全球范围内实施着一种有别于国家统治的社会管理职能。此外，作为"9·11"事件策划者与实施者，国际恐怖主义组织通过种种恐怖行为，引发了大国对外政策的调整，在一定程度上影响了当时的全球性国际政治格局，并改变了一些地区性国际政治格局，从某种意义上来讲，它也构成了一"极"。

"9·11"事件发生以后，小布什在相当程度上改变了对中俄采取的强硬政策，转而谋求改善与中俄关系，以求两国对其"反恐战争"的支持。除中俄外，日本、欧盟等主要国际政治力量也非常罕见地支持美国领导的"反恐"战争。[①] 在奥巴马政府发动利比亚战争，并一再对伊朗、叙利亚施压的霸权主义行径下，世界主要大国都表现出静默或追随的姿态，这似乎是对"美式单极"格局的默认。

由此可见，包括国际恐怖组织在内的非国家主体日益凸显其不可或缺的独特地位，它和国际政治中的主要行为体一样，能对国际政治力量对比结构产生巨大的影响。因此，"极"的概念应被发展为：所谓极是指具有强大的实力，支撑格局或左右格局赖以存在的力量基础，能够在国际舞台上独立地发挥作用，对国际政治力量对比结构产生重大影响的国际行为体，它可以是国家、国家集团和国际组织（包括政府间国际组织与非政府组织）。重新定义"极"的概念，将有助于分析新时代国际政治格局的特点及其变化。

（二）国际政治的基本类型

西方国际关系学者最早从理论上研究国际政治格局类型，他们

---

① 张明明：《当代世界的恐怖主义和反恐斗争》，《中共中央党校学报》2001 年第 4 期，第 111—116 页。

研究的国际政治系统，实际上就是国际政治格局，其研究的目标是主要大国和以大国为中心的国家集团之间的力量对比关系。例如：莫顿·卡普兰在《国际政治的系统和过程》一书中所提出的国际系统六模式，即“均势”系统、“松散的两极”系统、“牢固的两极”系统、“全球性国际政治”系统、“等级制”系统和“单位否决”系统。他又根据战后世界格局的发展，设计了几种可能的格局模式，如：非常松散的两极系统、缓和系统、不稳定的集团系统、不完全的核扩散系统等。加拿大学者 K. J. 霍尔斯蒂把国际格局分为四种类型：等级制模式、分散型模式、分散的集团模式、两极模式。他们对国际政治格局类型的划分，依据的主要是大国之间的权力均衡或配置，或主要基于他们的主观推断和假设，因此具有主观性和片面性。区分国际政治格局的类型，应依据构成一定格局的政治力量的特征以及各种力量之间相互作用的内容与结构、组合形式与规模特征。据此，国内学者大多认同将国际政治格局划分为四种基本类型。

1. 单极模式。指某一个主要大国或政治力量在国际政治中占据主导地位，其周围存在一系列力量不等的主权国家，但不能成为与之抗衡的政治力量，一国独霸世界。历史上出现过的大英帝国和所谓的“不列颠统治下的和平”，及二战结束后所谓“美利坚统治下的和平”。

2. 两极格局。指势均力敌的两个大国或两大集团的相互对立或相互制约，对整个国际事务起着决定性的影响。18 世纪末 19 世纪初的拿破仑法国与反法同盟，一战时的同盟国与协约国，二战时的法西斯轴心国与反法西斯同盟国，战后的社会主义与资本主义阵营，20 世纪 60 年代后的美苏两极对抗。

3. 多极格局。即多种力量的相互制约，并在国际事务中各自独立、基本平等、相互之间不存在联盟或领导与被领导的关系。构成多极格局的各种政治力量，可以是单个国家，也可以是国家间的联盟，国家间的联盟可以是集团型的，也可以是协调型的。多极格局与西方学者所说的“均势模式”，分散的“集团模式”、“多极模式”基本相同。如19世纪上半期维也纳体系下的欧洲均势格局，一战后的凡尔赛—华盛顿体系，20世纪70年代以后国际格局出现了向多极方向发展的趋势，即中、美、日、俄、西欧等竞相发展。但真正意义上的多极格局并未形成。

4. 两极多元格局。这是一种由两极向多极，或由多极向两极的过渡性格局形态。在这种格局下，一方面存在着两大集团或阵营之间的对立，这种对立对整个国际行为主体相互作用具有决定性的影响。另一方面，同时存在着独立于两极之外的其他政治力量，这些政治力量能在国际事务中发挥自身的独特作用而不受两极之间关系的直接影响。例如20世纪70年代后的两极——美、苏，和多元——中国、日本、西欧和第三世界。当然，真正完全独立于两极之外的只有中国。

二、如何研判现今国际政治格局

国际政治格局是国际关系研究中的一个永恒主题，是准确把握国际形势和正确选择对外战略的重要基础之一，也是在我国国际关系领域被视为“研究时间最长、著作最多、争论也最多的问题”。冷战结束后，国际政治格局呈现出新的特点，这是学术界所公认的。然而，国际社会现在正处于一种什么样的国际政治体系下，却众说纷纭。如前所述，关于当今国际政治格局主要有七种观点：即“单极”论、“多极”论、“单极—多极”论、“一超多强（元）”论、“多极化”论、“无极”论、“新两极”论。其中，最重要的是“单极”论、“一超多强”论和“多极”论。

（一）单极论

早在冷战结束之初，美国现实主义评论家查尔斯·克劳特哈默和国际战略分析家比格纽·布热津斯基就认为，苏联的解体使美国成为唯一一个全球性大国，前所未有的美国权力“单极时刻”已经到来。[①] 美国学者克鲁德·海默认为既然美国是唯一一个超级大国，则世界已经单极化了。[②] 哈佛大学教授约瑟夫·奈认为在当今世界出现的是力量的分散，因此在未来数十年里不可能出现一个真正意义上的多极世界，美国主导的单极世界将继续存在。[③] 美国乔治大学的威廉·沃尔弗斯从理论上详细论证了单极存在的事实性和合法性，以及单极世界的和平性与稳定性，从而极大地发展了金德尔伯格早在 20 世纪 70 年代提出的“霸权稳定论”，并直接为美国的对外干涉主义提供了理论诠释。[④] 中国也有学者认为：“伊拉克战争反映了当前国际体系的单极特征”，而“实力差距难以迅速缩短将导致单极体系在一定时间内具有稳定性和延续性”。[⑤]

显而易见的是，“单极论”过分突出了实力的一个侧面，即美国的军事实力优势。然而在全球化时代过多地使用军事力量必将受到多方因素的制约，“单极论”“夸大了美国在世界政治的某些方面能

---

① Charles A. Kupchan. After Pax Americana：Benign Power，Regional Integration and the Source of Stable Multiplicity. International Security，Vol. 23，No. 3（Fall 1998）；pp. 40 – 79. 比格纽·布热津斯基：《大棋局》，中国国际问题研究所译 1998 年版，第 13 页。

② ［日］中曾根康弘：《冷战以后》，上海三联书店 1993 年版，第 78 页。

③ 约瑟夫·奈：《美国定能领导世界吗?》，军事出版社 1992 年版，第 25 页。

④ William. C. Wolfforth，The Stability of a Unipolar World. International Security，Vol. 24. No. 1（Summer 1999）；pp. 5 – 41.

⑤ 朱锋：《伊拉克战争与国际政治格局的新态势》，《世界经济与政治》2003 年第 11 期，第 32 页。

够为所欲为的程度”。[①] 尽管冷战后美国的确力图仰仗强大的实力去确立其单极独霸的世界格局，但一超地位并不等于单极世界格局。虽然在民族国家里，美国是综合实力最为强大的，然而，它为建立单极世界不仅受到自身诸多因素的制约，而且许多非实力因素越来越制约美国的单极图谋。例如，“9·11”事件以后，美国与众多国际恐怖组织之间所进行的就是一种“非对称战争”，而要想赢得这场战争的胜利，就必须得到所有大国之间的支持，这个充要条件本身就是对美国单极图谋的极大约束。因为美国追求的单极格局是要美国处于支配地位，与各大国之间是不平等的关系，而在反恐战争中，国际反恐联盟形成的前提则是平等互利。至于美国借反恐战争的名义继续付诸其单极独霸的图谋，并逐步蚕食某些大国的势力范围，侵犯了其国家利益，引发了国际反恐联盟的内部纷争，削弱了对国际恐怖主义的打击力度，使国际恐怖组织得以继续存在。国际恐怖主义是美国国家利益的首要威胁，美国追求单极霸权所采取的种种图谋，在一定程度上使国际反恐战争成为美国一家的“独角戏”，这也是国际恐怖组织难以得到毁灭性打击的根本原因。国际恐怖组织的存在，将在一定条件下促使国际政治力量之间的重新分化组合，并最终促使国际政治格局改变。

（二）一超多强

美国学者约瑟夫·奈认为：冷战后的世界力量分配正像一盘三维棋赛，最高的一层是单极的美国超强的军事实力。中间一层是多极的经济中心，美国、欧盟和日本占了世界总产值的2/3，而最低的一层是各国错综复杂的跨国关系，其力量结构更为分散。[②] 这为其在

---

① Joseph S. Nye. Jr. The Paradox of American Power: Why The Worlds Only Superpower Can't Go It Alone, Oxford University Press, New York, 2002. pp. 38 – 39.

② Redefining the National Interest. Foreign Affairs, Vol. 78, pp. 22 – 35.

冷战结束后初期曾提出的“单极—多极”复合理论做了进一步论证。塞缪尔·亨廷顿也认为现今国际政治格局是一种全新的“单极—多极”（Uni—Multipolar）体系，即当代的国际体系既不是单极也不是多极，而是“单极—多极”体系，由一个超级大国和若干主要大国组成。① 他认为解决关键性问题需要唯一超级大国的行动，但也需要其他主要大国的联合。②

国内学者俞正梁认为日、欧不再事事唯美国马首是瞻以及第三世界地区大国的崛起，使世界政治格局表现出单极倾向与多极倾向同时并存。③ 俞邃认为，冷战结束以来，世界格局由原先的“两超多强”变成“一超多强”。④ 胡凡、李大光等认为，“多极化是个复杂漫长的历史发展过程”，而一超四强“将是一个较长的历史发展阶段”。⑤ 林利民博士认为，21 世纪的国际政治格局将包容不同的文明、不同的价值观、不同的政治制度。在近期，美国在国际政治格局中将维持明显的主导地位，其他大国也将具有较强的主导地位。目前的国际政治格局正处于多元化前夕的过渡时期。秦亚青也认为“一超多强”是个过渡期格局，并将长期存在。⑥ 阎学通认为冷战结

---

① Samuel P. Huntington. The Lonely Superpower. Foreign Affairs, Vol. 78, No. 2 (March/April 1999).

② 亨廷顿认为：现在只有一个超级大国，但这并不意味着世界是单极的。单极体系应只有一个超级大国和许多较小国家，而没有其他重要的大国。这个超级大国可以独自有效地解决重要的国际问题。其他国家联合起来也不能阻止它这样做。“多极体系则有若干实力相当的主要大国，它们在变动的格局中，既相互合作又相互竞争”。

③ 俞正梁：《大国战略研究——未来世界的美、俄、日、欧和中国》，中央编译出版社 1998 年版，第 317 页。

④ 《当代世界》杂志编辑部编：《大国走向》，当代世界出版社 1997 年版，第 5 页。

⑤ 胡凡、李大光：《大国的尊严——构筑二十一世纪国家安全的坚固堡垒》，海天出版社 1999 年版，第 153 页。

⑥ 秦亚青：《国际体系与国际社会秩序》，《现代国际关系》2005 年第 10 期，第 3 页。

束后，“一超多强”的性质没有变化，美国主导地位弱化，多强自主联合不愿屈从于美国的势头已经形成。① 刘江永认为以经济角度确定的大国格局概念不能取代国际政治格局概念，且不应忽视第三世界国家与非国家组织行为体对国际政治格局的影响，所以把国际政治格局视为“一超多元”更为贴切。②

“一超多强”论仍然局限在尼克松提出的五大力量中心论的思维模式里，它过分突出了美国的独超地位，并没脱离过去那种单极霸权基础上的列强共管的均势体系。它没能全面反映全球化背景下其他相关角色和因素对世界政治的影响，尤其忽视了以“亚洲四小”为代表的新兴工业化国家及广大第三世界国家崛起的这一当代世界的重大特点。仅仅以若干大国作为支撑国际政治格局的基本单位，已显示出明显的局限性。并且学术界并没有在对“多强”的衡量标准上达成共识。例如，有学者从经济角度将北美、欧盟、东亚称为“多强”；依据 GDP 的全球排名，将美、德、日、法、英、中、意等称为“多强”；还有的学者着眼于综合实力，把美国的盟国、美国的不确定的“战略伙伴”、中间力量称为“多强”。

（三）多极论

国外学术界比较广泛的认识是：单极是危险的和不稳定的，因为任何大的权力中心都会威胁到其他国家，并且会导致这些国家采取行动恢复平衡。③“多极”论认为冷战后的世界格局将呈现出一种

---

① 阎学通：《国际格局的变化趋势》，《现代国际关系》2005 年第 10 期，第 6 页。

② 刘江永：《未来的国际格局与国际秩序》，《现代国际关系》2005 年第 10 期，第 7 页。

③ Kenneth. N. Waltz, Evaluating Theories. American Political Science Review, Vol. 91. No. 4; pp. 915 –916 (December 1997).

多极并存的局面。[①] 有学者认为“多极”是一种“现实格局状态”，主要指世界上存在着多个对地区或世界事务具有重要影响的“实力中心”。[②] 冷战结束以后国际社会的发展，以国际间合作与相互复合依赖为主要特征，国家间相互作用的扩展，促进了全球性国际关系体系的形成，逐步为建立真正意义上的多极格局创造条件。然而，与“多强”一样，“多极”中的“极”的界定仍然没有定论，有的强调欧盟、[③] 有的突出中国，有的强调发展中国家。[④]

通过对关于冷战后国际政治格局的三种主要观点进行分析可知，单极论的观点是为资本主义的霸权统治和强权政治进行理论诠释。单极论的观点只是从现有的国际政治体系角度进行求证分析，没有看到事物的不断发展变化，难免陷于机械、片面的误区。“一超多强”论的观点是从现实的国际政治格局主要行为体及其相互间关系出发，对当前国际政治格局的现状给出了一个明确、形象的表述。“多极”论是立足于国际现实形势，从发展、变化的角度对国际政治格局的未来发展方向进行了表述，缺陷在于没有对国际政治格局的相对静止态势进行明确阐述，也没有对“多极”的定义进行明确界定。因此，我们在研究国际政治格局的过程中，既要看到现实中现存的态势，又应关注其发展的趋势。

---

① 持这种观点的有：Kenneth N. Waltz，“the Emerging Structure of International Politics”，International Security，Vol. 18，No. 2，fall 1993；Christopher Layne，“The Unipolar Illusion：Why New Great Powers Will Rise ”，International Secuity，Vol. 17，No. 4，Spring1993。

② 张蕴岭：《伙伴还是对手——调整中的中美日俄关系》，社会科学出版社 2001 年版，第 28 页。

③ 乔木：《多极化趋势不会改变》，《当代亚太》2002 年第 6 期，第 10 页。

④ 方伯华：《国际关系格局——理论与现实》，中国社会科学出版社 2001 年版，第 179—179 页。

第二节　后“9·11”时代的国际政治格局

“9·11”事件已过去十余年了，虽然其在大众心中的影响在渐渐淡化，但其对世界各个方面的影响仍在延续和扩大，最根本的就是“9·11”唤起了人们对恐怖主义的认识，“9·11”渐渐远去，但是美国借反恐为名发动的军事行动却越演越烈。其影响有很多方面，笔者先回答对国际政治格局的影响。虽然“9·11”事件并未从根本上改变全球性国际政治格局“一超多强”的局面，但却在很大程度上促进了大国关系的调整，从而在一定程度上改变了构成全球性国际政治格局的主要力量之间的分布状态，尤其是对地区性国际政治格局的演变产生了巨大的影响。在此，本书拟从两个层次来探讨“9·11”事件对国际政治格局的影响。一是分析“9·11”事件对全球性国际政治格局的影响，再就是以中亚和中东地区为例，探讨“9·11”事件对区域性国际政治格局的影响。

一、“9·11”事件对全球性国际政治格局的影响

“9·11”事件虽然没有改变国际政治格局“一超多强”的现状，但却使构成国际政治格局的主要力量之间的对比结构处于深刻的调整中。“9·11”事件为未来国际政治格局的发展注入了新的复杂因素。

（一）“9·11”事件与大国关系

冷战结束以后，国际政治格局由美苏两极格局演变为“一超”

与“多强”的格局，单极独霸与多极发展成为冷战后国际政治格局发展的新动向。美国作为实力超强的唯一超级大国，其霸权主义和构建单极世界的图谋急剧膨胀，势头强劲。[①] 特别是小布什政府上台以后，退出《反弹道导弹条约》、积极部署导弹防御系统、在防扩散问题上搞多重标准、退出《京都议定书》、带头实行贸易保护主义，在人权问题、中东问题、东亚安全、对华政策、环境问题等方面更是奉行单边主义。作为《不扩散核武器条约》的发起国和缔约国，美国至今不愿签署规定签署国必须接受国际原子能机构对其核设施进行核查的“安全保障协议”，带头搞核军备竞赛，并考虑修改国家核战略，不断研制进一步小型化、实战化核武器，以便降低使用核武器的门槛。国际社会视为国际防扩散机制四大支柱的《不扩散核武器条约》、《全面禁止核试验条约》、《反导条约》以及美苏（俄）达成的几个限制战略武器条约，除了《不扩散核武器条约》，其他的几乎被美国的单边主义破坏得荡然无存。然而，两极格局的结束，不但刺激了美国构建单极世界的霸权欲望，也为其他力量中心的发展提供了机会和条件。[②] 例如：俄罗斯、中国、欧盟、日本等“多强”不断发展和壮大自己，努力推动多极化趋势的发展。欧盟作为最强大的国家集团，拥有着不断增长的竞争力、创新力和整体实力，与美国的矛盾和摩擦不断增大；中国经济和综合实力的不断增长，使其成为一支重要的和平力量；俄罗斯外交趋于务实和灵活，但其维护自身大国地位的战略目标未变；日本积极参与地区、国际事务，谋求政治大国地位；发展中国家联合自强势头进一步加强，要求建

---

① ［美］兹比格纽·布热津斯基：《大棋局：美国的首要地位及其地缘战略》，中国国际问题研究所译，上海人民出版社 1998 年 2 月版，第 42—43 页。

② ［美］约翰·米尔斯海默：《大国政治的悲剧》，上海世纪出版集团 2003 年版，第 41 页。

立公正合理的国际政治经济新秩序。[①] 这些因素在不同程度上制约了美国建立“单极”世界的图谋，虽不可能完全形成联合制美，但各个力量中心之间形成了某种程度的相互制约。

“9·11”事件虽然给美国人民带来了深重的灾难与财产损失，其伤亡的人员数目甚至比“珍珠港事件”丧生的人还要多，给美国民众的心理造成了巨大的压力，但美国的综合国力并没有因此而削弱，依然是独一无二的“超级大国”。“9·11”事件对其他大国的影响相对有限。各大国的综合国力并没有因此而变得明显增强，仍然无力同美国抗衡，但它们同美国的基本矛盾依然存在，与美国依然是既有共识又有矛盾、既有合作又有竞争、既有妥协又有摩擦的关系，因此，“一超多强”的全球性国际政治格局并没有发生改变。[②] 但“9·11”事件的发生促使美国和其他大国开始调整各自的对外政策。

在遭受恐怖袭击后，小布什政府迅速一改过去奉行单边主义的执政作风，加强了与其他大国的合作，在联合国内通过对恐怖主义是一种危害人类安全的国际共识，形成了一个以美国为核心的国际反恐联盟。美国与中、欧、俄、日等大国就反恐问题达成一致，并得到后者的积极支持。在阿富汗战争结束之前，“一超”与“多强”保持了较为良好的合作关系，而没有出现某个强国借美国国力受损之机，而发起对美国霸主地位的挑战。美国借反恐之机迅速增强了实力。国际舆论、民众支持、国外援助、联合国通过的一系列反恐法案等，都大大增强了美国的软硬实力。然而，“多强”对于力量受到损害的美国所表现出的战略意想与实际行动，并没有像结构现实主义所说的那样，在霸权国力量受损之时，一个新的均势即将产生。

---

① 夏安凌、候杰辉：《关于当今世界格局的思考》，《教学与研究》2004 年第 12 期，第 37—43 页。

② 王正泉：《当前国际关系中的五个“变”与“不变”》，《国际观察》2002 年第 3 期，第 14 页。

二、"9·11"事件并未改变国际政治格局

美国仍处于全球权力分配结构的主导地位。威廉·沃尔福思认为，"在目前的国际体系中，无论是大国之间的外在制衡还是内在制衡都处于历史的较低水平。为了进行制衡，大国要么加强自己的军事力量（内在制衡），要么结成同盟聚集实力（外在制衡）"。[①] 在目前的"一超多强"格局中，美国实力大大超过其他国家，其他主要国家采取制衡美国的战略必然会付出高昂代价。未来20年，美国仍将是唯一的超级大国，拥有世界上最强大的军事实力和最雄厚的经济科技实力。权力过分集中在最强大的美国手中，不仅进一步拉大了其他大国与美国之间的实力差距，而且加强了美国的独超地位和"一超多强"格局的稳定性。

改变现行国际秩序的成本过高。约翰·伊肯伯里认为，以美国为中心的国际秩序的基础是发达工业化国家之间共同利益、价值观念以及资本主义民主制度，但美国为了维护在国际秩序中的主导地位，需要和其他国家进行合作。西方大国共同构建的国际秩序已经制度化，使国际制度回报增加，成为依赖性路径。[②] 如果形成抗衡美国的同盟，则意味着秩序参与者必须付出更高的代价改变现行的国际秩序，而目前的国际秩序深深根植于西方工业化国家的政治、经济和社会结构，如果国际秩序发生转变，它们就会受到严重影响，并付出高昂代价。

西方主要大国与美国在意识形态领域认同一致。除了中国外，

---

① Kenneth N. Waltz, Theory of International Politics.（reading, Mass, Addison-Wesley. 1979）, p. 168.

② ［美］约翰·伊肯伯里著，韩召颖译：《美国无敌：均势的未来》，北京大学出版社2005年版，第231页。

欧盟、日本、俄罗斯、印度等都是实行资本主义自由主义和资产阶级民主制度的国家。这些国家的社会精英必然属于资本主义意识形态的政治群体，相同的意识形态存在于不同的国家，但不同国家中拥有持相同意识形态的人，则会将自己视为一个跨国意识形态群体。因此，不同国家具有相同意识形态认同的社会精英会努力防止彼此之间的对抗，他们认为美国所维护的国际秩序是本国利益的根本保证。尽管小布什政府的有关导弹防御、环境保护及其他方面的政策已经疏远了许多自由主义者，但西方国家对自由主义的认同，使他们认为，“美国的意愿就是他们的意愿”。①

多强实力发展的不均衡，使其无一具有向美国挑战的资本。欧盟虽然是世界上最大的经济贸易集团，但要发展为一个自主、强大、统一的欧洲还有很长的路要走，并且“老欧洲”的安全维护还不敢脱离美国主导下的北约框架。日本经济科技实力雄厚，在保持世界经济大国地位的同时一直积极不懈地谋求成为政治军事大国，但仍不能摆脱美日军事同盟的束缚。当今的俄罗斯实际上衰退为一个经济欠发达、又拥有大量核武器的畸形大国，其综合国力不到美国的1/10，对美国的制衡作用早已不能与苏联相提并论。中国的强大在推动世界多极化上起着尤为重要的作用，但在人均 GDP 上还将长期处于低水平，在较长的时间内，整体国民素质仍将远远落后于发达国家。

综上所述，力量对比均衡化是多极化战略格局形成的基础，而这一点在很大程度上与美国地位的变化有关。了解美国霸权的特征有助于客观认识当今国际政治的现实，但承认美国霸权的特点并不表明我们支持美国不顾国际准则的规范，以强凌弱，独行其事的做法。要在以美国为主导的国际秩序中生存与发展，就必须加强对美

---

① ［美］约翰·伊肯伯里著，韩召颖译：《美国无敌：均势的未来》，北京大学出版社 2005 年版，第 256 页。

国霸权本质和国际政治格局现状特征的认识。虽然世界向多极化发展的趋势不可逆转，但在21世纪前20年，美国将继续保持唯一超级大国地位，这一基本事实使得多极化进程不会很快。但美国有战略上的几大优势，也存在战略上的劣势，美国战略谋划有其深远精当之处，也存在战略盲点。[①] 同时，“多强”力量的逐步增大，与美国的差距趋于缩小，也使美国建立单极世界的企图难以实现。“一超多强”的局面还将维持相当长的时间，历史将在曲折中前进。美国在可遇见的未来仍将保持其唯一超级大国的地位，“一超多强”的国际政治格局现状也可能会持续相当长的时期。

三、“9·11”事件对区域性国际政治格局的影响

多极化的实质是追求国际关系民主化，包括各国发展道路的多元化；单极化的实质是追求美国的单极霸权，在世界范围内推广美国式民主制度和价值观。美国作为冷战后唯一的超级大国，其要求“单极”霸权和主导世界潮流的努力都受到多极化的牵制。“9·11”事件没有改变美国在世界力量对比中的优势地位，也没有改变全球性国际政治格局，[②] 但这一事件强烈地冲击了中东、中亚等地区性国际政治格局，并促进了大国关系的一系列调整。“9·11”事件虽然没有从根本上改变国际组织格局，但它明显地改变了构成国际格局的主要力量对比结构。更为重要的是，“9·11”事件对于区域性国际政治格局影响极大，在一定程度上还改变了中亚、中东、北非的国际政治格局。限于篇幅，本文拟以中亚和中东的国际政治格局为

---

① 门洪华：《构建中国大战略的框架：国家实力、战略观念与国际制度》，北京大学出版社2005年版，第346页。

② 郝雨凡：《布什主义的走向与中美关系》，《美国研究》2005年第4期，第7—24页。

例来进行阐述。

(一) “9·11”事件对中亚国际政治格局的影响

中亚地区处于欧亚大陆的连接地带，具有重要的地缘战略意义，此外又拥有极为丰富的能源，这使中亚地区倍受关注。“9·11”事件之前，中亚地区受外部影响的程度还较小，影响中亚地区安全的主要是其内部的历史和现实因素，例如苏联解体后，俄罗斯就一直视中亚为自己的传统势力范围。在中亚地区的国际政治格局中，俄罗斯和中国是发挥重大作用的两个国家，其影响力非其他国家能比。俄罗斯通过强化与中亚国家的军事一体化，即建立统一的军事指挥系统，组织大规模的军事演习，训练整体配合的战斗力，打击、震慑了中亚地区的“三股势力”。在能源、经济、贸易、安全等领域加强了与中亚国家的紧密联系，力图确保“后院”的安宁。尤其是其构筑和主导的独联体国家集体安全体系，形成了以俄罗斯为主导的中亚安全保障机制。

中国在中亚地区安全上的作用主要是通过它主导的“上海合作组织”这个地区性国际组织而体现的。中国领导人在上海合作组织的发展过程提出了“互利、互信、平等、协作”的新安全观，它不仅与联合国集体安全理论和机制具有众多的相通性，而且还在一定程度上弥补了后者的不足，进一步充实、完善了这个理论，使上海合作组织不仅有利于保障中亚地区乃至世界的和平和安全，也密切了中国与中亚各国的交流与合作。

美国以胜利者的身份出现在冷战之后的国际舞台上，由于“对手的垮台使美国处于独一无二的地位。它成为第一个也是唯一一个真正的全球性大国”,[①] 美国一直想将自己的政治触角伸到中亚，却

---

① 兹比格钮·布热津斯基：《大棋局——美国的首要地位及其地缘战略》，上海人民出版社 1998 年版，第 13 页。

苦于俄罗斯的竭力反对和地域的遥远，一直未能如愿。

“9·11”事件后，中亚地区的国际政治格局发生了极大的变化。美国通过阿富汗战争及对中亚地区恐怖分子的军事打击，极大遏制了中亚地区“三股恶势力”的发展，更为重要的是，终于有机会把自己的实力范围延伸到了中亚。然而，由于美国对中亚各国的经济军事援助附带了许多政治条件，例如推行政治体制的改革、民主化、宗教自由等，使美国进入中亚后又对地区政治格局造成现实和潜在的破坏作用，尤其是推行美国式的“民主化”加剧了中亚各国政局的动荡，近年来发生在中亚地区的“颜色革命”即是例证。

“颜色革命”指2003年后，在格鲁吉亚、乌克兰、吉尔吉斯斯坦等国发生的以“民主”为口号、以“街头政治为特征，以美国和西方支持苏联加盟共和国反对派成功上台为背景的行动。之所以称之为“颜色革命”，一是因为格鲁吉亚、乌克兰、吉尔吉斯的“革命”都是在某种颜色的标志下进行的；二是西方政界和舆论推崇这种以“群众示威”行动迫使国家政权易手的“天鹅绒革命”斗争方式，故以美好的花朵和颜色加以“褒扬”，如：格鲁吉亚的“玫瑰革命”，乌克兰的“橙色革命”，吉尔吉斯斯坦的“郁金香革命”等。①

反恐战争不过是个噱头，本·拉登被击毙也没有使美国的称霸野心有所收敛，它利用国际社会对其遭受恐怖袭击的道义同情，以反恐划线，“非友即敌”，将反恐与对外称霸相结合，其所采取的单边行动与多边合作，依然服从于其称霸目标。阿富汗战争使美国借反恐之名将势力深入中亚地区，引起中、美、俄三边关系发生一系列的变化。

“9·11”事件促使中亚国际政治格局和大国关系变化的重要因

---

① 邢骅：《“颜色革命”的冷思考》，《共产党员》2005年第6期，第48页。

素之一是俄美关系大幅缓和。在一系列问题上，俄罗斯做出重大妥协，以换取稳定的国际环境和足够的时间恢复国力。1. 俄不再强调独联体为俄特殊领土，对美军进驻其“后院”保持克制。2. 放弃阻挡北约东扩，代之以谋求与北约建立新关系。3. 与美签署《俄美削减进攻性战略力量条约》，对美退出反导条约表示容忍。4. 与美建立新的战略关系。这既是美重新规范新环境下的美俄关系以加强“一超独霸”的能力，也是俄罗斯充分认识到国力衰弱，向西倾斜的务实外交的重要步骤。俄罗斯的战略收缩符合其盛时扩张、衰时蛰伏的历史发展规律，但也给予美国进一步蚕食其国际生存空间的机会。

中俄、中美关系在“9·11”事件后也得到不同程度的改善和发展。中国改革开放三十多年来，经济持续高速发展，综合国力不断增强，被美国认为是对美独霸地位的最大挑战者，为此，美国一直没有放弃遏制中国崛起的意图。“9·11”事件发生后，小布什政府在面临恐怖主义威胁的新情况下，改变了自其上台以来视中国为潜在竞争对手的想法，与中国发展建设性合作伙伴关系，使两国关系保持了良性发展。[①] 小布什总统重申“一个中国”的政策，明确表示反对“台独”，并积极评价两国在反恐等领域的合作。前国务卿鲍威尔认为，尽管中美两国信仰不同，但仍存在广泛的共同利益，因此完全有可能通过合作以缩小分歧和相互支持。“9·11”事件使中美在反恐方面加强接触与合作，为改善两国关系提供了新的机遇。

中俄则继续冷战结束以来双边关系发展良好的势头，在政治、经济、安全等领域加强了全面的合作，并共同促进“上海合作组织”在中亚地区合作中发挥更大的作用。中俄战略协作伙伴关系经过两国领导人共同的精心培育已日趋成熟。美国势力延伸至中俄两国的

---

① 沈骥如：《世界格局是否会变》，人民日报，2003 年 4 月 3 日，第 13 版。

国门之外，已是一个不争的事实，也为中俄的国家安全带来了前所未有的压力和挑战。尽管地处“破碎地带”的中亚地区因美国的进入而变得更为复杂多变，但如果各大国处理得当，新世纪的中、美、俄三角格局已经可能出现并行发展、良性互动的新局面。由美国、俄罗斯、中国、欧盟、印度、土耳其、伊朗等多种政治力量在中亚地区构成的多极结构是一种相对稳定的均衡结构，任何一个国家都不可能在此地区处于绝对优势地位。这种多极力量的平衡既符合周边国家的利益，也有利于中亚地区的安全。大国之间的合作面扩大、合作力度增强将有利于中亚地区的安全，反之，大国之间的矛盾加深、争夺加剧则会给中亚地区安全带来严重危害。

（二）“9·11”事件对中东国际政治格局的影响

“9·11”事件前的中东是大国利益角逐的竞技场。冷战结束后，中东地区总的形势趋于缓和，但发展有起伏，缓和与动荡并存，新旧矛盾交织，局势依然复杂、多变。① 这里不仅是美、欧、日、俄等大国战略利益交汇之处，也是伊拉克、伊朗、以色列、海合会、阿盟、OPEC 等地区主要行为体博弈之地。阿以矛盾、族群矛盾、宗教矛盾、大国矛盾交织在一起，但是，西方大国在维护中东地区稳定上态度是一致的，尤其是在维护伊拉克等产油国政局稳定方面达成共识，因为中东作为“世界油库”是支撑西方国家经济发展的基础。1995 年 5 月，美国国防部发表的《美国中东安全战略报告》就明确指出：“中东是欧洲和地中海同非洲、亚洲和印度洋之间的空中和海上的交通枢纽，因此，它对美国能否在全世界进行贸易和投放军事力量起着重要作用。”②

---

① 兴武：《冷战结束后的中东政治格局》，《西亚非洲》1993 年第 6 期，第 23 页。

② 梅孜：《美国国家安全战略报告汇编》，时事出版社 1996 年版，第 274 页。

美国作为世界消费石油最多的国家，历届政府的国家安全战略报告均反复强调保证石油供应对它自身的繁荣和安全至关重要。例如，1994 年克林顿政府在《国家参与和扩展安全战略》中明确地指出："美国 40% 以上的能源需求依靠海外石油的进口。我们的石油需求大约 45% 需要进口，其中大部分来自波斯湾地区。两次石油危机冲击和海湾战争的经验证明，中断石油供应会对美国经济产生重大影响。"①

在反对国际恐怖主义的大旗下，世界大国之间出现了罕见的"大团结"，美国也得到了世界舆论的同情和支持，但因美国发动伊拉克战争而发生逆转，这场战争标志着美国国际战略由集中力量打击国际恐怖主义转向把打击国际恐怖主义、加强本土防卫和逐一铲除"无赖国家"的异己政权结合起来。通过其主导的国际政治经济秩序，以实现新霸权治下的国际安全与稳定，由注重多边安全转向单边主义与美国主导的"有限合作"的准单边主义。② 大国力量对比关系的彼此消长是大国关系调整最深刻、最根本的动因，而伊拉克战争则集中暴露了美欧之间的矛盾。

在协防土耳其问题上，因意见无法统一而导致北约内部危机。尽管伊拉克战争以萨达姆政权的倒台而结束，但显而易见的是伊拉克战争、利比亚战争已在西方大国关系中造成深刻的裂痕，标志着建立在冷战基础上的美欧全面合作体制向以国家利益为基础的有限合作体制转变。西方大国关系的变动对中东政治格局演变的影响是深远的、重大的。

围绕伊拉克问题，美欧形成两个立场不同的营垒。在联合国，英国、西班牙支持美国，要求安理会表决包括自动授权对伊动武的

① 李景治：《中美日关系与东亚安全》，《教学与研究》2006 年第 3 期，第 20—26 页。

② 任晓、胡泳浩：《中美日三边关系》，浙江人民出版社 2002 年版，第 12 页。

新决议案，而法、德、俄、中则表示公开反对，法、俄甚至扬言使用否决权。于是，美国利用北约开始对伊出兵。

“9·11”事件后中东国际政治格局演变的原因如下：首先，基于自身利益的战略考虑，大国之间合作意识增强了。各国对外战略的制定已摆脱意识形态的束缚，开始建立在维护各自利益的基础上。如果大国利益存在“交汇点”，则大国关系表现为基于“共识”基础上的合作；如果大国的利益认同不一样，就出现矛盾和纷争。欧盟的一体化进程已不可阻挡，欧洲联合自强的需求是对政治、经济、军事、文化等领域获得完全独立、自立的权利，欧洲不愿再当美国的“小伙计”，而希望在联合国内以多边主义和《联合国宪章》的精神来约束美国的单边主义，以实现与美国平起平坐的地位，这自然与奉行单边主义、力图主宰包括欧洲在内的全球事务、不愿受联合国制约的美国产生战略上的冲突。① 美欧之间的矛盾导致了欧洲由美国重要的战略盟友变成了美国实行单极战略的重要牵制力量。伊拉克战争对中东政治格局的影响将很可能成为国际政治格局演变的新里程碑。

其次，美欧对中东能源的依赖程度不一，形成了各自不同的中东战略。美国由于实现了石油供应多元化，对中东石油依赖程度降低，而欧盟因地理上与中东毗邻，且中东的石油质优价廉，尤其是伊拉克为世界第二产油国，欧洲对中东石油依赖度很大。美国控制了伊拉克，则拥有以美国意图控制国际油价的筹码，欧洲不希望伊拉克战争以及在战后重建问题上与美国的争端而一再危及自身的能源安全。尤其是法、德两国在伊拉克具有巨大经济利益，不愿美国在伊拉克独占鳌头。

最后，基于维持欧洲稳定的共识，欧洲大国对伊拉克问题的解

---

① 沈国放：《当今世界的多极化趋势和大国关系》，《中国党政干部论坛》2003年第1期，第39—41页。

决存在与美不同的战略考虑。中东是非阿拉伯民族与阿拉伯民族、基督教文明与伊斯兰文明交汇之处，也是“破碎地带”的重要组成部分。民族矛盾、宗教矛盾、教派矛盾、贫富矛盾交织纷杂，使中东历来都是最动荡的地区之一。由于欧洲与中东存在地缘上的依存关系，所以欧洲高度重视中东与阿拉伯世界的稳定，在选择解决伊拉克问题的途径时，担心对伊动武会引发大规模的难民潮。社会动荡、民族与教派冲突和恐怖袭击会直接冲击欧洲的稳定。反观美国在中东虽有重要的利益，但因地理上的远离，由战争而引发局势的动荡，美国所受到的冲击相对较少。所以欧洲在伊拉克问题上的态度较为温和，反对轻易使用战争手段。

伊拉克战争表明：美欧因政治制度、意识形态、民主价值的共同性而不会形成对抗的两极，但在处理国际问题的观点看法和战略步骤上，则显示出他们利益的非一致性。美国在伊拉克战争中的胜利，在为美国带来巨大地缘战略利益的同时，还有利于实行美国设计的“中东和平路线图”。以欧美“推动伊拉克”进行全面的政治改革，建立新的政治体制，并在安全问题上与以色列合作。第一阶段以方则应撤离2000年9月28日以后占领的巴方领土，冻结定居点的建设；拆除2001年3月以后建立的定居点，并采取一切必要措施使巴勒斯坦人的生活恢复正常。第二阶段（2003年6月至12月）为过渡期，重点是在2003年底，建立一个有临时边界和主权象征的巴勒斯坦国。此后的2年为第三阶段，即在2005年完成巴以最终地位谈判并达成协议，建立巴勒斯坦国。而如今尽管美以反对，但2012年11月30日巴勒斯坦终于成为联合国观察员国，其中138张支持票的产生，除追随美国投反对票的捷克之外，欧盟在此所起的作用不容小觑。

在保证以色列安全的前提下，迫使巴勒斯坦实现民主化，以达到改造中东伊斯兰世界的目的。[①] 伊拉克战争一方面成为多边主义与单边主义行径交锋的又一演练场，另一方面也反映出与美国存在战略利益矛盾的力量并没联合起来以抗衡美国的霸权战略。然而，就中、俄、法、德、印等大国在“倒萨”上的态度至少可以表明一点，尽管“一超多强”的格局并未改变，但“多强”实力的发展代表了“多极化力量”的增强。这五大国是布热津斯基在《大棋局》中所说的“欧亚大陆新政治地图上关键的地缘战略棋手”。如果没有这些“关键的地缘战略棋手”的合作，美国将永远无法控制欧亚大陆。[②]

第三节 中国在国际政治格局中的定位

如前所述，“9·11”事件并未从根本上改变全球性的国际政治格局。但“9·11”事件的发生，使构成全球国际政治格局的主要力量之间的对比状态发生了较大变化。正确评估中国在国际政治格局中的地位与作用，并做出相应的战略选择，不仅有利于中国的和平发展，而且对推动国际政治格局向多极化演进具有积极意义。

一、中国在国际政治格局中的地位与作用

结构现实主义认为：结构根据单元间能力的分配来界定，无论等级制的还是无政府性质的国际体系，能力分配的变化就是系统的

① 李未来:《美国推翻伊拉克萨达姆政权的价值观念分析》,《国际关系学院学报》2005 年第 2 期，第 32—35 页。

② 王正泉:《当前国际关系中的五个“变”与“不变”》,《国际观察》2002 年第 3 期，第 13—16 页。

变化。[①] 从这一角度来讲，不管国际社会如何变化，中国在国际政治格局中的地位都取决于中国的综合国力。新中国成立以来，经过60多年的发展，中国已经发生了翻天覆地的变化，综合国力不断增强，国际地位不断提高。在“9·11”事件后，中国及时抓住契机改善同美国的关系，充分利用联合国这一平台，积极参与国际事务，使中国在整个国际政治格局中的地位与作用稳步提高。

近年来，中国国际地位不断提高，不仅得益于中国综合国力的增强，也与中国外交政策的实施有着紧密的联系。中国综合国力的增强对于提高中国的国际地位具有重大意义，具体表现为体现在以下三个方面：

首先，经济高速发展为中国国际地位的提高打下了良好基础。近年来，中国的经济实力显著增强，国民经济持续快速发展，国内生产总值的年均增长率超过9%，大大高于世界平均水平，也高于广大发展中国家的水平。[②] “9·11”事件以后，中国政府一方加强安全建设，积极支持美国的反恐战争；另一方面，我国政府尽力避免由此带来的不利影响，大力发展国民经济。根据中华人民共和国国家统计局提供的数据，2012年中国的国内生产总值51.9322万亿元，比上年增长7.8%。成为美国之后的世界第二大经济实体。同年，我国的外汇储备3.31万亿美元，位居世界第一。同年，我国的外贸总额达3.86676万亿美元，首次超过美国，成为世界第一大贸易国。

其次，中国科技和教育事业的发展为自身国际地位的提升提供了智力支持。中国科技队伍不断壮大，已经拥有3000多万人的科技大军，形成了门类齐全的科技体系，取得了数十万项科研成果。新

---

① [美] 肯尼思·华尔兹著，信强译：《国际政治理论》，上海世纪出版集团2003年版，第134页。

② 李广一主编：《当代世界政治与经济》，湖南科学技术出版社2005年版，第166页。

世纪以来，中国在科技领域取得了显著成就。尤其是我国载人航天飞行获得圆满成功，标志着我国加入了航天大国的俱乐部。此外，我国在一些重要的科技成果如原子能、生物、卫星通讯技术等已达到或接近世界先进水平。我国的高等教育事业也取得了重要成就，例如，2012 年中国在校大学生达到3000 万人以上。

最后，中国不断增强的军事实力为自身国际地位的提高提供了有力保障。经过几十年的建设与发展，中国人民解放军已经成为了一支由陆、海、空和第二炮兵组成的现代化军队。新世纪我军正朝着规模适度、结构合理、机构精干、指挥灵便、战斗力强的目标迈出了新的步伐。同时，我国的国防科技工业的建设也取得了重大的发展。核工业、航天航空工业、船舶制造工业、兵器工业都取得了重大成就。我国政府进一步完善国防和军队建设，以适应军事变革的需要。21 世纪初的20 年，中国无论是在常规武器，还是核武器方面，都足以保卫本国的主权和领土完整不受侵犯。

中国和平自主外交政策的实施提升了中国的国际地位。改革开放30 多年来，中国在国际舞台上的影响力与日俱增，这主要表现在以下三个方面：

首先，中国在国际事务中发挥着越来越重要的作用。目前，中国已成为维护世界和平与稳定的中坚力量。建国以来，中国在维护世界和平与稳定方面所起的作用是有目共睹的。“9·11”事件以后，中国始终坚持和平自主的独立外交，以联合国为平台，积极参与了世界重大危机和热点问题的外交斡旋，提出了许多合理的解决方案和建议。如在伊拉克战争和利比亚战争中，中国采取了谴责侵略、强调正义、争取和平解决地区危机的立场，为避免和尽快结束战争做出了大量工作。在东北亚，中国主持了多轮六方会谈，对推动朝核问题的和平解决做出了无可替代的贡献。此外，中国坚持联合国在国际事务中的主导地位，主张对联合国进行改革，使其对维护世界和平发挥更大的作用。

其次，中国在推动世界的多极化发展方面起着重要作用。早在20世纪70年代，国际政治格局呈现出多极化发展趋势，美国总统尼克松认为中国是世界的五大力量中心之一。改革开放以来，中国综合国力大大增强，成为“一超多强”中的一“强”。“9·11”事件后，大国关系进行了深刻调整。随着中国的进一步发展以及中国独立外交政策的实施，中国将成为未来多极世界中最受瞩目的一极。

最后，中国的社会主义理论与实践对世界产生了深远影响。中国社会主义事业建设的巨大成功，改变了国际主要政治力量的对比，增强了维护和平的力量，这对遏制霸权主义、强权政治，保卫世界和平将起到十分重要的作用。同时，中国不仅大力发展国内经济，还力所能及地支持世界各国，尤其是第三世界国家和地区的经济建设。中国的崛起为第三世界国家提供了一种新的发展模式以及许多可供借鉴的宝贵经验。新世纪，中国的发展模式被西方称为“北京模式”或“北京共识”。

二、中国应对国际政治格局转变的战略选择

这里所说的战略选择是指中国国家大战略的选择。所谓国家大战略，是指国家政府的一种操作方式或操作规划，即自觉地本着全局观念，开发、动员、协调、使用和指导国家的所有政治、军事、经济、技术、外交、思想文化和精神等各类资源，争取实现国家的根本目标。[①] 在这个定义的基础上，用当今大战略理论和大战略史研究方面的两位著名学者保罗·肯尼迪和约翰·刘易斯·加迪斯的话

---

① 门洪华：《构建中国大战略的框架》，北京大学出版社2005年版，第41页。

来说，大战略可以最简明地界定为“基于手段和大目标这两者之间经过深思熟虑的关系的全面行动规划”。它从来就不是一门精确不移、刻板划一的“科学”，而是需要以灵活为关键的、不断的重新审视和调整。[①] 一个国家的安全政策必须有一个“大战略”（Grand Strategy）来指导其具体的运作，否则，国家的安全政策将永远停留在应付突发事件的水平上。国家的安全大战略中最重要的乃是确定国家安全政策的目的，即国家所追求的理想安全环境。一个国家的理想安全环境是由其所处的地理环境等多个因素和其对国家利益的定义来决定的。比如美国的理想安全环境可以简单概括成没有其他任何力量（包括力量联盟）可以和美国抗衡，因此，美国的大战略便是防止任何有可能挑战美国的国家崛起或防止及阻止该国与美国对抗。然而，对大战略的讨论和回答不仅对中国的安全政策有指导意义，更可以减少其他国家对中国安全政策的猜疑和误解。

“9·11”事件对国际社会主要国家之间关系的调整产生了深远影响，也为中国的和平发展以及大战略的构建带来了新的视角，回顾大国崛起的历史可以发现，大国崛起面临的困境是天然存在的。根据“安全困境”（security dilemma）理论，在个体间“共处但未结成较高的统一”的场合，或者说在缺乏“可以对它们施加行为标准，并且由此保护它们彼此免遭对方攻击的较高权威”的场合，总是存在着安全两难问题：每个个体始终担心被对方侵害、统治甚或消灭，因而为求得安全势必多多益善地追求实力或权势，而这又会使对方感到不安全，从而也多多益善地追求实力或权势以防不测，结果就进一步加剧了原本的安全担忧。实际上这样一种对每一方来说都是“自招挫败”的、反复的作用——反作用过程，源于无政府（连同无效的行为标准）状态中必有的互相猜疑和互相恐惧，而它们所表

---

① 时殷弘：《国家大战略理论与中国的大战略实践》，《现代国际关系》2004年第3期，第36页。

征的安全困境包含着敌意和紧张滋生的逻辑必然性，并且在没有制约因素的情况下难免升级为对抗或冲突。[①] 而新兴大国的崛起，尤其是当它们已经或试图获取绝对安全或绝对利益时，将可能产生新的安全困境或加剧已有的安全困境，从而导致国际体系的不稳定，甚至引发大国战争。大国崛起的方式往往比崛起本身更具有影响力。大国崛起的速度、方向、意识形态以及对世界平衡的影响，会给其他国家带来疑心、戒心、嫉妒和恐惧感，从而引起反抗和遏制。在历史上，几乎所有大国的崛起都与战争、强权、奴役等血腥气息相联系。而和平发展战略思想的提出，表明中国在极力避免战争。

从中国国际环境的角度来看，国际社会包括美国和周边国家对中国的看法也在走向乐观，中国的和平发展模式显然已经收到良好的成效。随着中国全面融入国际社会，中国对世界的观念在改变、战略在调整，并积极利用既有的国际制度和规则维护和拓展自己的利益，并逐步成为一支建设性力量。中国主张以渐进、和平、民主的方式促进国际秩序的建设而不是另起炉灶；中国以负责任大国的身份参与国际新秩序的建设与变革，并以周边秩序优化为基点促进世界秩序的建设与变革；主张重点关注国际制度的创立、修改和完善，从基本规则入手，充分发挥联合国的积极作用并推动联合国的改革，“使之成为未来国际秩序的调节与控制机构”。[②]

值得注意的是，新兴大国对世界领导国的挑战是必然的，而所采取的战略则因既有世界霸主采取什么手段维护其主导地位，而分为和平模式和战争模式。美国倾向于用经济手段维护其地位，这在

---

① John H. Herz, “Idealist Internationalism and Security Dilemma”, World Politics, V. 2 (1950), pp. 157 – 158。

② 倪建民、陈子舜：《中国国际战略》，人民出版社 2003 年版，第 187 页。

一定程度上确保了中国选择经济崛起的效力。① 温斯顿·洛德（Winston lord）指出，中国会以什么样的方式"挑战"现行国际秩序，不在于中国是否成为全球和地区安全事务上的主要大国，而是何时和如何成为这样的大国。② 中国崛起已经为世界各国所普遍接受，尤其是2003年前后提出的中国和平崛起战略思想引起了国际社会的积极关注，但美国等传统大国对中国崛起的疑虑并未消除，国际社会也不可能完全以接触中国为战略设计。鉴于此，中国自身的应对战略则愈显重要。

中国处于历史上最关键、最重要的战略机遇期，一个符合中国国情的大战略框架的出现，将有助于上百年来中国仁人志士不断追求"富民强国"伟大目标的实现。对中国大战略的谋划，不仅要强调实力因素，更要将国际制度、国际格局与中国战略观念有机集合起来。概言之，中国伟大复兴为国际政治格局的演变提供了新的动力。

第四节　中国崛起的外交战略

在近现代的国际政治领域，涉及国家间政治、经济、军事、安全等多方面的竞争，战略观念和战略研究受到重视，出现了"世界战略、对外战略、国际战略、外交战略、全球战略"等用语和概念。"战略"的概念最先属于战争术语，形容战争中具有全局性的部署、

① 阎学通：《中国崛起的可能性选择》，《战略与管理》1995年第6期，第11—14页。

② Winston Lord，"For China，Not Containment but Integration"，International Herald Tribune，oct. 13，1995.

决策和规划，后来随着战略范畴的扩展，开始运用到经济、军事、政治、文化、外交等领域。尽管如此，战略的定义首先着眼于竞争性的目标，以及为达到目标相适合的手段。

一、外交战略的概念辨析

对外战略、国际战略和外交战略三个概念中“战略”的外延和内涵基本一致，前面限定词的不同决定了三者之间的联系和区别。从国际政治的范畴来看，对外战略、国际战略和外交战略的实施主体是一致的，均为主权国家。从这个意义上来说，主权国家具有对内的最高权和对外的独立权，尽管在做决策时会受到外在环境的压力，但对外战略、国际战略和外交战略的制定都是国家独立意志的体现，是国家理性行为的结果。三个战略的目标都是为了实现主权国家的生存、国家安全和国家发展。它们面对的对象都是国家的对外事务。正因为它们之间如此类似，无论是理论研究上还是在国家官方文件中，这三个概念的混用都比较普遍，界限模糊。

而另一方面，从理论研究的必要性来说，对这三个概念进行区分是有意义的，尤其近年来有些学者试图尝试建立外交战略学或国际战略学科。从三者的区别来看，首先，对外战略和外交战略的关系比较清晰，它们之间是包含与被包含的关系。尽管外交的内涵可大可小，无论外交是一种科学还是一种艺术，外交战略中实现目标的手段排斥了军事和暴力手段，而对外战略则可以包含对外军事战略。尽管目前有经济外交、文化外交等提法，但如果将外交继续限定在传统狭义范围内的定义，那么外交战略应该也不包括经济、文化等内容，同样对外战略却囊括了这些手段。所以，外交战略是对外战略的一部分。

其次，国际战略、对外战略与外交战略之间关系模糊，有概念重叠之嫌。李景治在《国际战略学》的教材中对国际战略的定义如下："主权国家在较长时间内参与国际竞争的总体方略，其主要表现形态是主权国家的对外战略。"而且作者从建构国际战略学理论体系的目标出发，认为国际战略是一个战略体系，有着相对稳定的结构。书中认为国际战略的基本因素包含：国家利益、国家战略目标、国际战略形势、战略思维、国际战略决策、国家实力六个要素。国际战略从以下途径得以实现，战略决策者以其战略思维对国家利益和国际形势做出判断，并据此制定战略目标，在此基础上再制定出实现国家战略目标的方针、路线和政策，即国际战略决策，并依靠国家实力（即手段）而实现战略目标，这样就构成了一个国家在某个时期的国际战略。从李景治教授的著述上看，他对国际战略内涵界定比较宽泛，包括国家利益、具体的战略方法、战略文化、国家总体实力、决策体系等。

北京大学刘建平博士从另一个层面阐释了国际战略概念的使用，在《国际战略与中国外交》一文中，他从实证经验的历史研究中寻找国际战略概念界定和价值规范的依据，并认为国家领导层选用国际战略表达自己对外政策的总体性构思，是经过斟酌体会而得的，相对于全球战略、世界战略和国际战略更适合于中国对外政策的描述。

探寻外交战略的内涵首先要理清外交的本质。国家利益是研究外交本质的大前提，所以外交的本质是国际社会行为主体的利益性互动。[①] 这就需要对外交的利益本质进行深入研究了。笔者将从结构层次、逻辑环节、理论与现实的比较等方面进行阐述。

从结构层次上分析，外交的利益本质包括核心利益和外层利益。前者指对国家完整和生存权利的捍卫，这是外交行动的终极核心；

---

① 姜安：《外交谱系与外交逻辑》，中国社会科学出版社2004年版，第10页。

后者指以核心利益为基础的一系列利益要素的整合。

从逻辑环节上分析，外交的利益指向包括普遍利益和特殊利益的逻辑确证。外交首先要满足本国的特殊利益，但有时为了实现本国利益的最大化，实行普遍利益共享的外交行为也不是一种必须拒绝的价值利益，更何况有些普遍利益是一国外交利益的当然组成部分。

从理论与现实的比较来看，外交理念的利益价值属性要靠在其现实性上得以体现。所以，现实中一国利益的得失，是对外交的利益属性进行评估的标准。于是，外交利益的实际价值操作变得十分重要，外交行动比外交法则更重要。

"外交"是个系统的综合性概念。那么"外交战略"的实质也该从立体的层面进行解析。

1. 哲学层面。哲学的本体论具有三重基本内涵，即：追寻作为"世界统一性"的终极存在（存在论或狭义本体论）、反思作为"知识统一性"的终极解释（认识论或知识论）、体认作为"意义统一性"的终极价值（价值论或意义论）。① 从第一重涵义来看，外交是国际社会所有存在体相互关系的总体性、统一性存在，而外交战略及其决策则体现了外交的统一性存在。从第二重涵义来看，外交是一国对外部事物的理解、判断和评价的总体理念，而外交战略则是把这种理念进行梳理和理性扬弃后形成的特殊文化定式。从第三重涵义来看，外交甚至是一种涉外文化，是一国文明发展的基本特征。而外交战略则是一国对内外部事务及压力进行评估和横向比较后的产物。

2. 价值观层面。外交是利益概念，其最终目的和归宿是国家、民族、集体等的利益。外交战略则是围绕这些利益所制定的行动原

---

① 孙正聿：《哲学通论》，辽宁人民出版社 1998 年版，第 231 页。

则和规划。

3. 制度层面。外交是任何一国实施涉外活动的基本规章和制度，它限定一国涉外行为的基本行为规范，于是外交理念和发展必须遵循国家利益这一法则。而外交战略则是外交理念与国家利益和基本制度和谐一致并具有可操作性的指导性思维方式。

由上可知，就外交的概念和动因而言，我们旨在研究较广泛视野中的宏观性命题，即主要研究的是世界各国全部的外交动因。而外交战略也是个宏观性命题，它旨在研究决策主体在制定对外政策时所具有的动机、制约因素和决策模型。既然外交战略是一些有较大稳定性的指导方针，那它一定有自己的理论取向，笔者认为是现实主义的利益观念。外交战略是对外交的“有形化”表述，其最大特征是具有极强的指导性和操作性。应当说，对外交战略的研究更加精细和复杂，但更能反映出外交活动的特殊属性。

外交战略寻求以非战争手段使国家减少需诉诸武力或抵抗外来侵略的各种可能。外交战略的目的是使国家得以在有利时机实施国家能力，从而为国家能力获得支配性影响。① 外交战略的核心是设法利用现行国际秩序来使国家获得收益。

政治家对战略负责，外交官是制定外交战略的积极参与者。战略只有在战术上可行时，才有望成功。战略必须通过战术付诸实施。（战术即实现战略短期进展的详细计划和手段，战术行动维护特殊情况下的利益）。因此战略制定者必须参照战术实际对战略进行核实，必须保证那些准备实现战略目标的人理解战略目标，并确认政治家对实现战略目标的构思切实可行。

外交战略大致可分为消极防御型、积极防御型和主动进取型。

1. 消极防御型：不认为存在对现存国际秩序构成重大威胁的直

---

① 傅立民：《论实力——治国方略与外交艺术》，清华大学出版社2004年版，第60页。

接挑战，所以外交战略可用于巩固和逐步促进有利的现状。这种防御性方式一旦形成一套基本的战略指导方针，就很少发生变化，对可能发生的挑战和机遇只作出战术型反应。

2. 积极防御型：认为对某些趋势如不加以制止或减缓其发展的话，将导致国际战略态势发生对己不利的变化。因此该战略根据事态发展，主动做出调整，寻求战术机遇以改进本国对外交往中的地位。

3. 主动进取型：当国际秩序处于动荡不定时，先前只凭借战术对策的防御性外交战略不利于维护国家利益。主动进取型外交战略积极寻求广泛变更现存国际秩序，重新定义敌友，在新形势下通过外交策略创造机遇。外交策略指国家用以改变与他国关系的行动，其目的在于获取政治、经济或军事方面的战略利益，阻止有损本国战略地位的事态发展。

外交战略决策过程反映了外交战略的理论导向。从外交战略的实际操作层面来看，外交战略的决策过程最能反映出外交战略的理论导向。但相对于外交决策而言，外交战略决策属于微观层面，它局限于某个国家内部决策者对国内外事务的判断和分析，现实主义的利益观念以及本国历史、政治、文化传统是决策者进行外交战略制定过程中的思考依据。因此，对外交战略研究既要从战略学以及国际政治体系的宏观层面入手，又要脚踏实地地对在一国的战略决策过程中所涉及到的种种因素进行微观层面的分析和评估。总的来说，一个国家的外交逻辑起点应该建立在国家安全的基点上，但外交战略决策的逻辑起点却应该是国家利益，并根据受到威胁的不同利益层次进行调整。外交战略和军事战略一样属于国家总体战略的组成部分。

二、中国崛起大战略的主要内容

面对当今国际政治格局的变化，中国需要重新审视自己的国际战略并做出新的选择，而国际战略的制定取决于国家的总体战略任务和对国际形势的评估。中国在21世纪中期之前需要解决三大任务：推进现代化建设、完成祖国统一、维护世界和平与促进共同发展。① 基于此，中国崛起的过程中必然会充分利用现有资源，制定一个全方位的国家大战略。中国大战略的整体构架可分为经济战略、军事安全战略、文化战略和外交战略四个部分。

从经济战略看，中国应积极参与经济全球化，大力拓展经济战略利益，确保经济发展作为中国顺利崛起的核心。中国经济战略目标不仅在于为经济建设创造有利的国际环境，还在于以经济战略的成就促进国际战略的整体成熟。因此，经济全球化则成为经济战略的重要保障并成为国家安全的核心内容之一。首先，建立雄厚的国内经济基础是保障经济安全的基本条件，进一步参与国际经济合作是保证经济安全的外在途径。② 其次，对以往的出口政策进行科学的调整，使中国的对外贸易战略转移到为产业结构技术密集化服务的轨道上来。③ 扩大海外市场，提高中国商品在国际市场的占有率，是增强中国经济实力和提高人民生活水平的重要途径。第三，确保和开拓中国获得国外技术和资金的渠道。第四，确保并拓宽从国际市

① 江泽民：《全面建设小康社会，开创中国特色社会主义事业新局面》，人民出版社2002年版，第1页。

② 裘元伦：《经济全球化与中国国家利益》，《世界经济》1999年第12期，第3—13页。

③ 方大培：《中国对外贸易战略选择》，《战略与管理》2000年第4期，第40—45页。

场获得能源和战略资源的途径和能力。第五，加强周边地区的经济一体化，建立经济纵深地带，应进一步加强周边地区的经贸交流和资源开发合作，形成自己的经济战略带，为中国经济的顺利发展创造良好的战略环境。

从军事安全战略看，中国应以新安全观为基础，稳步推进国家安全，加强国际军事合作，积极参与国际安全的维护以拓展中国的安全利益。在两极格局对抗中，尽管有核武器的威慑，冷战没有演变成热战，但军事实力始终影响着双方力量的对比。[①] 中国在追求自身和平发展的进程中，军事力量应谋求在合作中共赢，从而更有力地塑造有利的国际环境。中国的军事力量应积极开展和周边地区的国际安全与军事合作，以大国军队的姿态承担更多的国际责任。具体而言，应从以下四个方面进行考虑：第一，以陆地边界的和平与稳定为战略依托，在海域疆界上与主要大国合作，确保东北亚的和平与稳定，稳定中日关系，积极促进中国—东盟自由贸易区的建设，改善中国的战略环境。第二，积极推动军事现代化建设，促进军队转型。中国必须积极参与到现代军事革命的进程中，推行积极防御的军事战略，坚持质量建军，在与外界交往中学习外军优点长处，在互动中了解军情动态，在实践中增长才干，做好打赢高技术条件下的局部战争的准备。第三，反独促统，维护国土完整。《反分裂国家法》的出台，有力地遏制了法理“台独”的势头，但岛内“台独”势力仍然阻挠着两岸的认同交流、经贸往来，在国际上也不断制造事端。中国应以政治、经济、文化等手段促进两岸在“一个中国”方面的共识下，以有效的手段反对“台独”，力争以最小代价实现国家统一。中国应积极努力地团结岛内“统派”力量，堵塞“台独”的活动空间，为统一创造条件，同时整军经武，不放弃使用

---

① 姚云竹：《军事实力在战略格局演变中的作用》，《现代国际关系》2005 年第 10 期，第 13 页。

武力手段，提高警惕，采取一切必要手段打击“疆独”、“藏独”，防止在新疆、西藏等地区出现任何形式的民族分裂。第四，推动多边安全合作，拓展中国的安全利益。一个国家的安全利益取决于该国的实力及其与外部世界交往的密度，而国家安全利益的拓展，必然是经济利益扩展的逻辑延伸。随着中国对外交往的扩大，中国的安全利益必然扩展，中国应积极推动多边安全合作，参与营造更加稳定的亚太安全机制。

从文化战略看，中国应在坚持文明多样性的基础上，弘扬传统文化，加强对外文化交流，吸收人类文明的先进成果，促进普世性文化认同，增强中国文化的影响力，塑造良好的国家形象。中国在增强包括经济总量、军事力量、科技水平等在内的“硬实力”的同时，还应注重“软实力”的培养。“软实力”的作用主要是人心向背和国际道义支持，是说服别国相信和同意某些行为准则、价值观念、政治制度。一个国家的文化被接受的程度是显现国家兴衰的重要因素。①

“软实力”的较量在冷战结束以后的大国竞争中也迅速加剧。“软实力”竞争的一个基本表现就是国家形象竞争。国家形象是一国内部公众和外部公众对该国政治、经济、社会、文化、地理等现状的认识与评价。国家形象从根本上取决于国家综合国力，在某种程度上是可以被塑造的。鉴于目前西方传媒对中国的和平发展采取消极且带有敌意的态度，以及以负面报道为主的做法，我们应利用大众传媒做好对外宣传工作，更明确地向世界阐述自己的战略意图，力求使外界认识到，中国是世界秩序的建设者而非颠覆者，中国的和平发展是为了寻求平等、公平的发展机会，促进国际关系民主化而不是挑战其他大国，中国的强大有利于维护世界的和平与稳定。

---

① 何兰：《发挥传媒功能，塑造国家形象》，《现代国际关系》2005 年第 10 期，第 27 页。

文化作为“软实力”的重要部分，对中国国际影响力的增强起到越来越重要的作用。文化是行动者对自己、行动者之间以及所处环境或世界所持有的共同知识，即共有观念。共有观念形成之后，将反过来塑造行动者的身份，并通过身份政治影响其利益和行为。① 中国在彰显文化影响力的同时应注意以下几点：第一，以弘扬传统文化为基准，对西方先进文化进行兼收并蓄，使中国新世纪文化适应全球化的潮流。第二，加强对外文化传播，建构国家形象。一个国家的文化被接受的程度是表示国家兴衰的一个重要因素。② 中国以新安全观的确立为机遇，重塑我们的战略文化，通过各种途径使之成为被国际社会理解、接受乃至模仿的战略文化，以加强国际认同，巩固并提高中国的战略地位。

从外交战略看，和平外交是中国实现国际战略目标的基本手段，而“伙伴战略”则是新世纪中国外交大战略的理性选择。③ 从本质上来讲，中国国际战略的精髓是和平外交。2005 年 9 月 15 日，在联合国成立 60 周年的首脑会议上，胡锦涛主席发表了题为《努力建设持久和平、共同繁荣的和谐世界》的重要讲话。他向全世界全面、系统地阐述了“和谐世界”理论。“和谐世界”理论包括四个方面内容：第一，坚持多边主义，实现共同安全；第二，坚持互利合作，实现共同繁荣；第三，坚持包容精神，共建和谐世界；第四，坚持积极稳妥方针，推进联合国改革。④“和谐世界”理论的提出，深化了中国的和平外交战略，它是中国所倡导的和平五项原则和新安全

---

① 秦亚青：《世界政治的文化理论——文化结构、文化单位与文化力》，《世界经济与政治》2003 年第 4 期，第 4—6 页。

② 黄朔风：《综合国力辩论：兼论新中国综合国力》，中国社会科学出版社 1999 年版，第 12 页。

③ 俞正梁：《全球化时代的国际关系》，复旦大学出版社 2005 年版，第 299 页。

④ 胡锦涛：《努力建设持久和平、共同繁荣的和谐世界》，人民日报，2005 年 9 月 16 日。

观的进一步发展，也是我国构建国际政治经济新秩序的指导性理论。同时，它也符合和平与发展的世界主题。因此，中国争取较长时间的和平环境是可以实现的，和平外交战略也具有较强的可执行力。

“伙伴战略”至少包括以下内容：首先，它要求我国继续坚持独立自主的外交原则；其次，它要求我国全力发展中美关系和全面融入国际社会；最后，“伙伴战略”要求中国处理好三种关系，与其他大国的“战略伙伴关系”、与周边国家的“睦邻友好合作关系”以及与发展中国家的“基础性伙伴关系”。同时，这几个方面要相互支撑，互相配合。总之，以全球化为时代内容的21世纪的到来，为中国在国际事务中发挥作用提供了空间。“伙伴战略”就是通过寻求更多的朋友，更多的国际合作，尽最大可能避免树敌，使中国能够充分地利用国际资源，尽早实现伟大的民族复兴，尽快达到现代化的彼岸，为整个世界，特别是亚太地区的繁荣与稳定做出重大贡献。①

当今国际秩序与国际政治格局都处于深刻的调整中。这种调整的总体特征是后冷战时代“一超多强”局面的进一步发展，“一超多强”作为一种过渡状态，将在相当长的时期内存在。对于国际政治格局的未来走向，应从以下几个方面进行考虑。首先，尽管“一超多强”中“多强”力量在发展，但任何一强在短期内都无法在综合实力上与“一超”相匹敌，“多强”角色的增多，反而为“一超”增加了处理战略关系的回旋空间，也为“一超”分化挑战者提供机遇。其次，美国单边主义倾向凸现，使以多边主义为核心的国际制度及政府间国际组织面临威胁。然而，美国不可能完全放弃多边主义选项，现有国际秩序的理念，仍具有强大生命力。尽管国际社会中的不公正、不平等现象仍然存在，但主权平等、集体安全、多边协商、和平合作已深入人心。多极化作为国际政治格局演变的大趋

---

① 俞正梁：《全球化时代的国际关系》，复旦大学出版社2005年版，第301页。

势，自始至终伴随着单极与多极之间的矛盾。对中国而言，“一超单极”是有弊无利的。所以，中国新世纪大战略的制定，应积极推动多极化的发展，要大力发展“多强”的力量与多边合作，促进有较强约束力的国际安全机制和公正合理的国际政治经济新秩序的建立，力求通过重建大国力量、均势维持大国平衡，以求对单极化倾向给予一定程度的牵制，争取建立一个比较均衡的力量关系结构，推动世界向多极化方向发展。中国作为正在崛起中的大国，只要能本着与邻为善、与邻为伴、携邻共富的方针和构建全球性和区域性多边合作机制，坚持和平与合作的理念，继续积极参与国际事务，加大融入现有国际机制的力度，与国际社会一同推动国际政治格局向多极化方向发展，就一定能够能实现中华民族的伟大复兴。

第五节　案例分析：“有偿推车”战略与中美合作

席卷全球的金融危机，造成了包括美国在内的世界各国都遭受了经济上的寒冬。国际公共物品的匮乏使造成国际秩序不稳定的因素大增。保持国际公共物品供应与全球经济发展的需要相协调是全球经济充分发展的必要条件。在美国霸权尚未崩溃、搭美国便车仍然有利可图的前提下，大国应成为国际公共物品供应的责任主体。

一、“免费搭车”理论的阿喀琉斯之踵——成本负担问题

行文之初，应对“免费搭车”战略的施受者和研究语境进行界定。国际公共物品的提供者是霸权国，“搭便车者”是除霸权国外的

国际社会成员，包括大国和小国。因为大国比小国拥有更强的综合实力和规模，所以大国对霸权国提供的国际公共物品的依赖程度要比小国深得多。冷战结束后，在美国霸权的替代国尚未出现、大国之间相互依赖程度日益加深、全球化进程迅猛发展的国际背景下，国际公共物品匮缺问题需要大国负起相应的责任来。

“免费搭车”（free-rider problem，又译为“搭便车”或“坐享其成”），指的是在集体行动中，一个人或组织既不提供公共产品也不分担集体供给公共产品的成本，从而免费从其他人或组织的努力中受益。①

要理解“免费搭车”理论，首先要明确“国际公共物品”概念的内涵。公共物品（public goods）指一经产生则可被全体社会成员无偿共享的物品。② 美国学者查尔斯·金德尔伯格（Charles Kindle-Berger）把公共物品理论引入到国际关系学，他认为国际经济秩序的稳定需要某个国家来提供公共物品。这一观点后来被罗伯特·吉尔平（Robert-Gilpin）发展成“霸权稳定论”，即在政治、经济、军事和科技等各方面占据绝对优势的霸权国家，通过为国际社会提供稳定的国际金融体制、开放的贸易体制、可靠的安全体制和有效的国际援助体制等国际公共物品，来获得其他国家认同霸权国建立的国际秩序，从而实现体系内的稳定和繁荣。吉尔平在《国际关系政治经济学》中分析说，因为国际社会存在“免费搭车”的现象，霸权国往往在很长时期内为保持国际公共物品的供应而付出远远超过它应该承担的费用，令其蒙受巨大损失，加速霸权的衰败。③ 霸权稳定

---

① 申明民：《“搭便车”问题在政治解释中的应用及其局限》，《开放时代》2001年第10期，第32页。

② 赵鼎新：《集体行动、搭便车理论与形式社会学方法》，《社会学研究》2006年第1期，第1页。

③ ［美］罗伯特·吉尔平著，杨宇光等译：《国际关系政治经济学》，经济科学出版社1989年版，第106页。

论的核心命题是：国际公共物品的成本由“某一”而非“某些”国家来承担，只有一个霸权国的国际体系才是稳定的。由此得出的逻辑结论则是：霸权国独自承担提供国际公共物品成本的根源在于独享最大化的利益。霸权的不可分割性导致了国际公共物品匮乏和大国争霸的必然性。

但是，霸权的周期转移和国际秩序的治乱兴衰的根源取决于经济成本。霸权国家之所以愿意承担稳定国际体系的责任，是因为“保持自由贸易、外国投资和一个功能完善的国际货币体系”给霸权国所带来的收益高于相应的成本。[①] 当前以美国力量为特征的霸权体系陷入了一种困境，即美国国内消费和为保护霸权体系所担负国际义务的支出比其国民储蓄和生产性投资增长更快。也就是说，由于西欧和日本等大国长期免费“搭美国便车”，使美国的国内经济剩余的积累远远少于支付国际公共物品的成本。因此，当美国国力相对下降时，它倾向于减少国际公共物品的供给，而更愿意利用其霸权地位去获取经济利益。只要美国主导的霸权体系没有崩溃，那么它就会将其作为一种资源为霸权服务，20 世纪末美国利用不平等的国际贸易机制和规则削弱他国实力，增强本国力量。“美国从慷慨的霸主变成了掠夺的霸主。”[②] 这无疑进一步增加了国际秩序的不稳定因素。

二、成本分担何以可能?

霸权稳定论认为主要国家构成了国际体系结构的核心部分，因

---

① 严建生：《美国霸权终结及中国的应对》，《武汉大学学报（哲社版）》2007 年 3 月第 2 期，第 190 页。

② 张建新：《霸权全球主义和地区主义——全球化背景下国际公共物品供给的多元化》，《世界政治与经济》2005 年第 8 期，第 33 页。

此这部分国家对国际体系和结构会产生比一般国家更大的影响。从权力结构的角度来看，这些处于核心部分的国家就是“大国”。“大国”是指具有普遍利益的国家，即能够施加与其所活动的最广义的社会范围同样广泛影响的政治力量。[①] 从国际体系层面可将“大国”分为支配性大国（即超级大国或霸权国）和大国，支配性大国即能充满自信地考虑对任何潜在的他国联盟开战的国家，而大国则是能够自信地对另一个大国开战的国家。[②] 当前的国际权力结构是“1 + 4”，美国是超级大国，中国、欧盟、日本、俄罗斯作为大国。当国际公共物品匮缺时，这些大国成为可能与霸权国分担国际公共物品成本的对象。

但问题在于，“搭便车者”为什么要去分担成本？在国际政治结构中获得优势的地位是大国提供国际公共物品的根本动因。“搭便车者”对现行国际秩序的满意程度是决定是否选择分担成本的重要参考因素。“搭便车者”对现存国际秩序的态度可分为不满意和较满意两类，相对应的战略选择是“自驾车”战略和“有偿推车”战略。

“自驾车”战略是因为霸权国不愿分享霸权而又无力阻止“搭便车者”对国际公共物品匮缺的不满。大国不仅拥有挑战霸权的实力，还有建立利己的国际新秩序的意愿。它当然不会在现存霸权国式微的情况下，主动分担提供国际公共物品的成本；现存霸权国也不会主动出让霸权地位，而是极力打压挑战国以减少对自己的威胁。这样一种“零和博弈”使争霸战争成为必然。另外，从建构主义的视角来看，提供或消费国际公共物品是集体行动中各个成员理性选择的结果，这也是一个认同结构，是一种由国家组成的等级序列。

① A. J. Toynbee, The world after the Peace Conference, O. U. P., Oxford, 1926, p. 4.

② ［英］马丁·怀特著，宋爱群译：《权力政治》，世界知识出版社 2004 年版，第 24 页。

在国际公共物品的提供中，存在着主导权之争，即对国家的评价问题。这不仅要考虑国家在其中的经济收益，还要考虑它的政治地位，即在国际政治认同结构中的地位。一个国家“搭他人便车”的代价是位于较低的国际政治地位。选择“免费搭车”的国家能较大程度地节约本国的发展成本，这符合经济理性原则，但由此造成国际社会对它们较低的评价，却不符合政治理性原则——即国家追求在国际政治结构中较高地位的需求，对于大国来说更是如此。因此，具有政治理性的国家将不选择“搭便车”，尤其是在国际公共物品匮缺的时候，而是选择自己“开车”，搭自己便车的人越多，它能获得其他国家对其优势地位的认同度就越高，因此“自驾车”战略是一种符合政治理性的行为。“自驾车”的收益是获得最高的国际政治地位和新秩序下的最大收益，但构建新秩序的成本是庞大的，这不仅要应对来自霸权国的打压和其他“自驾车者”的竞争，还要考虑国际社会对新秩序的认同问题。老霸权国的衰落，并不必然伴随旧秩序的终结，特别是老霸权国提供国际公共物品时精心设计的国际机制，已经成为一种约束国家行为和交往的规范，并得到国际社会成员相当程度的认同和遵守，这也是旧的霸权秩序难以迅速被替代的根本原因，更何况“自驾车”更易引起大国战争。

提高在国际政治结构中的优势地位的另一种方法是选择“有偿推车”战略。“有偿推车”战略是一种双赢或多赢的战略。它的前提是保持现有霸权体系的稳定，并通过与霸权国的讨价还价最终形成大国合作提供国际公共物品。选择“有偿推车”战略的大国具备以下几点特征：（1）认为国际秩序对本国发展有利。（2）较长时期内不愿挑战霸权国权威。（3）不具备提供新国际公共物品的能力。相应的国际战略环境则是：旧霸权国的衰落没有伴随实力更强的新霸权国的产生，没有一个大国能独自提供国际公共物品。选择“有偿推车”战略的大国愿意分担提供国际公共物品的成本，这不仅有助于霸权国的霸权护持，还能借机与霸权国讨价还价，建立新的机制和制度，改变国际秩序中某些不公正的地方，提高本国的国际地位。另外，成本的分担也有利于避免国际公共物品被霸权国“私物化”的危险，提高大国在国际事务上的发言权和主动权。相反，如果对在国际经济结构中江河日下的霸权国“见死不救”，必然导致新一轮国际政治结构变革的代价高昂。在核时代的今天，以武力进行霸权转移的斗争，不仅违反国际法“禁止以武力相威胁或使用武力原则”和“和平解决国际争端原则”等基本原则，[①] 还忽视了大国间利益联系紧密的现实，那将导致“双输”的结果。历史上依靠武力和自助原则进行的霸权转移，已不适用于今天的国际现实。因此，与霸权国分担提供国际公共物品的成本，既是出自维护本国利益的需要，亦是国际经济结构与国际政治结构有机互动并与当今时代特征结合的必然结果。合作维护国际秩序的稳定是大国的集体责任。

三、“有偿推车”战略的收益：美国全球治权的有限分享

维护霸权体系的稳定是霸权国的生命线。大国分担国际公共物品的成本，需要霸权国出让一部分治权作为补偿。治权的有限出让，即在保持霸权国在国际政治结构中超强地位的前提下，把某些力不能及的领域的治理权出让给某些能在此领域发挥作用的大国，形成霸权国与大国在某些特定领域的合作共治。

首先，需要对霸权和治权的关系进行厘清。根据《现代汉语词典》的定义，霸权指“在国际关系中以实力操纵或控制别国的行为”。[②] 韦伯辞典对霸权（hegemony）的定义为：“领导、权威或影

---

① 江国青：《国际法》，高等教育出版社2005年版，第54、56页。

② 中国社会科学院语言研究所词典编辑室编：《现代汉语词典》，商务印书馆2002年版，第21页。

响，常指在联盟或邦联中一个国家或政府的政治支配地位（political dominance）”。[①]在中国人眼中，霸权首先是一种“行为”，一种主观决定的政策，而不是指一种客观态势，有强烈的恃强凌弱、专横霸道的贬义色彩。事实上，英文中的“hegemony”指某个国家、国家集团或政权所处的超群的优势地位或能力，而不是指一种行为或政策。所谓“霸权国”或“霸主”亦是一个中性词，指“有能力确保管理国家关系的原则、并愿意这样做的国家”。[②] 约瑟夫·奈在《美国实力的悖论》一书中提到：“如果霸权意味着有能力强行制订或者至少支配国际关系中所使用的规则和安排的话，那么今天的美国很难说是霸主。……如果更谨慎一点，把霸权界定为一个国家比其他国家拥有多得多的资源及能力的一种局面，那么它仅仅表示美国的优势，而并非一定表示支配和控制。”[③] 在此他把霸权描述成一种地位或现状。尽管东西方国关学界在“霸权”一词的感情色彩上存在着差异，但对霸权的不可分享性却存在着高度的认同。这就为提出“全球治权”的概念提供了切入口。因为霸权的运作范围是全球性的，所以从全球治理的角度提出“全球治权”的概念。“全球治权”的概念可以被定义为：霸权国在全球层面行使霸权的方式。霸权的两大根本属性是相对于他国的全面优越性和在国际体系中的独一性，只要这两种性质没有发生变化，霸权国就仍享有霸权。霸权是一种超群的优势地位，具有不可分割性，不可转让性；而霸权的行使方式即全球治权是可转让、可分割的。全球治权的变化只要不对霸权

① *Webster's New Universal Unabridged Dictionary*,（New York：Dorset & Baber，1979），p. 841.

② Robert Keohane，*International Institutions and State Power*：*Essays in International Relations Theory*（Boulder：Westview Press，1989），p. 234. 转引自门洪华：《国际机制与美国霸权》，《美国研究》2001 年第 1 期，第 79 页。

③ Joseph S. Nye，Jr.，*The Paradox of American Power*：*Why the World's Only Superpower Can't Go It* Alone（New York：Oxford University Press，2002），pp. 15 – 16.

造成根本性的威胁，霸权就不会丧失，霸权国就仍是国际秩序中最大的受益者。大国与霸权国之间就存在着磋商、合作的空间。霸权落实在操作过程中，离不开对具体领域和议题的治理。因为全球治理的议题存在层次上的差异，所以也就具有不同敏感度的治理权限，这就使全球治权的有限分享成为可能。

其次，对有限分享美国全球治权的领域进行界定。功能主义的主要观点是：1. 国家之间的合作应该从低级政治领域开始，即经济领域。因为在经济领域的合作主要涉及技术性问题，政治争议性很低，合作较容易展开。2. 功能性的合作会自动扩展，众多功能性部门的合作不断扩展后会向政治等其他部门渗透，为在政治领域的合作打下基础。[①] 因此，对美国全球治权的分享领域主要集中在非传统安全方面，这是一种对美国全球治权的有限分享。

分享美国在非传统安全领域的治权有助于提高大国的国际地位。为避免非传统安全概念的泛化，须对广义和狭义的非传统安全加以区分。广义的非传统安全包括经济安全、环境安全、文化安全等所有不利于个人生存的领域。狭义的非传统安全则主要集中在反对国际恐怖主义、国际减灾、应对公共卫生危机和打击恶性跨国犯罪四个领域。[②] 这里所说的是狭义的非传统安全，它包括以下几个特点：（1）上述领域不仅对大规模人群的生存构成即刻的威胁，还具有快速扩张的外部效应，会增大迫切性的压力；（2）国际社会对此类威胁的立场较为一致。在资源有限的前提下，大国的合作和分担成本能迅速缓解国际社会共同面临的威胁，降低问题的急迫性和扩散性。

---

① David Mitrany，The Functional Theory of Politics. London School and Political Science，London，1975，pp. 124 - 127. Rober Keohane，Stanley Hoffman ed. ：The New European Community Decision-making and Institution Charge，Westview Press，1991，p. 19.

② 薛晨：《非冲突安全问题与国际公共物品供给——兼论“中国责任论”与和谐世界理念的实践》，《世界政治与经济》2009 年第 3 期，第 64 页。

在上述狭义非传统安全领域分担国际公共物品成本比较能避免国际争议。而问题在于：针对非传统安全领域，分担哪一种国际公共物品的成本更具优先性？在成本分担的过程中如何保证互赢？

非传统安全问题的影响范围和破坏性的大小决定了选择分担国际公共物品成本的优先领域。发生在国际金融和贸易领域里的危机，不仅在广度和深度上深刻影响到国际经济秩序的稳定，而且极具破坏性，在国家间相互依赖程度日益紧密的今天，没有国家能在金融危机面前幸免。因此，分担在国际金融领域里的国际公共物品的成本更具优先性。

大国分享美国在国际金融和自由贸易秩序领域的治权有助于维护它们的既得利益、提高其国际地位。国际自由贸易秩序和稳定的金融秩序是霸权秩序的重要组成部分。经济全球化将世界上大部分国家都纳入美国缔造的国际经贸秩序中来，并按照相应的国际机制进行规范性互动。正如功能主义认为的那样，在经贸领域进行的讨价还价具有较小的政治冲突性，双方比较容易达成妥协。对于美国来说，在原有金融和贸易秩序原则不发生根本性改变的前提下，与某些大国修订新的机制和规则以换取其分担一定的运转成本，共同保障国际经贸秩序的稳定，得大于失。另外，对于大国来说，美国国力衰落之际，正是建立对己有利的新国际机制之时，各大国都是美国的“搭车者”，是现有国际经贸秩序的获益者，尽管各自的获益程度有差异，但现有秩序的崩溃对它们的经济发展都是一场灾难，特别是大国的富强和安全越来越依靠国际贸易的增长和国际金融秩序的稳定。大国间经济上的相互依赖和自由贸易的扩大，产生了“蝴蝶效应”，美国的衰落也必定影响到其他大国的发展。这种一荣俱荣、一损俱损的关系，导致了在全球化和现代化的国际大背景下，无论是美国还是“搭便车者”都不得不加强在国际金融和自由贸易秩序等多个领域里的合作。让某些实力强劲的大国承担更多的国际责任、发挥其在特定区域内的主导作用，维持好地区经贸秩序的稳定，有助于适时弥补国际公共物品的供给不足，符合美国的根本利益。

建立协调的国际制度可以减少合作结果的不确定性。基于各国政府的“经济人”角色和“搭便车”的行为倾向，要保障国际公共物品的供应就必须采取强制性的制度安排，迫使各国政府分担供应国际公共物品的责任。同时基于国际公共物品在消费上所具有的非排他性的特性，各国政府也应明确提供国际公共物品所获的收益。罗伯特·基欧汉把国际制度界定为“规定行为角色、限制行为和塑造预期的一系列持续存在和相互关联的正式或非正式的规则”。① 国际制度可以通过集聚和形成各国的预期，提供信息，降低成员间的交易成本，减少不确定性，在此基础上实现资源的有效配置，从而促进国际合作。国际制度的建立与维护可以为能力建设所需资源的配置确定原则和相应的决策程序，因此国际机制不仅成为调节国家关系的重要杠杆，也日益成为可操作性的经常性行为规范。霸权国出让部分全球治权，大国分担部分国际公共物品的成本，双方都需要制定出一套制度来保证自己的付出能有回报。双方的共赢也依赖于对制度的遵守和认同。霸权国与大国通过谈判、协商等交往行为来达成共识才能在非传统安全领域建立起确保双赢的制度安排。

四、中国的战略选择：主动参与提供区域性国际公共物品

一个大国要想实现社会稳定、经济发展，就必须正确判断理想与现实之间的差距，客观分析国际、国内战略环境对实现本国战略

---

① Robert Keohane, ed., *International Institutions and State Power: Essays in International Relations Theory*, Boulder, Colorado: West-view Press Inc., 1989, p. 3.

目标的支持度，审时度势，从而制定出符合国情、世情的战略规划。中国目前在国际政治结构中的定位是：强大的区域性强国向强大的跨区域强国转变，但中国是发展中大国这个身份在相当长的时期内不会改变。既然是大国，当然要承担相应的责任，但作为发展中国家，则必须审时度势，量力而行。中国提供的国际公共物品首先应满足区域内国家的需要。一般来说，“区域性国际公共物品”指的是：只服务和适用于本地区、其成本又是域内国家共同分担的国际性安排机制或制度。① 主动参与提供以地区安全和金融合作为主要内容的区域性国际公共物品，有助于减轻美国对中国的敌视和疑虑，并为中国外交战略的构建提供另一种理论视角。

中国应确保所提供国际公共物品的有效供给。所谓有效供给，是指提供的区域性国际公共物品正是大部分国家所需要的，目的在于维护区域内大部分国家的共同利益。以朝核六方会谈为例，这可被看作是中国主动参与提供区域性国际公共物品的尝试。由于东亚从未建立起包括所有国家在内的集体安全机制，因此，在安全领域内的区域性国际公共物品的提供上，东亚各大国更富有首创性。在霸权体制下，安全机制的供需平衡以霸权国的安全环境和国家利益为转移，霸权国对国际安全机制的形成和运转的支出与关注是以其自身安全是否有足够的保障为限度的。美国在朝核问题上只是当事国之一，韩国、日本对此有着比美国更为迫切的利害关系，中国和俄罗斯作为近邻也无法置身事外。对地区安全关切度的急剧升温是促成朝核问题六方会谈顺利开展并取得成效的根本原因。有了共同的关切，才会有共同的利害关系，这也为中国与其他大国合作提供区域性国际公共物品提供了机遇和条件。

中国与其他大国在金融贸易领域进一步加强合作和国际制度建

① 樊勇明：《区域性的国际公共物品——解析地区合作的另一个理论视角》，《世界政治与经济》2008 年第 1 期，第 7 页。

设，形成完善的区域性公共产品的有效供给机制。随着中国经济实力的迅速提高，对世界经济的影响明显增强，国际社会要求中国承担“大国责任”的呼声日盛。所谓“大国责任”包罗万象，就经济责任而言可概括为：维护现有的国际经济秩序与规则，参与解决日趋严重的全球失衡和环境问题，扩大金融开放、推进市场化改革、完善社会保障制度、切实转变经济增长方式，以及增加国际援助等。[①] 建立完备的机制保障，有助于促进东亚经济的发展，保持地区稳定和繁荣。但建立符合东亚大部分国家共同利益的国际公共物品，不是一个国家的实力能够完成的，是需要大国带头的国际性合作。中国作为大国，对本地区的稳定责无旁贷。但需要注意的是，中国参与构建区域性国际公共物品必须以本国利益为中心，在涉及经济安全事务的合作方式上，应强调协商对话的重要性，以自主为前提、以共识为基础形成的合作原则与机制，但要避免中国单方面安全让步，使其多边化、机制化。

总之，由于亚太地区社会制度形态多样、国家民族构成复杂、经济发展水平差异巨大，这都使中国提供的区域性国际公共物品必须依据本地区特点和需要，不能照搬西方的经验。中国要实现和平崛起的战略目标，首先必须成为负责任的亚洲国家，使自已有较稳定的战略边疆或安全圈，这样才能立足亚洲，走向世界。

在当今越演越烈的全球金融危机的国际大背景下，单纯从国际公共物品供给角度来看，美国所承担国际公共物品的成本呈减少的趋势，而大国合作供给的趋势在增长。大国分担国际公共物品成本的动因在于：提高本国在国际政治结构中的地位的需要。大国对国际公共物品成本的有限承担与霸权国全球治权的有限让度，很可能为研究美国霸权的终结以及未来国际秩序的构建方式提供新的理论

---

① 江涌：《“大国责任”的挑战》，《瞭望新闻周刊》2007年第41期，第29页。

视角。区域经济一体化和经济全球化是地区性力量对全球性力量缺失的补充。罗斯福总统的“世界蓝图”理论也许对今天的大国共治模式安排提供了宝贵的参考依据。大国拥有着国际关系的控制权，占据着国际机制确立和运行的主导权，在可预见的未来，大国协调仍然决定着未来国际秩序的发展方向。在国际公共物品匮缺的今天，美国和诸大国都应负起责任，通过国家间的协议、契约、选择性激励机制等手段促进合作，保证国际公共物品得到充足及时的提供。当然，在国际社会无政府状态没有发生根本性转变的前提下，大国间的合作应遵循由经到政、由易到难的原则。中国作为一个负责任的大国，应该而且有能力为进一步推进大国协调维护国际秩序的稳定做出自己应有的贡献。

第二章

战略文化与中国崛起

没有文化的人类历史是无法想象的，任何民族都离不开文化；个体总是需要认同某种文化，没有文化的个体人生是不可能存在的。大到国家、民族，小至每一个历史时空中的个体，人的存在本身就是文化的存在，文化环抱着人迈向自己的未来，个体通过自己的作用承担起所属文化圈的职责，并将自己所属文化发扬光大。任何文化选择并非是轻松随意的，文化链条的断裂总是会带来形形色色的文化失语。对今天的中国而言，大国崛起战略的构建，需要特定的战略文化为指导，这不仅需要对中华民族五千年历史经验的传承，更需要借鉴世界大国兴衰的历史教训。

第一节　东西方战略文化比较分析

战略文化是在一定的历史和民族文化传统的基础上所形成的战

略思想和战略理论，并以这种思想和理论指导战略行动和影响社会文化与思潮。它是一个民族或国家的战略思想、战略原则和战略决策所沉积的文化传统、哲学思维和社会观念。它具有观念形态、历史继承性、国体与区域特征等属性。战略文化是制定现实战略的潜在意识和历史文化情结，因为战略家只能在特定的历史文化环境中进行认识和实践创造活动。

一、东西方关于战略文化定义的差异

关于战略文化的定义，中西方存在着较大差异。西方学者基本上从微观层面来研究战略文化，把战略文化基本认定为价值观、行为模式或符号系统。例如，斯奈德曾认为，战略文化是国家战略决策者对于核战略指令或模拟所共有的整体概念、制约性情感反应和习惯行为模式的综合。而克莱因则认为，战略文化是军事机构中对于战争目的以及实现这一目的最有效战略与执行方式的态度和信念。江忆恩又认为，战略文化是个整合的符号系统，用以表述军事力量在国家间的政治事务上的角色及其效率。格雷认为，战略文化可以被理解为社会成员传授给新成员的一套态度、信仰和程序。然而，与西方学者明显不同，我国学者基本上是从宏观层面入手研究战略文化的。一些国内学者认为，战略文化是在一定的历史和民族文化传统基础上所形成的战略思维和战略理论，并以这种思想和理论指导战略行动，影响社会文化与思潮。显然，东西方对战略文化的定义存在巨大差异。导致这种差异的根本原因，实质上是东西方学者对于“战略文化”中的“文化”理解的差异。西方学者认为，“战略文化”中的“文化”类似于“政治文化”中的“文化”，是一种符号、价值观，是一种行为趋向或心理因素，由此所定义的战略文化就倾向于心理层面。而国内学者认为，“战略文化”中的“文化”

是一种系统化了的思想和理论，较为宏观，据此所定义的战略文化也较为系统，是一种战略思想和战略理论。

战略文化实质上是在特定历史和民族文化基础上，战略决策者在决定以军事、外交等手段来实现国家政治目标过程中所共有的习惯性行为模式和价值观。

从一种宏观视角来解读东西方之间的文化差异，就能较清楚地理解战略在不同语境下所具备的文化属性。文化有着丰富的内涵和多种多样的表现形式。中外学者对文化的定义也是见仁见智，莫衷一是。一般说来，文化的定义有广义和狭义之分。广义的文化是指人类创造的一切物质产品和精神产品的总合；狭义的文化专指包括语言、文学、艺术及一切意识形态在内的精神产品。这里讨论的文化是指广义上的文化，其基本要素是传统思想观念和价值观。① 以宏观的视野，从文化起源、文化精神和文化哲学的角度来谈中西文化的差异。

第一，农业文化与商业文化。中国文化在东亚大平原上开始，以农业立国的各种环境，陶冶了互助合作的精神，注重人与自然的关系，形成了“天人合一观”和“和合”思想。反映在政治上就是执政“以德化人”，行王道，注重为政者的“贤与能”，表现在德治，是一种“礼让”文化。西方文化的发源地是地中海北岸，以商业立国，培养了竞争的精神，注重个人，是一种竞争文化，落实为斗争，以力服人，行霸道。②

第二，艺术、道德的文化与科学、法律的文化。中国文化是艺术的和道德的，是二者融汇合一的文化。西方文化是科学的和法律

---

① 关世杰：《跨文化交流学：提高涉外交流能力的学问》，北京大学出版社 1995 年版，第 14—15 页。

② 邬昆如：《中外政治哲学“史的发展”的比较》，引自郁龙余编，《中西文化异同论》，三联书店出版社 1989 年版，第 62—65 页。

的，是二者结合的文化。中西文化分别代表了两种不同的思维和行动方式。中国传统的人文精神也就是艺术精神，借着具体的意象，传神地表达个人的感受和价值判断，目的是价值的欣赏和创造。中国的道德也充满了艺术的成分。艺术讲求境界和体会，中国传统道德也强调境界和体会，注重“效法先贤”、“人伦本位”、“以情为本”。重“德、仁、善”，仿效良好的模范，其道德教育也是借艺术的方式来感召人而不是用戒律来规范人。如二十四孝故事，都是典型的道德故事，但都充满了艺术的意象。人伦本位是中国艺术精神的根源，艺术精神孕育于农业文化，艺术家对万物都有情，以情为主。情即善、美，是艺术的。

西方的文化精神是科学的精神，借着抽象的符号，利用分析和实证的方法从而对事物作理智的了解，目的在寻求真理。西方的道德也充满了科学的色彩，强调“服从律令”、“个人本位”、“以理为本”。服从律令是道德的基础，遵从原则和律令是科学的精神。个人本位是西方科学精神的根源，科学精神从商业文化中来，是理智的产物。西方道德以理性为主，重法治。①

第三，成己文化与成物文化。中国文化是一种成己文化，即内倾文化，主要是从理想上创造人、完成人，要使人生符合于理想，要有意义、有价值。西方文化是一种成物文化，即外倾文化，偏重在物质功利，不脱自然性。② 这种区别跟先前提到的王道与霸道的区别也是相呼应的，并且也在中西哲学关怀差异上有所体现。中国学者钱穆认为文化哲学就是一种人生哲学。中国的人生哲学以探求内在的真实为基本目标，孕育着成人、成圣、成佛的人生观，

---

① 吴森：《从“心理距离说”谈到对中国文化的认识》，引自郁龙余编，《中西文化异同论》，三联书店出版社 1989 年版，第 51—58 页。

② 朱人求：《钱穆文化哲学探微》，《福建师范大学学报（哲学社会科学版）》2008 年第 4 期，第 14—15 页。

强调人性当中的道德可能，而非理性特征。人生的价值在于成全光明磊落的精神自我。尽管儒家的理想是在完成“内圣”后，还要追求“外王”，但必须先从内圣做起，而且“外王”也是以德、仁、礼、让来感召他人。西方的人生哲学将人视为理性的动物，以智力了解周围的世界，以探索外在的真理为目标，甚至进而利用万物，充当主宰，孕育了外求、外向、外张的人生观，在于拥有丰富的物质生活。

总之，相比较而言，中国文化是一种艺术的、内倾的、讲“和”的文化，西方文化是一种科学的、外倾的、重“斗”的文化。但这只是相对而言，随着跨文化交往的不断扩展和深入，文化之间也互相影响，互相吸收。而且中国历史上的几次“西学东渐”已经深刻影响了中国文化的发展。目前，我们要做的就是要有跨文化意识，既要了解本土文化，又要熟知西方文化，尤其是处于文化深层的思想价值观念。

二、战略文化的分析维度

战略文化决定和影响一个国家、一个民族的战略思路、战略决策和战略行为。在国家政治生活和制度建构中，所起到的作用是潜移默化的，也是根深蒂固的。本文拟就国家战略中的文化价值观取向及维度进行整理分析。

（一）战略文化分析的几个维度

在探讨影响战略文化形成过程时应关注“地缘”因素、“军事技术”因素、“意识形态”因素等。地缘因素、传统因素是较为稳定的，而军事技术因素、组织因素和意识形态因素则是活跃的、可变的。正是由于军事技术因素、组织因素和意识形态因素的这一属性，战略文化才更具有可变性特点。忽视战略文化的可变性去研究问题，极易导致认识上的误差。① 战略的底蕴和根基是思想文化。因此国家战略中的文化价值观取向存在几个基础性的能作为逻辑起点的思考维度。

1. “历史传统”维度。

在讨论战略文化的价值取向或者战略文化观时一个重要的切入点就是对于战略文化传统的综合立体分析。战略文化传统是一个国家在战略行为上所表现出来的持久性的、相对稳定的文化特征。战略文化传统具有历史延续性、文明关联性、价值观念主导性等特点，它从认知与判断战略环境、确定战略目标、选择战略手段与战争样式等方面影响一个国家的现实战略行为。

所谓战略文化传统，就是一个国家在战略行为上所表现出来的持久性的、相对稳定的文化特征。它是一个民族与文明的历史经验、民族特性、价值追求以及文化心理在战略领域的集中反映。一个国家的战略行为，既反映了它在此时此地的现实需要，同时也深深地根植于历史形成的战略文化传统之中。②

探索一个国家或民族文明史的发展轨迹，是研究其战略文化的基础路径。战略文化传统之所以称得上是传统，在于它具有相对稳定的历史特征。众所周知，中国历史与社会蕴涵的巨大物质资源能量与精神能量，正是中国战略文化千古传承、厚重博大的原因所在。

2. “性格”维度。

任何文化传统都必然存在着变动与发展，但历史上偶发的或稍纵即逝的文化现象并不因其年代久远就必然参与传统的构成。一个时代的文化创造只有流传和延续下来并渐渐成为文化之“常”，才可以说构成了一个民族、一种文明的文化传统的一部分。换言之，历

---

① 周丕启：《略论战略文化》，《现代国际关系》2001 年第 10 期，第 58 页。
② 宫玉振：《战略文化传统略论》，《济南大学学报》2001 年第 2 期，第 22 页。

史形成的文化传统虽然随着环境的变化而不断地丰富和扩展自身的内容，但在那些变化的同时，人们总能看到一些不变的、构成我们称之为“文明性格”与“民族性格”的东西。由此，对一个民族或一种文明的战略文化传统的把握，也就必须建立在对其历史经验的长时段考察的基础上，把握住其延续性的、屡经历史的变动而依然保持着相对稳定的特征。

当然，“民族性格”本身可以作为一个国家或民族传统谱系的一部分，但由于国家战略文化的制定和执行过程存在决策者作为心理学上的“个体”这一特殊性，因此行文之中将其单独列出。几千年来，人类始终被一个精神分析学命题困扰，他们无法解释性格中固有的保守与激进的矛盾由来，只好将其归咎于思维的杂乱无章。人类思维的双重倾向使得哲学层面上对战略的分析和把握显得缺乏紊乱而缺少系统。对文明性格或民族性格的溯源和剖析使得战略文化价值取向分析有了逻辑的原始基点。

对民族性格差异的研究论证中“基因学说”、“地域差异论”、“海洋的影响力”、“历史传统说”等框架或研究维度都会给战略文化传统的研究以有益启迪。究其原因，民族性格对民族心理或国家行为的影响力是深层次的，并且是决定性的。

3. “制度传统”维度。

国家战略文化传统中的制度因素也在评估战略文化价值取向的重要变量。制度因素内化于战略文化中，所谓制度文化就是人类在物质生产过程中所结成的各种社会关系的总和。社会的法律制度、政治制度、经济制度以及人与人之间的各种关系准则等，都是制度文化的反映。

制度文化在长期的历史发展演进中和一个民族的文化传统一样内化于该民族的民族特性中，对于战略文化起着重要而深刻的影响。下面以印度为例。印度的种姓制度已经有三千多年的历史，早在原始社会的末期就开始萌芽。后来在阶级分化和奴隶制度形成过程中，原始的社会分工形成等级化和固定化，逐渐形成严格的种姓制度。印度的种姓制度将人分为四个不同等级：婆罗门、刹帝利、吠舍和首陀罗。婆罗门即僧侣，为第一种姓，地位最高，从事文化教育和祭祀；刹帝利即武士、王公、贵族等，为第二种姓，从事行政管理和打仗；吠舍即商人，为第三种姓，从事商业贸易；首陀罗即农民，为第四种姓，地位最低，从事农业和各种体力及手工业劳动等。后来随着生产的发展，各种姓又派生出许多等级。除四大种姓外，还有一种被排除在种姓外的人，即“不可接触者”或“贱民”。他们的社会地位最低、最受歧视，绝大部分为农村贫雇农和城市清洁工、苦力等。而且种姓是世袭的。

几千年来，种姓制度对人们的日常生活和风俗习惯方面影响很深，种族歧视至今仍未消除，尤其广大农村情况还比较严重。有的中国学者就认为印度的当代国际战略文化的精髓就受到考底利耶现实主义传统和婆罗门等级世界观的影响。① 婆罗门等级世界观是印度战略文化的内核。一位战略评论家指出，印度人的等级社会观是他们认识世界的基础。他们相信，在一个以财富和权势为基础的等级制国家阶梯结构中，“印度应居于世界等级结构的最高层——婆罗门世界观”。所以冷战后，无论是国大党政府领导人还是印度人民党政府都坚信并且坚称：印度是一个伟大的民族，是一个正在崛起中的大国。他们认为在即将到来的新世纪里，印度将扮演一个伟大的角色。②

---

① 考底利耶，古印度政治家，哲学家，摩揭陀国孔雀王朝大臣，曾协助旃陀罗笈多一世建立孔雀王朝，擅长权谋，后人称之“印度的马基雅维利”，因主张在对外关系中遵循欺骗法则，即非伦理方式而闻名于世。

② 宋德星：《从战略文化视角看印度的大国地位追求》，《现代国际关系》2008年第6期，第27—28页。

4. “战争之道”的维度。

“战争之道”是一国所采取的适合本国国情的战争观和战争方式，不同的战略文化往往导致不同的战争之道。各个国家的战争之道不一样，由此导致的战略文化必然也千差万别。战争之道主要体现在一国的军事方针上。一般说来，军事方针就其本质而言，可分为进攻型、防御型和威慑型。进攻型军事方针强调加强军备建设和军备竞赛，重视先发制人，从而使战争爆发的可能性升高，而防御型和威慑型的则相反。① 不同“战争之道”所展现的战略文化必然不同，进而所表现出的价值观也必然出现差异。

（二）战略文化的类型

在讨论国家战略文化的价值取向时首先需要对不同的战略文化分类，关于大战略偏好的类型，江忆恩认为主要有三种：一是调和主义战略，这种战略主要依赖外交、政治贸易、经济刺激、跟随强者、平衡联盟行为以及其他低强制性的政策。二是防御性战略，这一战略比调和主义战略在本质上具有更多的强制性，它主要依赖外部边界上的静态防御。三是进攻或扩张主义战略，这一战略是高度强制性的，主要依赖越过边界的进攻性、预防性、先发制人或使用优势军事力量实施惩罚性行为。② 一些中国学者将战略文化分为三种类型：冲突性战略文化、协调性战略文化和理想性战略文化。当然，这种战略文化的分类是典型意义上的，不同国家的战略文化往往是上述三种中几种的混合，或是一种为主，兼有其他种类的因素。③ 这三者的分类如图所示（见表2—1）。

---

① 周丕启：《略论战略文化》，《现代国际关系》2001年第10期，第60页。

② 李晓燕：《战略文化与国家行为——江忆恩战略文化理论述评》，《世界经济与政治》2006年第7期，第34页。

③ 周丕启：《略论战略文化》，《现代国际关系》2001年第10期，第59页。

表 2—1 战略文化类型对比

战略文化类型	对战争的认知	利益冲突类型	国家利益实现手段	思想流派
冲突性战略文化	不可避免	零和性	军事手段为主	传统现实主义
协调性战略文化	不可避免	非零和性	手段多元，但不排除军事手段	自由主义
理想性战略文化	可避免	非零和性	排除国家间军事对抗	理想主义

三层因素决定着一个国家战略文化的形成：第一层是地缘和历史因素；第二层是社会经济特征和政治结构；第三层为意识形态和传统战略思维的关系。

地理空间和历史。人地关系是每个文明的起点。一个民族的历史，和它所生存的地理环境密切相关，生存环境的相对稳定性，决定了一个民族的文化底蕴。地缘的构成要素主要有位置、面积实力、社情和距离等等。国家的地缘因素势必会对战略决策者的战略偏好和战略倾向产生深刻影响进而形成其相应的战略文化观。

国内政府组织制度。组织制度主要指政治体制与军事体制，即文武之间的关系，这种关系的作用必然在一国战略决策者的决策过程中有所反映。相对而言，文官主导型的组织形式倾向于防御型的战略文化，而武官主导型的组织形式倾向于进攻型的战略文化。而且，一国历史上哪种主导型的组织方式占主体，相应的战略文化就具有相当大的稳定性，即使发生了相对立的组织方式，其战略文化仍然难以发生根本变化。

意识形态因素。美国学者亨特认为：意识形态很重要，因为它们构成一个框架，政策制定者在这个框架内处理特定的问题，公众也在这个框架里去处理问题。意识形态因素对战略文化的影响主要体现在它是战略决策者决策的前提，决定着决策者对要实现的目标、面对的威胁、采取的方式等的判断行为的倾向。建构主义认为，文化有许多具体形态，如规范、规则、制度、意识形态等，文化之所以产生作用，是因为文化恰恰可以影响行为体的权衡，而这种权衡实则是一种决策。

传统战略思维因素。这主要包括战略思想传统、实际军事经验等，这是影响战略文化的重要因素，任何国家的战略决策者都是在本国的战略思想传统影响下进行决策的，其行为模式和价值观无不带有本国传统战略思想的痕迹，这直接使各国战略文化带有鲜明的本国特色。

在上述因素中，地缘历史因素、传统战略思维因素是较为稳定的，而国内政治组织因素和意识形态因素则是可变的，这也使战略文化具有可变性特点。美国心理学家高尔顿·威拉德·奥尔波特（Gordon Willard Allport）把价值观分为以下六种类型：1. 理论型，理性地寻求真理；2. 经济型，强调效率和实用，在追求自己个人私利的过程中，它实际上对集体、对别人也能产生积极的作用；3. 审美型，重视外形与和谐；4. 社会型，强调对人的热爱；5. 政治型，重视权力的使用；6. 宗教型，着眼于对宇宙整体的关照。这六种价值观常常综合作用，我们每一个人多多少少都受其中某几条的影响。如果把上述战略文化的分类同社会心理学领域宏观层面的价值观结合起来分析国家战略文化的价值观取向。那么可以认为：冲突性战略文化可能比较对应社会心理学层面的政治型价值观；协调性战略文化则比较对应经济型价值观或者政治型价值观和经济型价值观的结合；而理想性战略文化则对应理论型、社会型或宗教型的价值观。

三、对文明冲突论、民主和平论、历史终结论的评价

文明冲突论、民主和平论和历史终结论从根本上说表现了西方

基督教文化对外扩张的本性，中国这种防御性的战略文化能否独善其身，也许光靠兼收并蓄是不可靠的，因为那需要以超强的实力为前提。在文明的对话和相互借鉴中，保障自身文明的独立性才是关键。对三者的评价，首先要肯定这是一种观念和制度上的争斗，但其背后却是文明和文化之间的较量。

所谓“文明”，是指人类借助科学、技术等手段来改造世界，通过法律、道德等制度来协调群体关系，借助宗教、艺术等形式来调节自身情感，从而最大限度地满足基本需要、实现全面发展所达到的程度。从这一意义上讲，人类文明有着统一的价值标准。

所谓“文化”，是指人在改造客观世界、在协调群体关系、在调节自身情感的过程中所表现出来的时代特征、地域风格和民族样式。①

二者的定义具有一致性和区别，它们都有着三个最基本的特征：在改造客观世界、在协调群体关系、在调节自身情感的过程中，其区别在于，文明是有着统一价值标准的综合尺度，而文化则是由这三个基本特征所表现出来的不同特征、风格和样式。文明和文化是两个既相联系又相区别的概念，文明是文化的内在价值，文化是文明的外在形式。文明的内在价值通过文化的外在形式得以实现，文化的外在形式借助文明的内在价值而有意义。

文化的核心是价值观。西方文化与本土文化的关系如果处理不好，就容易陷入文化冲突。今天的文化冲突不同于意识形态冲突，它表现为在某些具体问题上产生的摩擦和对抗，这反映了某些文化价值观的冲突。文明是民族得以产生的基础。历史传统、价值观念、经济发展水平、社会政治制度、民族利益的差异导致国家间文化上

---

① 陈炎：《“文化”与“文明”》，《新华文摘》2002 年第 6 期，第 24—28 页。

差异，以致可能爆发冲突。① 文化没有高低之分，却有强弱之别。所谓“强势文化”就是指能力较强、效率较高，从而包含文明价值较多的文化系统。相反，所谓“弱势文化”则是能力较弱、效率较低从而包含文明价值较少的文化系统。中国防御性的战略文化如何应对扩张性型的西方文化，是一个历史性的难题。

历史终结论的观点如下：1. 弗朗西斯·福山和马克思、黑格尔同为“历史终结论者”。弗朗西斯将终结点设为自由民主制度，马克思和黑格尔将终结定为自由的国家形态和共产主义社会。2. 承认历史的发展具有方向性。历史发展之所以有方向性，是因为存在“造成历史具有方向性的‘历史机制’”。他认为，这种历史机制表现在两个方面：一是科学技术的发展；一是人性的机制（当一种政治制度能够从根本上满足了人性中对自由的需要的时候，历史就走向终结）。3. 当代西方的自由民主制度是历史的终结。

“文明冲突论”评析。“文明的冲突是对世界和平的最大威胁，建立在文明之上的国际秩序是防止世界大战的最可靠保障”，文化的差异被看作了国际冲突最根本的促动力。这个结论有为美国当权者谋划称霸世界策略之嫌，但亦感到亨廷顿对文明与国际政治之间的关系的分析，在学术上有其独到之处。但文化作为人类社会生活之所得，与冲突、战争之间到底是怎样一种关系呢？

文化是冲突的载体，而不是原因，理由如下：第一，文化认同是一个民族国家得以凝聚的内化力量，区分各个民族国家最显著的标志莫过于他们在文化上存在的差异。所以，民族国家间的冲突与战争同样也是以各自的文化为依托的。第二，文化只是作为冲突各方的载体而存在，而真正导致各行为体产生冲突的原因是他们各自利益的冲突，因为行为体之间在利益交锋的地方产生了不可调和的

① 苏浩：《文明在国际关系中的冲突与合作——从亨廷顿的“文明冲突论“谈起》，《世界历史》1998 年第 3 期，第 22 页。

矛盾而导致了他们之间的冲突。第三，文化差异是文化得以融合的必要条件，从某种程度上而言，作为冲突载体的文化也可以成为冲突化解的表现形式，文化的共性与差异共同影响着行为体之间的冲突与联合。正是因为人类思想之光的碰撞以及对于理想不断的探索与追求，人类的力量才能得以在不断的整合中获得持续进步的源泉。

从另外一种角度来看，文化差异对冲突与战争存在着一定程度的影响，这种影响力主要体现在不同文化主体对冲突与战争的理解及所持态度的不同。如二战中，美国以勤勉刻苦为核心的经济合理性原则构成了资本主义精神的主体，所以其行为的促动力很大程度上是由经济原则所决定的。但日本文化中对秩序和等级制的信赖与美国文化对自由平等的信赖就有如南北两极一样背道而驰。每个文化传统中对于战争的不同观点在一定程度上影响了他们各自参与战争的目标设定和在战争中的表现。

由于人类文明是由不同的民族在不同的时代和不同的地域分别发展起来的，因而必然会表现出不同的特征、风格和样式。文化的差异原本产生于时代、地域和民族的不同，但随着科技的进步、交通的改善、信息的加强，不同民族、地域之间以经济交往、文化交流、政治对话、军事征服等各种方式渐渐打破了固有的文化疆界。因此可以这样说，这种全球化的历史过程，也正是人类文化不断提高其内在的文明总量的过程。

“民主和平论”评析。亨廷顿的一个观点值得肯定：“现代性孕育着稳定，而现代化过程则滋生动乱。”“民主和平论”在一定意义上反映的是一种理想主义的世界政治观点。但这一理论本身以及它在西方外交政策上的运用都表现出对发展中国家的不公正。这种不公正首先表现在它把民主国家看成是和平稳定的力量，而把非民主国家看成为不稳定的或易于战争的力量，这不符合基本事实。一方面，从国际关系角度看，非民主国家可以不打仗，民主国家亦可能发动战争，决定它们战与非战的因素往往来自于复杂多变的国际形势；另一方面，从国内体制和社会变迁考察，冲突带多半分布在那些动荡起伏的过渡型社会，尤其是向民主制过渡的不稳定的、快速变革的社会（和国家）。近代民主产生以来的历史告诉我们，民主与和平的关系还远不能掩盖民主与暴力的联系。对民主与暴力关系进行深入的研究，才能使我们对“民主和平论”有更清醒的认识。

第二节　中国战略文化的价值取向

长期以来，学界对中国传统战略文化的划分只有以孟子为代表的王道与霸道两种，而有的学者认为以荀子为代表的务实王道、纯粹王道及霸道三分法才更为合理，[①] 其中由荀子开创并以汉、唐、清三朝为代表的务实王道才是中国传统战略文化的精华与主流。新中国三代领导集体的外交思想则是对中国传统战略文化的批判性继承与创造性发展。[②] 这种划分只是一种粗线条的过于简单的勾勒，但它可以非常提纲挈领地指出中国传统战略文化选择的两个基本分野。

一般而言，儒家思想认为，政治统治有两种，一种是“王道”，一种是“霸道”。王道讲求德、情、义，霸道讲求法、势、计；王道是圣王之道，而霸道则是依靠暴力实行统治。圣王之道是靠道德教诲和教育来贯彻的，所谓德治教化，而霸道则靠强制手段来推行，武力是它的力量源泉。在《公孙丑上》中，孟子说：“以力假仁者霸，霸必有大国。以德行人者王，王不待大。”孟子以后的中国哲学

---

① 陈向阳：《务实王道睦邻外交——21世纪中国和平崛起的民族传统战略文化资源》，《江南社会学院学报》2004年第4期，第24—27页。

② 同上。

家都恪守这种“王”与“霸”的区别，这也是中华文明政治思想的精髓。但是二者都必须以成就功业为目的。王、霸之别是在于：霸道更注重于用手段、用计谋、以势迫人，以力服人，而王道则讲究以德服人，以情义感动人。二者都只是成就功业的手段，在本质上无差别。

陈向阳博士进一步分析了中国传统的战略文化，他认为所谓睦邻外交思想分为纯粹王道和务实王道两种。纯粹王道的睦邻外交不以追求本国自身利益为主要目的，而以仁义道德原则的实现为最大目标，即使为此牺牲本国自我利益、对邻国委曲求全也在所不惜。因此，纯粹王道睦邻外交思想的特点是理想性、主观性、绝对性、片面性与一厢情愿。而务实王道睦邻外交的存在前提是本国应具有足够的自身实力，其条件则是邻国对本国的睦邻政策有所回应，睦邻只是手段而已。在追求本国利益的同时，也兼顾道义原则，即不以大欺小、以强凌弱、以邻为壑，并适当照顾邻国利益，尽量以和平方式解决与邻国的矛盾，因此，务实王道睦邻外交思想的特点是现实性、客观性、灵活性与相对性。

而单纯霸道外交思想则不管邻国对己是否友好及是否构成现实威胁，都一味地使用武力，进行对外征服与扩张。只相信实力，唯利是图，只顾本国利益，根本不在乎邻国权益，以争夺霸权、取得霸主地位、成就一番霸业为最大目的，并认为仁义道德不仅是多余的，而且还是有害的。

在中国战略文化史上，占据主导地位的无疑是王道的战略思想。对“礼”、“德”、“仁”、“义”的强调就直接促成了中国传统防御型战略文化的成型。中国历史上国家战略的制定者在其所处的特定历史条件下，如何做出最佳战略选择，如何兼顾决策的工具理性和价值理性，这些因素都会有明确的价值导向加以引导。

有学者认为：在中国外交思想史上，由荀子所倡导的、后又被陈亮等所明确的务实王道睦邻外交思想，在中国封建统一王朝中占据主导地位的时间最长，包括了两汉、唐及清朝1840年前；而由孟子所倡导、后被朱熹等所强化的纯粹王道睦邻外交思想，则在中国封建统一王朝中占据了第二长时间的主导地位，包括两宋与明朝；至于以法家为主的单纯霸道外交思想，仅仅只是在秦、隋、元三朝时期内占据主导位置。因此，我们完全有理由认为，以睦邻外交为主要内容的王道外交思想，是中国古代战略文化的主流。①（见表2—2）

表2—2 中国传统战略文化一览表

类 别	主要倡导思想家	实际影响	延续时代
纯粹王道战略文化	孟子、朱熹等	利：约束帝王行为 弊：过于软弱致挨打	两宋、明朝、清朝晚期
务实王道战略文化	荀子、陈亮	利>弊	两汉、唐及清朝1840年前
单纯霸道战略文化	韩非等法家思想家	弊>利	秦、隋、元（主导非全部）

一、“天下”观

“天下观”是在中华文化的发展历程中形成的一种融世界观、政治观和文化观于一体的观念，它崇尚“礼、仁、和”等价值观念，希望构建一个“讲信修睦”、“协和万邦”的天下秩序。“天下观”是中国主导文化的一个核心观念，无疑对中国传统战略文化产生了深刻影响，战略文化作为学术概念形成于20世纪70年代后期，其

① 陈向阳：《务实王道睦邻外交——21世纪中国和平崛起的民族传统战略文化资源》，《江南社会学院学报》2004年第4期，第25页。

主要内涵是：战略深受本国、本民族历史思想文化等因素的影响和制约。[①] 而战略文化传统为决策者提供了对战略环境认知和判断的范式，进而影响了战略目标的确定和对外行为取向。[②] 在“天下观”的指导下，中国形成了以求和平、重防御、谋统一为核心的价值取向，在对外行为上注重运用政治、文化手段处理与周边国家的关系。

（一）“天下观”的内涵

“天下观”不仅是古代中国的地理观和世界观，而且是古代中国的政治观和文化观。正如赵汀阳所论述的那样，“天下”是一个饱满的世界概念，有着多层复合的意义。“天下”在地理上是指“天底下所有的土地”，它指称“整个世界”。[③] 对“天下”的内容阐释得最为具体的是“畿服”理论，是对“天下”这一地理空间的填充和划分，这个空间不是均匀分布和“平铺”于世界表面的，而是由内向外，由中心向边缘的延伸。“畿”即“王畿”，指“九州”，即“天下”的中心，是华夏族的居住区，也是权威的源泉和中心。“服”是指中心的周边区域，是四夷的居住区。“畿服”理论包含两方面的内容：一是按照地理距离的远近安排中心与周边的亲疏关系，其中“五服说”和“九服说”就说明存在着五种或九种中心与周边的关系；二是按照这种地理距离的远近体现出的亲疏关系来确定周边对中心的义务。这种义务以贡期和贡物的不同而由内向外递减。距离中心越近的贡期越短、贡物要求越高。

“天下观”中包含的“天下”概念和“畿服”理论不仅是中国

---

① 李际均：《论战略文化》，《中国军事科学》1997 年第 1 期，第 8—15 页。

② 李晓燕：《主导文化与战略文化一致性问题研究》，外交学院 2007 届博士论文。

③ 赵汀阳：《天下体系：世界制度哲学导论》，江苏教育出版社 2005 年版，第 40—43 页。

古代思想家建构的地理空间，它更多地是一种观念建构，体现的是一种世界秩序观和人文观。“天下观”体现了“天下一家”、“王者无外”的观念，而且在“天下”秩序中，中心与外围之间是一种共存的关系，虽有等级尊卑之分，但不是征服与被征服的关系，体现了一种以天子为中心，华夏与四夷归统天下的世界秩序观，即“溥天之下，莫非王土，率土之滨，莫非王臣”。这种“天下”观反映在文化上就是天下各民族对中华文化的认同。文化认同在历史上是辨别同族与异类的最根本标志。历史上形成的夷夏观就是基于对一个外延可以推及天下的华夏文化共同体及其以此为合法性的世袭君王的认同，而且特别重视精神价值和文化价值，甚至将其看得重于民族实体。华夏族也不排斥四夷通过接受文化的方式而成为“华夏”。历史上的夷夏相融也主要是通过“礼”来实现的。作为中心的华夏族强调“修文德以来远人”，通过文化来感召和吸引夷族归顺，追求以“德”和“仁”为纽带的天下秩序。

（二）“天下观”与秩序追求

“天下”不是一个现代意义上的“国家”，而是一种政治或文化制度。[①] 天下体系中，天下是一个整体，天子以天下或四海为家，没有内外之分，只有内在结构上的远近亲疏关系，或者说内在结构上的中心与边缘的关系，历史上体现为“华夏与四夷”的关系。天下体系中存在着“家—国—天下”的结构，其中“天下”是一个最大而且最高的政治单位，也是一个分析单位。“天下”是政治追求的出发点也是目标，体现的是一种秩序追求。这种秩序中，“家”是最基础也是最核心的秩序层面。“家、国、天下”这个政治体系从整体上

① 赵汀阳：《天下体系：世界制度哲学导论》，江苏教育出版社2005年版，第44页。

说是“家”的映射，是基于家庭性原则而形成的三位一体的结构。家庭所追求的秩序也就是天下秩序的缩影。在天下观的视界中，家庭是每一个个体存在的条件和环境，也就是说每个个体的存在是一种共存条件下的存在。这也就是中国传统文化所强调的整体性或称之为关系性。这种整体性的逻辑必然重视和追求“关系”、“和谐”、“共存”、“和平”等系列概念，因此，中国传统文化中没有西方基督教所强调的“异教徒”意识，没有界限分明的自我与他者的对立关系，也没有不共戴天的异己和敌人。简而言之，就是天下（世界）“无外”。这种“无外”的天下观主张“化敌为友”，其中“化”是核心，是指要吸引人而非征服人，遵循的是一种“礼不往教”的原则。

这种秩序追求体现在战略文化就是在“礼、仁、和”以及“无外”原则的指导下对“朝贡体系”的建构和“协和万邦”的理想追求。①“礼”体现了互惠性和自愿性的文化价值观念，即所谓“礼尚往来，往而不来，非礼也；来而不往，亦非礼也”，以及“礼，闻取与认，不问取人；礼，闻来学，不闻往教”。“仁”是一种理想的社会关系，以善和德感召吸引他人，是一种“以身作则”的伦理文化，而不是用强力支配和威胁他人。在“无外”的世界里，人与人共同生存，追求“和谐共处”。

“天下观”中，“天下”不仅包括周边的少数民族，还包括周边的一些国家。中国封建士大夫不仅有志于实现中华和谐一体，还试图把这种理想推行到整个世界，以谋求世界秩序的和平与稳定。“朝贡体系”就是在“天下观”的指导下，基于国内礼仪秩序，在东亚建构了一套礼仪制度，用文化规范来处理作为中心的中国与各个国家间的关系，把和谐有序的东亚秩序作为自己的追求目标。这种

---

① 杜永吉：《“天下观”视野中的中国传统战略文化传统》，《淮阴师范学院学报（哲学社会科学版）》2006 年第 1 期，第 96—98 页。

“朝贡体系”实际上是夷夏关系得延伸和扩展。属国的统治者“称臣纳贡”，只是一种接受“天朝”的象征，中国与四邻的关系只是一种形式上、道义上的“宗藩”关系，属国仍享有独立和主权，而且当属国遇到内乱和外患时，中国要帮助属国。这实际上是一种“薄来厚往”的和平共处关系，是儒家文化的家庭伦理关系在对外关系上的延伸和应用。“朝贡关系”中，不仅把儒家伦理观上的“以诚待人”、“以理服人”、“以德怀柔远”作为处理对外关系的指导原则和基本准则，还把“协和万邦”作为一种理想追求。“协和万邦”的要义就是以道德教化为本，以修养好自己的道德、治理好自己的国家为前提，去感化他帮，从而实现万邦和谐。“天子”不仅有责任以“仁”的精神和“礼”的准则来维护民族内部的和谐，处理好民族间关系，还应把仁政推向天下，追求天下和谐。

（三）“天下观”与对外关系

在“天下观”的指导下，中国在处理同少数民族和周边国家的关系时，形成了以求和平、重防御、谋统一为基本价值取向的战略选择，在对外行为上注重运用政治、文化手段处理与周边国家的关系。

秩序上追求和平。“天下观”是一种以“天下”而不是“国家”的视角来看待自我与外部世界关系的世界观，倾向于认同世界的一体性和相互依存性，“中国”与周边民族或国家是共处于“天下”的关系。这不仅仅是一种地缘关系，而且更重要的是一种文化关系，强调的是文化上的主动认同而不是武力征服，是王道理想而非霸道手段，因此追求秩序上的和平状态就成为中华文化的主导价值。通过文化上的王道教化，使周边民族、国家能够通晓中华文化的礼乐之道，从而达到四野宾服、万方来朝的“协和万邦”的理想状态。在中国的各个朝代里，统治者都十分重视采取和平的手段来加强与边疆少数民族之间的政治、经济和文化联系，比如：通好、互市、和亲、册封、内迁安置等，“德化”是各王朝处理对外关系的基本原则。中国明代郑和七下西洋的历史就有力地证明中国自古就崇尚和平。

军事上注重防御。“天下”体系是一种“同心圆式”的分成等级世界秩序。在天下秩序中，核心是中华文明的统一秩序，外围是中央王朝的藩属国。所有的土地和人民自然属于中国，根本不需要夺取。这种中心与外围的内在结构在安全追求上有明显的“重内轻外”特征。“天下观”相信“天人合一”，认为“得民心者得天下”，因此只是关注个人内在的道德修养，而不是对外部世界的思考和征服，认为只要个人修养达到“仁”、“圣”的水平，外界事物自然会服务和服从于人的要求，彼此之间并不存在不可调和的矛盾和冲突，因此也不需要借助强制手段来达到目的。人与人关系如此，天下的民族关系或国家关系也如此，从而由“内圣”扩展至“外王”。在有作为的君主看来，只有国泰民安，才可能抵御外侮、安定各邦。他们把安全追求的重点都放在内部的安定上，其主要任务不是对外征伐和开拓疆土，而是实仁政行王道，以增进民生和保证社会秩序的安定，军队主要是为了自卫和防御，中国古代重视防御工事的修建也充分证明了这一点。

文化心理上谋求统一。先秦儒家认为“四海之内皆兄弟”，即“天下一家”，把天下统一作为至高的原则和理想来追求。中国古代战争也可以说是中华民族的统一战争史，除了晚清的几场抗击外国人入侵的战争外，基本上是中华民族内部各民族和政治集团为谋求统一而进行的战争。在2000多年的历史中，汉族坚持大一统思想的传统，而少数民族也有大一统思想，以统一天下为己任，致力于建立和巩固统一的政权。少数民族的大一统思想的形成与他们认同中华正统观是分不开的。他们自认为是中华民族的一员，认为华夷之别只是在于文化上的差别，只要认同中华文化，接受中华的礼仪政治体制，就具有中华民族的正统性。少数民族的历代皇帝都以汉族正统文化的继承者自居，积极推行传统的汉族理想的治国之道，极大地推动了中华民族的形成与统一。

正是对中华文化的认同以及对中华正统性的共同追求使中华民族的统一意识由政治上的大一统积淀成为中华民族稳定的民族文化心理和民族情感。“天下兴亡，匹夫有责”，这种天下意识逐渐使谋求统一成为中华民族的共同追求。美国学者费正清写道：“统一，这个理想的信念在中国人的思想上，久已同没有内战从而同内部的安定、秩序和繁荣联系在一起。自古以来，即使当时的战争可能蹂躏了中国，大多数中国人总是绝对的相信，统一是一定会重新实现的。”① 可以说，谋求国家和民族的统一已经深深地积淀成为中华民族的共同文化心理和文化信念，是中华民族实现伟大复兴的精神之源。

二、“霸业”观

争霸是权力的概念，从获取霸权的方式来看，东西方文化都有使用战争获取霸权的历史。而从历史经验来看，争霸的先决条件有两个：扩充实力与等待机遇。扩充实力的过程是养精蓄锐的过程，也是为了防止被霸权国或其他强国扼杀；等待战略机遇是减少争霸成本的关键性因素。争霸战略的制定就是围绕具备这两种内外条件而服务的。

以探讨霸权国与争霸国的互动作为切入口，有助于我们更好地理解中国传统战略文化。一般对霸权的研究大多集中在对争霸的起

① ［美］费正清：《中国与美国》，世界知识出版社2000年版，第96页。

因（为什么争霸）、争霸的方式（靠什么去争霸）、争霸成败的经验和教训（以史为鉴）进行分析。其中必然包含着关于结盟与反结盟、均势的失衡和恢复、大国的兴衰等不同见解。争霸国与霸权国的思维方式决定了争霸战略的谋划、过程和结果，即从对立还是互补的思维框架看待世界，决定了获取霸权过程和结果的迥异。因此，重新思考霸权战略的研究对寻找东西方国关理论的联结点具有意义。

（一）“互动”，思维方式决定战略结果？

首先需要说明的是，这里所说的“互动”的着眼点是争霸国和霸权国如何看待对方和世界体系，以及在何种思维框架下做出的行为和交流。西方的知识基于评判和质疑，东方则强调融合和沟通，这两种思维方式对霸权战略的影响最大的地方，应该是在争霸的时机选择与霸权之后的治理方式上。

二元对立的方式是将任何事物分成两种原素，二者之间是对立的、互斥的、斗争的，事物在这种二元对立中发生和发展。这是西方的基本思维方式，如：普世与国别、西方与非西方，包括现实主义和自由主义在学理上的发展，都归功于这种二元对立的思维方式。二元对立方式促进了启蒙运动以来的科学发展，但也造成诸多的灾难。冷战结束前的世界历史中的争霸战争，往往是基于成王败寇、你死我活的对立思维。如争霸战略将世界看成是你死我活、天无二主的，获得霸权就必须战胜其他争霸国和现有霸权国。挑战国自身也存在被击败或成功两种命运。这种斗争性极强的思维带来的益处是促进国家，尤其是争霸国的科技、经济等飞速发展，提高了社会生产力；不利方面则是将对抗和战争作为处理对外攻守关系和国际格局变化的合理手段。人类社会的快速发展与大规模自我毁灭和倒退交替存在。如果以这种势不两立的思维方式制定争霸战略，必然使国家战略走向军国主义和黩武主义，而获得霸权后则寻求极度的扩张和频繁使用武力打压反抗者。

二元互补的方式同样将事物分为两种原素，但二者的关系是互补，互相借鉴，和平共处而非互斥，这是中国的基本思维方式。这种思维方式注重和谐，取长补短，但有统而化之、因果关系不明的弱点。在二元互补的分析框架中，看待中国提出的和谐世界的理念，即中国不称霸、不对抗、不当头等外交理念，是否能说明西方以生物有机体论为基础而引发出国际等级结构、以国家为基本单位的分类分析的方法论，至少在中国这样一个大国的实践中被证为伪呢？由此自然想到的是霸权国与争霸国这两个概念是否应被如超强国或次强国、后现代化国家和现代化国家等概念所代替？即相互对立的两个平等概念应该被一个过程中不同阶段、不同性质的概念所代替。使用二元互补的思维框架去分析霸权国与争霸国的关系，似乎在霸权转移过程中，和平转移、妥协、共治等都是极具参考价值的选项，在大国战争有可能避免的核时代更是如此。

“互动”是这两种思维方式的共同核心概念。如果单纯从霸权国和争霸国的角度来看，二元互补的思维框架倾向于二者之间存在相对平等的地位，在某一特定历史机遇期内通过协商、妥协等良性互动实现权力转移，当然权力转移过程比较平和。而二元对立的思维则更多强调以争霸国的野心作为互动的原动力，战争及零和博弈形成的恶性互动，则造成了权力转移过程的暴力性增强。在不同思维方式指导下做出的争霸战略，决定了霸权国与争霸国之间的互动关系以及权力转移的方式差异。

（二）霸权研究可能是东西方国关研究的沟通点

现代化对霸权研究的影响。对霸权的研究应该放到现代化这个大背景下进行思考。现代化是社会进步的大方向，西方资本主义起到引领者和推动者的作用，它们是知识的生产者，当然是以它们自己的扩张史为基调。非西方国家既然被纳入现代化的进程中来，则在社会、自然科学的发展方面，不可避免地成为这些知识的消费者，在做相关研究的过程中，也渐渐在思路、方法论、规范等方面与西方趋同。我们现在行文所用的理论、逻辑体系、概念框架、推理过程都是近百年来“西学东渐”的结果，用哲学的术语来说就是“反向格义”，即以外来的理论框架来解释中国的现象。遵循西方创造的成型的概念体系，比较容易进行知识的积累和生产。但东西方思维方式的不同，是不能完全使用西方的理论去思考东方的问题的，那样最多也只是能在特定的文化和社会条件下证实某种现有理论。

如何寻找沟通点。东西方文明既然同为人类文明，那么二者肯定有交集地带，而这个交集地带就是沟通东西方的桥梁。要想把东西方的国际关系研究融合起来，就必须努力寻找一些东西方文明史上都存在的可类比的议题，只有仔细分析在同类议题下进行对比分析所得的差异和共性的结果，才可能会找到一些有价值的沟通点。这个寻找的过程是复杂、枯燥的，但可能比在“二元对立”思维框架下进行的分析更为客观和理性。所以，融合东西方国际关系研究甚至社会科学研究，最先要做的就是寻找二者的同类议题。它们就是促进东西方融合的沟通点。

超越“反向格义”。关于霸权研究是否能成为东西方国关研究的沟通点，其核心问题就是探讨社会科学理论中“普遍性与特殊性之间关系”。以西方成熟的理论框架分析古今的争霸战略，特别是运用到中国这样一个大国身上，想要得出与西方不同的结论是不现实的，原因在于争霸战略虽然在东西方都存在，但各地都有特定的历史条件和背景，以西方的霸权理论去分析非西方世界的争霸方式，最大的弱点在于忽视在争霸战略制定过程中起指导作用的文化内涵，而这恰恰是最地方性的。所以，超越“反向格义”是中国国关研究创新的必然要求。当然，超越“反向格义”不是学术民族主义，而是在充分吸收西方先进理论知识框架的基础上，结合自己的民族文化和思维进行理论创新。东西方的文明史上都存在过争霸的案例，但却在争霸过程和霸权之后的治理问题上存在着诸多差异。这就为寻找沟通东西方国际关系研究的交集提供了平台。国际关系理论的普适性分析框架应该植根于民族性之中，就如老话所讲“民族的才是世界的”。过分强调东方思维和西方思维的差异，会陷入二元冲突论的怪圈，这对国际关系研究方法论的普适化和促进东西方交流是有害的。只有在共同的对象和平台上去进行比较分析，才能得出远比基于差异性基础上更为深刻的认识和知识。

第三节　共同历史的构建与中国

历史从来就是地方性的，每一个国家都有自己的社会发展传统轨迹。一个国家的发展与国际社会的互动存在着三种模式：一是放弃本国的传统发展轨迹，追随世界潮流（如日本）；二是固守传统，自我孤立（如缅甸和朝鲜）；三是将传统社会发展轨迹与当代历史发展的现状相结合。当然，第三种选择是最为理想化的，但它的困境是如何在前两种模式中保持平衡。中国社会的发展具有自己的轨迹，即在治乱的更迭中保持社会结构的稳定。中国作为拥有深厚历史底蕴的大国，全盘西化或固步自封都不符合民族崛起的历史重任，只有当本国社会的发展方向不违背世界历史的总趋势的时候，中国才能准确地找到本国在国际社会中的定位，并制定出相应的发展战略。

一、中国历史发展模式的新变化

那么中国未来的发展方向和世界历史前进方向是否一致？有没有普世性的历史大趋势，若有的话，那又是什么样的？决定历史发展方向和国家命运的因素有哪些？这都是中国制定长远战略必须解决的问题。要回答这些问题，首先必须弄清东西方历史观分析视角的差异。

西方认为社会发展的轨迹是直线形的，以社会制度的不断进步为特征。制度的进步是有终点的，历史的结束，就是某种先进制度的全球统一。世界是分裂的，因此世界的完整性是一种尚未完成的历史任务。弗朗西斯·福山写的《历史的终结》一书，是以进步的角度去观察社会变迁。他认为现代制度已经足够好，因此不再有制度革命的可能性，历史的最高目标已经实现。[①] 换句话说，西方的民主制度和资本主义经济是历史发展的最终方向，在西方国家已经确立起来，世界其他地方的社会发展也将向这一目标迈进。历史的进步与制度变迁密切相关。

中国则是从单纯的治（乱）角度去观察社会动态结构的变化，因此中国社会发展的轨迹是环状的。治（乱）的过程没有终点，兴衰、成败、存亡、安危都属于循环论的历史观，然而以治乱的观点去评价社会变迁的优势在于它是可以评估的。因此，对中国历史观更准确的理解应是：社会状态的循环是经常可观察到的事实，但历史的意向却是追求长治久安的社会状态。循环只是现象，但非必然模式。定义一个社会的好坏，不是根据这个社会是什么制度，而是

① 弗朗西斯·福山：《历史的终结及最后之人》，中国社会科学出版社2003年版，第63页。

它是怎样的生活情况。历史的发展与制度变迁无关。

然而，在全球化的国际大背景下，中国必须对观察社会变化的传统视角做出调整。一方面，5000 年历史积淀留给社会的烙印不可抹杀，维持中国超稳定的社会结构的规律不会因 1840 年以来的衰败史而失灵，包括改革开放 30 多年在内的中国社会制度大变动，不过是又一场由乱向治转变的“阵痛”，是中国社会结构的又一次自我调整。另一方面，这 160 多年的社会变迁史，却又有着与以往的改朝换代不同的新特点，那就是社会制度的变革。无论这种变革的动力是来自于自强的渴望还是外力的胁迫，总之，这是中国第一次在内外力共同作用下推动的社会变革。从某种意义上说，这次社会制度上的变化，不仅开始了中国现代化的步伐，更改变了中国延续 2000 多年王朝更迭的循环宿命，使中国的历史发展有了新的模式。

中国历史发展的新模式是螺旋循环模式，它是进步与稳定的结合。螺旋代表着进步，动力来自于社会制度的变革，背景是全球化下中国与国际社会的频繁互动。循环代表着稳定，这是中国社会结构变迁的传统秩序，但这种循环不是机械的。中国社会从低级向高级的发展并不是简单的循环，更不是以资本主义为终点的封闭的圆圈，而是基于生产力发展的生产关系和社会形态不断发展和上升的过程。发生在中国的每一次社会制度的变革，都是一种历史进步，在下一次制度变革来临之前，维持中国社会超稳定结构的规律仍然会起作用，只不过它所维持的社会制度将更加先进。

二、构建共同历史的可能与中国的定位

把某种地方知识推广为普遍知识是不可能的，因为各个地方形成了各自的经验和知识，这是人类知识和经验的多样性，它们与

各个地方有着天然的和谐。但全球化将各个地方的知识体系都卷入到一个大形势中来，从政治、经济到文化都有了许多普遍的问题，但这并不是普遍的知识。共同的问题是产生共同历史的必要条件。

全球化的深入将预示着世界史观三个方面的转变：第一，从突出东西方历史观的差异向寻找两者的共性转变；第二，从西方历史观的话语霸权向东西方史观的地位平等转变；第三，由西方单方面的普世主义向互构的普世主义转变。[①] 这将是一种革命性的转变，对中国的国家定位具有深刻的意义。

中国是建构世界共同历史的重要力量，这需要保持自身文化的独特性和传承性以争取平等的话语权。所以必须对“中学为体，西学为用”的观点进行再审视。中国融入世界的过程，不能放弃本国社会的传统发展轨迹。历史经验证明，制度的革命是非常状态，所以应对传统维持的原因应保持更多的关注。当一个国家积贫积弱而力图自强的时候，也是社会制度变革最为激烈、对传统经验抛弃最为彻底、对其他强国的崛起经验最为崇拜和迷信的时候。任何对传统文化的维护行为都会被靠“变法救国”的激进派斥责。守旧派和激进派交锋的背后，实质上是如何对待传统社会发展轨迹的问题。一个国家向强国学习就必须主动融入国际社会，这本身没有错。但在此之前，必须清醒地认识到：至今为止，所谓世界历史潮流都是由某些大国主导的，它们代表着最先进的生产方式和科学技术，但这并不意味着它们的社会制度和文化观念是最先进的，也不一定就能移植到本国的土壤中来。一个国家的衰落，最终要靠制度创新来拯救，但这种创新一定不能以对本国的社会历史发展轨迹进行彻底否定为代价。最为重要的是，主导世界变化的大国往往都有救世主

① 赵汀阳：《没有世界观的世界》，中国人民大学出版社2003年版，第121页。

般的自负，它们力图使本国的地方性知识和制度具有普遍性，使其他国家放弃本国传统发展轨迹而转入到它所设定的统一的社会发展模式中去。这本身就是一种制度霸权主义，一种单方面的、以单一取代多样性的伪普遍性。因此，无论是共产主义还是资本主义，都是众多地区性社会制度中的一种，世界历史的前进方向不是某种社会制度的一统天下，而应是地方性知识和经验的多样性共存，彼此之间进行对话和良性互动。唯有如此，才能构建出具有平等话语权力和权利的知识体系，创立共同历史才有可能。中国作为具有独特文化和知识的实体，必将为世界历史的发展做出重要的贡献。因此，牢牢抓住知识创新的机遇，大力发展经济和科学技术，增强国力，是发挥中国独特作用的物质基础。如果没有同等的物质生活水平，就不可能有世界性的普遍知识和普遍生活，也就丧失了平等话语权。丧失平等话语权的国家和文明，只能在西方主导的全球化大潮中随波逐流，逐渐被边缘化。

第四节 案例分析：德国崛起的文化阐释

德国的崛起是以一个“后发”国家的形象出现的，但是它后来居上所表现出来的巨大能量和发展潜力，可谓是近现代史上的一个奇迹。德国强悍崛起背后的重要动力——不仅是经济实力的增强，更来自德国社会文化推动的思想创新。在中国崛起的历程中，倘有一段时期能潜心考察和了解德意志这个在百年中三度兴起的民族，当引为要事。因为，对德国的考察，归根到底有助于准确地反观中国自身，拓宽中华民族的崛起道路。正是在这样一个基点上，在探奇抉隐的兴奋之余，尝试探析德意志民族的梦想追逐与多难的旅程，从中为中华民族的复兴汲取优质元素。当今时代，文化日益成为民族凝聚力和创造力的重要源泉，以及综合国力竞争的重要因素，[①] 从社会文化的视角解读德国的崛起道路，至少在以下三方面大有其精彩的历史表现和现实延伸，归纳而言即为“教育兴国、思辨精神与规制嵌套”。

一、德国崛起前奏：教育兴国与民族精神

德国崛起的历史往往以某个大事件为标志。

1871 年，普鲁士王朝完成了德国的统一大业，开始参与世界工业化的进程。可以说，德国与中国的洋务运动、日本的明治维新几乎是同步开始现代化，历时不过百余年，且同样是受外来因素激发而成。可是，德国只用了 30 年的时间就位居欧洲第一、世界第二，其发展速度之快、水平之高、成就之大，令人惊异，有人称其为“英雄式的繁荣”。因此，谁深信一个国家崛起过程的实质就是其内部力量的外延，谁就必然会对“德国崛起神话”背后的社会文化因素着迷。

德国崛起的一条核心经验就是高度重视国民教育，着力提高民族凝聚力和国民素质，从而为国家的振兴提供强有力的精神动力和人才储备。可以说，一战前德国的崛起在社会准备方面，除了俾斯麦带有威权崇拜与军国主义色彩的武力治国理念之外，教育兴国才是德国强大的根本原因。对此，普鲁士元帅毛奇在普法战争胜利后曾经自豪地说：“普鲁士的胜利早就在小学教师的讲台上决定了。”1763 年 8 月 12 日，普鲁士国王弗里德里希亲自签署了世界上第一部

① 胡锦涛：《高举中国特色社会主义伟大旗帜，为夺取全面建设小康社会新胜利而奋斗》，《人民日报》2007 年 10 月 15 日，第一版。

《普通义务教育法》，明文规定“所有未成年人，不分男女和贵贱，都必须接受教育”，开创了教育史上的一个先例。到19世纪70年代初，德国适龄儿童入学率已经达到97.5%，文盲率为13%，而同时期英国的文盲率为30%，法国则为24%。

教育理念的变革奠定了德国教育水平的领先地位。主要表现为：一是主张公民受教育不是为了自己，而是为了在将来为社会做更大的贡献；二是提倡教育和研究的有机结合；三是建立灵活的教育制度；四是大量发展职业技术教育。这种教育体制可以说是德意志人的理性精神在教育改革和发展问题上的独特表现，为德国的现代化培养出了大量高素质的劳动者和紧缺人才，极大促进了德国经济的可持续发展。

在普及全民教育的同时，洪堡等人所推行的大学改革，更是成就显著。洪堡主持建立的柏林大学扭转了欧洲大学长期依附基督教神学发展的经院传统，转而推行教学和研究结合的原则，创立了德国式的研究型大学。柏林大学的活力与人才培养，为德国强国梦想的实现奠定了基础，也为全世界现代大学模式开创了先河。在洪堡大学精神的滋养下，德国大学很快进入了一个辉煌的时期，培养的人才具有良好的学术修养和专精的知识，而且富有科学研究的精神。大学教授更是以学术研究为天职，投身于教学和研究，做出了不菲的学术成就。英国历史学家梅尔茨感叹道：“在现代，没有一个国家像德国那样拥有那么多的思想学校和学术学校，也没有一个国家能自夸开创并进行了这么多伟大的事业，因为他们需要大量训练有素人员的合作和集体努力。”梅尔茨认为德国大学“比任何别的东西都表征出德国的心智，德国心智在这种机构里得到最完美的表现”。①

① 陈洪捷：《德国崛起的“秘密武器”》，《人民论坛》2007年第1期，第13页。

全民教育为德国培养了高素质的国民，大学则给德国带来了科学创新和技术发明。国民素质的大幅提高使德国一跃而成为世界一流强国，成为世界先进技术的创造国与出口国。可以说，德国是第二次工业革命事实上的领导者。从1851年到1900年，在重大科技革新和发明创造方面，德国取得的成果达到202项，超过英法两国的总和，居世界第二位。直到今天，德国依然是世界上最重要的科技大国之一。

在实施国民教育的同时，德国还高度重视培育民族文化和民族精神，这是德国崛起的又一重要经验。对于一个民族来说，历史发展的文化动力首推民族精神。它可以激发民族成员的归属意识、进取意识和奋斗意识，凝聚社会各方面的力量，从而奠定经济进步的社会基础。① 德意志民族精神在教育方面的表现则是不断追求理性与知识的“浮士德”精神。德意志民族有着悠久的历史和深厚的文化传统，产生过康德、黑格尔、马克思、海德格尔、爱因斯坦、巴赫、歌德、海涅等文化巨匠。他们的思想和行为影响了广大的德国民众，成为德国民族文化和民族精神的重要组成部分。时至今日，德国产品的高品质在世界上有口皆碑，举世公认，其原因就是他们不断改进，精益求精。正是由于有了这种永无止境的追求精神，德意志民族才始终保持了旺盛的生命力，才可以在二战失败的废墟上，经过几十年的艰苦奋斗，迅速恢复元气，重新成为欧洲乃至世界政治舞台上一支不容忽视的力量。②

纵观德国崛起的历史进程，教育和文化发挥了核心作用。实施教育兴国战略不仅培育了大批高素质的公民，更潜移默化地增强了德国社会文化的抗压性与自我更新能力，使德国崛起后劲十足。

---

① 刘涧楠、张瑞芳：《论民族精神的经济价值》，《辽宁师范大学学报》2005年第1期，第16页。

② 韩爱红：《民族精神给了德国什么?》，《人民论坛》2007年第1期，第15页。

二、德国崛起动力：勤思辨的生活方式

崛起大国对传统大国的挑战有两方面：一是政治上的正面冲突；二是生活方式上的“取而代之”。前者是短时段的对抗，后者是长时段的演进。在全球化的过程中，为了提升本国影响力，德国凭借的是一种注重思辨性的生活方式，亦即在不断反思中修正崛起的方式与途径，实现民族成长的自我更新。按照德国历史延展的图式，思辨思维的代际相传是德国历史的实践成果，相对于威权时代的动荡与短暂，思维方式具有稳定性和一致性，影响更为深远。它确保既往经验的有效存在，这些既往经验以感知、思维和行为图式的形式存储于每个人身上，与各种形式的规则和规范相比，能更加可靠地保证实践活动的一致性和其历时而不变的特性。

德国人习于思辨、擅长哲理，这从德语中就可窥见。“德意志”一词来自古高地德语的 diot，意即“人民”，在德国历史上，一些思想巨人、哲学家几乎都对德语有过杰出的贡献，或借助德语表达过自己的深邃洞见。从某种意义上说，正是德语这种语言造就了他们，使他们为德国文化在世界上争得一席之地提供了传播工具。德语早在 19 世纪就显现出了它的世界性，当时大凡严肃的学术或科学论著都必须有充分的德文书目提要和脚注后才能发表。德语在如框架结构等表达形式上的严谨，天然渲染着理性精神和学术氛围。现在世界上每出版 10 本书中就有 1 本是德文的。作为被翻译的文字，德文仅次于英文和法文；而翻译别种文字中，被译为德文则是最多的。

勤思辨的生活方式，推动德国人不断地反躬自省，追求发展道路的进一步完善。德国前驻意大利大使塞茨在《日美挑战》一书中就指出德国人在进入信息时代方面过于谨小慎微。在传统的重工业中，德国的高工资使其在全球开始丧失竞争力，如果仍扎根于制造

业，而不在建立新工业和创造新产品方面有所突破，那么即使工人再训练有素，企业经营管理再出色，也难免在经济增长率很低的情况下长期艰难地进行。

高超、卓越的思辨能力，也给德国社会和经济发展带来了绵延不尽的智慧和能量，独创性的火焰比比皆是。德国的现代化与西欧国家有很大的不同，它在现代化转型过程中吸取了现代性价值中的合理性因素的同时，并未完全抛弃传统，而是在质疑—检验—改革—再质疑的螺旋式发展中，获得德国式发展道路的合法性。这种传统与现代的相互作用，是“世界时间的普世性与历史时间特殊性在新的规定性阶段，以体制改革为界面的交锋。改革的复杂性后果来源于普世性取向与特殊路径的相互异化，异质同构结构位移、要素互换的纠缠状态。”① 例如：路德维希·艾哈德于1948年6月提出的社会市场经济体制便是如此。它作为一种理想模式，第一次创造性地“把市场上的自由与社会平衡结合起来”，在“市场经济”和“统治经济”之外开辟出了“第三条道路”，以一系列成熟的经济和社会政策，指导德国进行了战后重建，以致被全世界公认为“经济奇迹”。建立社会市场经济的构想是对德国历史和世界经济成长史深刻反思的成果，它实际上既吸取了亚当·斯密的自由经济思想，也融入了基督教教义中的平等概念、科学社会主义中的社会平等观。可以说，它是德国人具有广阔思维规模和独到思维深度的一个典型范例，具有浓重的思辨色彩。

相对于敏锐的问题意识而言，德国人更善于在解决问题的过程中表现出思辨本色。随着高福利制度日益阻滞德国经济发展步伐，德国开始寻找振兴经济的光明点。德国之所以能成为世界第二大出口国，一个重要原因就是德国240万家中小型企业的持续性技术创

---

① 王云龙：《现代化的特殊性道路》，商务印书馆2004年版，第27页。

新。这些企业反映灵敏，能够迅速适应市场的变化和竞争压力，往往集中力量生产单一产品，并致力把这种产品开发到近乎完美无缺的程度，逐渐占领世界市场。它们构成了德国经济的支柱，其中有许多已在特定的市场上成了全球性的龙头企业。此外，德国劳资双方关系融洽，长期以来比较稳定，一直是产生新的前进动力的源泉。再加上欧洲市场一体化等有利的国际环境，德国还能凭借现有的强大经济实力，进一步谋求发展，从二战后的“经济巨人、政治侏儒”变成政治与经济的双重巨人。可见，问题意识往往是德国人走向思辨科学的砺石。

三、德国崛起的根基：秩序观念与规制嵌套

德国崛起的成功因素，不单是高素质国民的存在和思辨精神的躬省，更重要的是这二者所嵌入的社会制度结构。大国崛起的过程，对外是推动国际政治结构的位次转移，对内则是社会变迁过程中的典型显现。从文化整体观的视角来看，社会结构的完善对于大国崛起来说举足轻重，尤其表现在秩序遵守对民族精神正能量的引导方面。对秩序的遵守可被看作是德国人最显著、最深刻的特征。前文所述的重教育、勤思辨之所以与德国的数度崛起互为因果，倘要作出强调的话，那么它们在相当程度上也需依靠秩序的规范作用。思辨，是对秩序的构想和设计；而崛起，则直接来自秩序的组织和支撑。在实践层面，则落实在经济、政治、教育与法律等领域的规制嵌套。

经济领域。德意志统一后，实施了三大经济制度：一是立法废除了农民对领主的人身依附关系，为工农业化提供了充足的自由劳动力；二是通过土地“赎买”政策解决了资本原始积累的困难；三是推动农业现代化，促进了土地集中，加速了农业资本主义经营的

进程。二战结束后，德国政府更是依靠成熟的市场经济体制、健全的金融保障体系、完备的法律监督机制使市场经济成为法制经济，为经济的平稳快速发展提供了可靠制度保障。

政治领域。德意志的统一经历了曲折的历史，早期分裂状态的政治权力，不仅无法为现代化进程提供良好的社会环境和政策支持，难以形成对社会的有效整合，而且各自为政的状态成为各地区间政治、经济、文化正常交往的障碍，对现代化的进程产生了极为严重的负面影响。国家的统一，使德国“从一个农业为主的国家转变为以工业为主的国家，从一个‘诗人和思想家’的民族转变为以工艺技巧、金融和工业组织以及物质进步为公共生活的显著特征的民族”。[①] 正反两方面的实践经验表明：国家的统一，为德国跳跃性的快速发展提供了最稳定的结构保障。[②]

教育领域。16 世纪马丁·路德发动的宗教改革催生了德国普及教育的理念，1763 年普鲁士政府实施强制性义务教育，制定详细的教育法规，奠定了日后发展现代学制的基石。德国教育体制改革——加强教育立法，健全教育行政管理机构；形成了初级、中等、高等三级教育体制；重视发展职业教育与成人继续教育；重视自然科学研究和科技成果转化——为德国在现代化进程中的科学和文化发展做出了巨大贡献。由于政府的重视和支持，德国从中央到地方，从官方到民间，从工厂到学校，很快建立起一个庞大的科研体系，国家、企业和大学研究机构三者的最高领导权均掌握在国家手中。科学家领取国家薪俸，他们通过学术刊物和各种国内外学术交流活动加强联系，必要时进行分工协作。成功的教育改革提高了德国国民的整体素质，促进了科学技术的迅猛发展，为德国早期现代化创

---

① 丁建弘：《德国通史》，上海社会科学院出版社 2002 年版，第 326 页。

② 朱丹、郭清亮：《德国崛起的文化社会学思考》，《企业家天地》2010 年第 1 期，第 155 页。

造了良好的条件。

法制领域。德国人对秩序的遵守突出地表现在法制观念上。因为只有法才能从根本上规范秩序，并使之得到保障。“秩序对于德国人的意义怎样形容都不会过分，因此时时、事事、处处都须按照规定，恪守秩序，丝毫不差。”① 例如，二战后，为了保证国民经济的稳定增长，德国在1966年6月就制订了《经济稳定与增长促进法》，该法第1条就明确规定联邦和各州应该通过各种经济的和财政的措施以达到总体经济的平衡。其目的就在于促进社会市场经济持续稳定增长，同时保持币值稳定、充分就业和国际收支平衡。该法是在西方国家全面爆发经济危机时期制订的，又总结了多年实行社会市场经济的历史经验，因此，带有很强的指导和预防性质。在该法出台前后，德国政府还制订了银行法、财政法、预算法等，严密配合，严格实施，从而维护了整个经济活动依法进行的良好秩序。有了法之“规矩”，方可得秩序之“方圆”。

可以说，在面对现代化商品经济的无情冲击和年轻一代对传统文化近乎天然的抵触和反抗的情势下，德国崛起过程中的规制嵌套的成功因素在于一方面积极吸收了当代社会倡行民主和自由的精神内核，另一方面又在调整各类社会关系中保留了全民的秩序观念，最大限度地凝聚了传统与现代的优势，在审慎中稳步前行。

四、德国崛起的社会文化启示

从社会文化的视角来看，德国数度崛起的启示在于：在比拼软实力的大国博弈中，国家的崛起，首先应在规制的保障下尽可能地

① 刘芳本、叶本度：《莱茵浪花：德国社会面面观》，外语教学与研究出版社2004年版，第320页。

发掘本民族精神中的优质特性，将弘扬和培育民族精神作为文化建设极为重要的任务，纳入国民教育全过程。所有自觉的民族应当在新的历史条件下不断更新本民族精神，把他民族的优秀品质与本民族的实践经验融会贯通。德国崛起核心原因在于将民族优质品质与社会规制的完美结合。这种结合使德国在两次世界大战失败之后，仍然保留着民族复兴的火种，避免重蹈西班牙、葡萄牙等国一败即溃的覆辙。

国家兴衰看教育。德国能够迅速复兴和再次崛起，仍然在于它拥有强大的文化根基和文化实力。德国的崛起归根结底是因为有大量高素质人群的存在。近代以来，德国高度重视国民教育，着力提高民族凝聚力和国民素质，从而为国家的振兴提供强大有力的精神动力和智力支撑。德国崛起的历史经历说明，文化和智力资源是最宝贵的财富，如果一国拥有强大的精神文化财富，那么，即便其暂时遭遇逆境和挫折，也能走出困境、迅速崛起。

综上所述，通过社会文化、民族精神所勾勒的是一幅枝繁叶茂的、文化全景式的德国崛起景观，它是德国社会各种力量的实践场域，为每一次社会变革提供强有力的宏观支持体系。同时，社会文化各方面的因素也在不断地形塑和改变着德国社会结构中的结点，使得现有的社会结构更具张力和先进性。可以说，高知识公民社会的出现、思辨型生活方式的惯性，只是在德国这一特定结构下产生，并成为现代化的号角和原始动力的；而蕴含于社会文化结构中的它们，同样加快了既有结构臻于完善的步伐。它们相互作用的重要结果就是为德国崛起提供不竭动力。探寻德意志这样一个已经取得成功的民族原先并不值得骄傲的历史，研究它由落后走向先进的内在动力，这对我们正处于和平崛起时代的中华民族来说有着十分重要的借鉴意义。

第 三 章

中国崛起的安全环境

冷战结束后，我国面临的国际安全环境有了很大的变化，而且这种变化可能将对中国的崛起构成长期的影响。中国和平崛起的国际安全环境是多层面的，涉及军事安全、政治安全、经济安全及非传统安全等等诸多内容。一般来说指传统意义上的安全环境，主要指中国周边和与中国利益紧密相关的全球其他区域政治和军事安全环境。由于守成大国以及中国周边行为体与中国的互动关系始终处于变化、发展过程之中，因此中国的安全环境不可能是一成不变的，而是一种动态现象。本书所关心的不仅仅是分析中国当前的国际安全状况，而是以中国进入崛起的起飞阶段为前提，讨论中国崛起过程的安全问题。中国能否有如此长时间的国际和平环境？中国能将目前的安全环境保持多久？冷战后的周边安全环境呈现什么趋势？这种趋势对中国崛起的长期影响是什么？这些都是中国崛起必须直面的挑战。

第一节　中国周边安全环境

近年来，中国与邻国关系中连续发生了一些摩擦和纠纷，出现了一些不和谐的声音。在中印边界问题上，印度数次向有争议的边界地区增兵，加速向该地区移民；在南中国海，越南、菲律宾等国不断试图采取各种措施宣示其对所占领岛礁的“主权”，并在岛礁上兴建设施，强化占领。中澳关系也由于中铝收购力拓公司的失败、力拓公司上海办事处工作人员侵犯中国公司商业机密，以及澳大利亚不顾中方反对，向“疆独”分子热比娅发放签证等事件而出现波动。造成这种状况的原因是什么？从长远看，中国的周边安全环境会向什么方向发展？

一、影响中国周边安全的四大因素

当前中国周边安全环境主要受四大因素影响，这四大因素是：（1）中国加速崛起因素；（2）美国因素；（3）区域化因素；（4）非传统安全因素。在此四大因素影响下，中国周边安全环境总体趋于积极，但也面临不少安全挑战。

在影响中国周边安全环境的四大因素中，最关键的因素是中国加速崛起因素。2012 年，中国国内生产总值达到 51.9322 亿元人民币，合约 8.38 万亿美元；中国 GDP 总量已稳居世界第二。同年中国外贸总额达 3.86676 万亿美元，首次超过美国，居世界第一；中国引资达 1117 亿美元，居世界第二，亚洲第一。不仅如此，中国加速崛起使中国与周边国家的利益关联性与一致性明显增大，周边各国和地区普遍从中国加速崛起过程中得到了经济上的实惠与“红利”。2012 年，中国与东盟、香港、日本、俄罗斯的贸易总额为 11591.9 亿美元，约占中国外贸总额的 40% 以上，平均增幅达 10% 以上。①

中国与周边国家经济关系的另一个特点是全面开花。2012 年，中日贸易总额达 3294.5 亿美元、中国与东盟贸易总额为 4000.9 亿美元，同比增长 10.2%。中俄贸易为 881.6 亿美元，中印贸易也突破 300 亿美元。中国经济的快速增长及与周边国家经贸关系的急速发展，使周边国家普遍认识到中国加速崛起总体上符合他们的实际利益，他们搭中国崛起“快车”的意识增强，“中国威胁论”明显退潮，这有利于中国扩大影响及塑造周边战略环境的能力增强。当然，中国加速崛起也使一些周边国家发展压力增大，他们对中国加速发展仍有不少疑虑。

美国因素向来是冷战后影响中国周边安全环境的最大因素，现在退居第二位，主要反映了中国影响与塑造周边环境的能力在增强，不表明美国因素对中国周边安全环境的影响能力有绝对削弱。相反，美仍极力维护、扩大对中国周边地区的经济、政治与安全影响。

美国极力维护与扩大其在中国周边地区的影响力，是对中国加速崛起、在周边地区影响与塑造能力增强的一种战略反应。为此，美国首先加强在中国周边地区的军事存在及军事反应能力。经过一系列的军事战略调整，美国全球军事战略重点已确定无疑地转移到了正对中国的亚太地区，为适应美军事战略调整要求，美还祭起“中国军事威胁论”，用以恐吓中国周边国家，为美国军事战略重点东移亚太找依据；其次加强与中国周边国家的政治联系，显示美在亚太的政治存在，与中国争夺对周边国家的影响力及对亚太事务的主导权。美国加强美日同盟，把缅甸、朝鲜划入“暴政国家”行列，

---

① 中国商务部网站：http：//www. mofcom. gov. cn/aarticle/i/jyjl/m/201208/20120808305784. html。

加强与东盟及印度、巴基斯坦的联系，以及加紧向中亚、蒙古渗透，都有此深层考虑。但是，美国也受不少因素制约，不能对中国肆意妄为。如：美国仍受恐怖主义威胁牵制，不能放弃反恐；伊拉克、阿富汗未实现稳定；伊朗、朝鲜核问题摆上议事日程；美俄关系出现紧张等，都使美在应对中国崛起时颇受掣肘。从长远及深层看当前美国因素对中国周边安全环境的影响，消极面不少，美国对中国加速崛起满腹狐疑，但在当前仍以积极因素为主，在反恐、朝核、亚太安全等问题上，美国仍需要与中国合作，中美关系仍保持总体稳定局面，并存在一定的深入发展空间。

区域化因素是中国周边安全环境不断改善的一个新的积极因素。冷战后，在世界性的区域化潮流推动下，中国周边地区的区域化都加快发展，中亚、南亚都有自己的区域组织，东盟扩大到全部 10 个东盟国家，APEC 囊括了太平洋沿岸 20 余国。近年上海合作组织、“东盟 +1”、“东盟 +3”的发展尤其引人注目。但所有这些区域组织，都可能是中国周边最后的区域化组织的过渡形式，APEC 太大，上海合作组织、东盟等又太小，“东盟 +1”、“东盟 +3”等在名称上就不像是个统一的区域化组织。中国加速崛起、东亚经济继续快速增长、各国经济相互依存度的增大、相互信任度增高以及亚太意识的形成，使中国周边各国越来越有了“命运共同体”的共识与感觉，要求形成囊括全地区的、统一的、更高层次的区域化组织。正是在这一背景下，中国—东盟自由贸易区的成功建立，表明当前中国引领的东亚一体化进程进入提速阶段，开始从量变向新的质变飞跃，一个新的区域一体化组织呼之欲出。由于中国周边一体化进程加速与中国发展加速同步，中国在其中扮演着积极而不可少的角色，各国积极推进一体化进程是对中国崛起及中国作用增大积极反应，亚洲区域化加快无疑是中国周边环境改善的重要标志，并将促进中国周边环境进一步改善。

非传统安全因素对中国周边安全环境的影响无疑具有相对独立性，但它与区域化及美国因素等其他因素依然存在密切关系。影响中国周边安全环境的非传统安全因素包括恐怖主义泛滥、海上通道不安全、跨国犯罪、制毒贩毒、各种传染性疾病蔓延等。这些因素无疑对中国国家安全有重大消极影响。2003 年的“非典”给中国造成了重大经济损害，也对社会稳定产生了冲击。制毒贩毒、跨国犯罪对中国国家安全的影响也越来越大。但这些因素对中国国家安全的影响也有另一面。如：恐怖主义威胁使美国把反恐作为现阶段主要战略任务。为此，美国需要与中国合作，这为改善中美关系提供了重要动力，也对美国对华政策中的消极因素起了抵制作用。反恐、维持通道安全及共同应对其他非传统安全威胁，也是促使中国与周边国家互信增强、周边区域化进程不断提速的驱动因素。

二、中国周边安全威胁

受此四大因素影响，中国的周边安全环境总体趋于积极，中国周边安全环境总体上处于建国以来最宽松时期，如中美找到了冷战结束后新的合作平台，中俄关系更加务实，中印关系不断改善，中国在周边的影响不断扩大，中国与周边国家的互信增强等。周边区域化加速也是中国周边环境改善的积极因素。但也要看到，四大因素的存在及相互作用也使中国的周边安全环境出现不少新的复杂因素，中国周边依然面临不少复杂挑战。

第一，美国加强在亚太的军事存在，中国面临的军事压力增大。这一点主要反映了美国因素对中国周边安全环境影响中的消极面。对武力的痴迷几乎是所有帝国的天然本性，即便历史一再证明，过度倚重武力总是会导致帝国的衰败。近年来，美国在西太平洋海域进行的史上罕见的军事大集结、大军演，几乎动用了美国一半以上的海上军力，似乎就让人们看到了冷战时那个帝国的旧影。美国在亚太的军事部署调整包括加强驻关岛的远程打击力量，如增派 B－52 轰炸机、F－22 隐形飞机、核潜艇，以及加强日本那坝的空军基地等，名义上是为应对朝鲜半岛局势，实际上也是为了针对中国（见图 3—1）。美国在中亚的军事存在，也有利于美国利用在中亚高地的基地，加强针对中国的太空战优势。

第二，美国加强在中国周边的战略活动，其反恐战略线与其传统的对华遏制线基本一致，使中国面临新的地缘战略压力。反恐与谋霸并举，这是美国当前全球战略的一大特点。这一特点反应在对华战略中，就是一方面谋求中国与美国合作反恐及共同解决朝核问题，但同时又在中国周边加紧组建各种针对中国的战略同盟，抢占战略要点，构筑以中国为潜在对手的隐性遏制线。如美大力推进美日同盟，在美日国防部长和外交部长“2＋2”会议上，美日公然宣称美日同盟的活动范围囊括台湾海峡。美国还使美日同盟与美澳同盟相联系，并拉拢印度，谋求在亚太建立以中国为对手的“亚洲小北约”。美国在蒙古及中亚加紧活动，更是在地缘战略上加强对中国牵制的一着远棋。尽管美国前国务卿鲍威尔在其离职前宣称中美关系是尼克松访华以来“最好时期”，但美国对中国崛起猜疑加深，两国在不少领域摩擦增多也是事实。

第三，朝鲜核问题变数很大，再加上日本近来对中国“呛声”增大，中国在东北亚的战略压力很大，中国战略安全与外交都面临全新的考验。一些主要国家已开始着手从朝鲜已是实际上的核国家的视角应对朝核问题，朝核问题由此进入了一个新阶段。目前看，在有关解决朝核问题的多种模式中，朝鲜显然是在往印巴模式方向前进，即不顾国际社会压力，争取成为实际上的核国家。在此背景下，和平解决朝核问题的困难进一步增大，“六方会谈”面临新的困境。如和平解决不了，朝冒险进行核爆破等，美朝矛盾将进一步激化，有可能出现美国对朝加大封锁及制裁力度，甚至不惜对朝发动局部战争，届时中国在安全与外交方面将面临两难。在此同时，中日关系也进入建交以来最复杂、最困难的时期。日本前首相小泉不顾中国再三反对执意参拜靖国神社、其最新教科书在历史认识问题上出现新的倒退、炒作潜艇事件、在俄远东油气管道上“搅中国的局”、采取新行动侵占钓鱼岛等等，使中日关系继续下滑。由于日本以僵硬方式应对中国加速崛起，中日关系近期大幅改善的难度增大，可能性减小。

图 3—1 参加美国环太军演的 F—22A 猛禽战机

第四，在西线陆地方面，中国面临的各种非传统安全压力增大。如果说美国加强西太平洋的军事力量、朝核问题复杂化、日本对中国“呛声”增大等反映的是中国在东线面临的依然是传统安全压力，那么在从中亚经阿富汗到南亚再到中亚的西线，中国面临的主要是非传统安全压力。这包括恐怖主义、民族分裂主义、极端宗教势力活动猖獗，在我西线广大地区形成了一条所谓的不稳定弧，对我西北、西南地区的稳定构成了直接威胁；也包括在马六甲海峡作恶多年的海盗活动；还包括以缅甸及阿富汗为中心的所谓“金三角”和“金新月”地区的贩毒制毒活动。

第五，“中国威胁论”并未完全退出，在一定的时机与条件下，仍可能死灰复燃。中国加速崛起，尤其是经济实力提升、市场竞争力增强及国际影响扩大，必然要引起周边经济政治力量平衡和权力分配的重新洗牌，符合国际政治常态。一些别有用心的力量可能会利用这种调整，蓄意炒作，甚至把中国与周边国家间经常出现的一些正常国家间不可避免的矛盾、摩擦加以恶意夸大、炒作，上升到“中国威胁论”的高度，挑拨中国与周边国家关系，阻碍中国在周边扩大影响。

根据以上分析我们可以看到，在安全战略目标上，中国与周边国家都是要维护地区的和平与稳定的，只是在战略平衡方面，大国都希望自己处于有利的地位。这是国际政治的一种正常利益要求，并不因此就对他国的安全构成威胁。从利益的普遍性上看，中国与所有周边国家都有一定的共同安全利益，与绝大多数国家的共同安全利益的一致性较强，并且没有一个国家与中国有全面的安全利益冲突，只是在边界问题和统一问题上与少数国家有些利益矛盾。中国与周边国家可以采取措施和平地解决边界分歧。中俄发展战略协作伙伴关系的经验证明，边界分歧并不必然阻碍中国与周边国家发展安全合作的关系。只要有足够的政治意愿，双方完全能做到搁置争议、共同合作。台湾问题的和平解决也不是绝对不可能，只要亚太国家都不向台湾分离主义分子提供政治和军事支持，和平统一是完全有可能的。

大国的崛起是一个长期的历史过程，在崛起过程中完全避免战争或军事冲突是很困难的。战争或军事冲突对大国的崛起构成很大的影响，有时可能是致命的影响。有的大国通过赢得战争，崛起为世界强国；有的则因战败或战争消耗而灭亡或沦为弱国。经历了多次战争和军事冲突，中国正在走出崛起的准备阶段进入起飞阶段，能否在此阶段避免战争已成为中国面临的现实问题。在起飞过程中，中国完全避免军事冲突是很难的，甚至在今后15年内不卷入任何军事冲突的把握也不是十分的确定。中国崛起的起飞阶段能否顺利通过战争危险这一关，将受多种因素影响，其中关键因素有二：一是中国能否有效地推迟潜在军事冲突或战争的发生，这将主要取决于外交谋略；二是中国能否最大限度地平衡经济建设与国防现代化关系，即在加快经济建设速度的同时，也能在不同规模军事冲突发生前作好相应的军事准备。

第二节　中国崛起的国际环境

作为新兴大国的中国，不仅无力单独挑战美国的单极地位与它主导下的全球政治经济秩序，而且基本上不存在借以联合抗拒或挑战美国单极体系的其他大国。霸权国家对新兴大国可以有多种的制约，战略选择余地较广，而新兴大国中国的战略选择余地较小。它一方面在经济上对美国存在较深的依赖；另一方面，也需要利用霸权国家所维系的相对和平的国际秩序和自由贸易体系。作为新兴大国的中国，在整个崛起过程中，在国际政治权势格局和战略互动方面，相对处于比较被动的地位，寻求和平的国际环境的主动权没有掌握在自己的手里，这对新兴大国来说是一个严峻的挑战。与此同时，作为经济相互依赖中脆弱的一方，维护经济安全，避免金融危机，确保战略资源的供给，构成为中国国家安全的重要因素。

一、人民币汇率与“美国病”

美国国会参议院2011年10月通过了《2011年货币汇率监管改革法案》，该法案的主要内容是要求美国政府对所谓“汇率被低估”的主要贸易伙伴征收惩罚性关税。然而，这项法案的施行仍面临重重阻力。除了国会山的议员们在该问题上至今还各持己见外，包括美国一些有影响力的商业团体都在警告美国当局，一旦对中国采取行动，很可能会招致报复，削弱美国经济的任何潜在收益。这也让美国总统奥巴马“左右为难”：一面公开指责中国操纵汇率，一面质疑参议院针对人民币汇率的议案有可能违反《国际法》。伴随着美元的贬值和更多新兴市场国家被卷入这场“汇率战”，国际上形成向人民币汇率施压的局面已由美国“独唱”逐渐演变为多国组成的“大合唱”。“人民币问题”正是在这样的“乱局”中被推上了世界舆论的风口浪尖。

（一）单边立法，失道寡助

虽然美国参议院已经通过这个法案，但真正生效还需要众议院通过和总统奥巴马签署；即使众议院通过，奥巴马签署的可能性也不大。因为一旦众议院也通过该法案，奥巴马将面临两难境地。

如果奥巴马否决该法案，可能会惹恼俄亥俄州和密歇根州等工业中心的选民，而奥巴马的第二届任期还需要他们的支持。但奥巴马表示，他相信“与中国建立双赢的贸易关系”是可能的。

其实，自2005年以来，美国国会已经多次就人民币汇率问题提出议案，不过均无果而终。如今美国部分国会议员再次鼓噪和推动这项法案，就时机而言，美国财政部常常于10月中旬向国会提交半年度主要贸易伙伴汇率政策报告。在此前夕推动上述提案，可以给财政部施压，给中国贴上“汇率操纵国”的标签，有助于为2013年议会大选加分。

盖洛普最新民调显示，美国民众对国会的支持率降至13%的历史最低。美国政客以创造就业为名，打“中国汇率牌”，转移国内矛盾的做法，虽是老调重弹，却也是没有办法的办法。

但是，为什么美国生病却要中国吃药？人民币汇率从8.2765降到6.3549，而美国经济却发展到了人民示威游行的程度，这跟人民币有什么关系?！美国的根本问题在于寅吃卯粮，依赖金融手段，过度负债，遇到挑战就寻找“替罪羊”，推卸责任，而不从自身查找问题和解决问题。

如果这项法案得到通过，美国的法律能对千里之外的中国产生多大的影响？

影响是有限的。目前摆在参议院面前的针对中国货币政策的举措基本上是象征性的。它将允许受中国进口商品影响的美国企业向商务部请求援助。如果商务部也认为进口商品受到补贴，就可以征收反补贴税来加以抵消。

即便这一法案成为法律，如果要取得成效，就必须对从中国进口的大部分商品征收反补贴税，但实际上，企业只会就个别产品提出申诉。同样，中国也可以就任何反补贴税向世贸组织提出抗议，而且胜诉率很大，也可以通过对美国商品施加关税来进行报复。

（二）对华汇率战不过是场“政治秀”

美方针对人民币汇率的议案，更多的是出于国内国际政治的考量。当前奥巴马政府对于解决就业、解决经济增长没有好的办法，这时拿中国的汇率问题说事对奥巴马来说是一个比较好的政治武器，使得民众对经济的不满逐步向政治上转化。

试图减少贸易逆差。奥巴马表示，汇率问题使美国处于竞争劣势，美国必须面对的一个挑战就是汇率问题，即如何调整以保证美国的产品价格不被人为抬高，别国的产品价格不被人为地压低。尽管人民币对美元的汇率已升值了近30%，可是中美的贸易逆差还在不断扩大。

竞争策略的自然延伸。在美国看来，日益自信的中国还持续对美国贸易顺差，并坐拥美国第一债权大国地位，这与25年前相比，对美国带来的挑战与威胁相较日本似乎更大。因为日本至少是美国的附庸国。面对日益崛起的中国，美国怎能不感到如芒刺在背？

遏制中国经济快速增长。美国国务院高官、主流媒体多次宣称：今日遏制中国崛起的主要战场只有两个，一是全球能源（主要是石油）战场，一是金融战场。美国不是不允许其他国家发展和增长，而是不允许其他国家凌驾于美国之上。

借人民币问题赚政治资本。虽然美国经济可能已经摆脱衰退，近10%的失业率令奥巴马政府甚为头痛，为了在中期选举中赚取更多政治资本，在国内大谈“人民币问题”的奥巴马自然能够得到更多“同道中人”的青睐。明了这一点，可想而知，人民币汇率还会一直困扰中美关系。不过，无论是白宫将之作为对华博弈的武器还是国会将其用作制衡白宫的手段，那都是利益集团的交锋。

中美两国在汇率问题上有很多的沟通渠道，上到首脑热线，下到两国财政部、央行的分级会谈，美国不断施压人民币升值最重要的原因是想推卸其国内经济不振的责任。

目前美国密集施压人民币汇率问题，有转移国内公众视线之嫌。“美国在艰难复苏中面临重重困难，其高达10%的失业率令美国政客必须找到转移矛盾的新焦点。”2012年大选日益临近，美国参议院此举其实是在转移公众对经济每况愈下的注意力，寻找政治替罪羊。美国《华尔街日报》网站2012年10月4日撰文指出，“议员们通过此举能将外界对美国经济萧条的部分指责转嫁给另一个国家”。

历史证明，每当国内出现重大问题或面临选举之时，美国政客必然会打出“中国牌”以捞取政治选票，这是其一贯伎俩。

美国议员将中美经济问题政治化，也是在掩盖其对自身经济政策的失误和责任。美国自身对中美贸易不平衡也负有很大责任。长期以来，美国从中国进口低附加值、劳动力密集型的商品，却一直以政治为借口，限制对中国出口高附加值、先进的技术和产品，为解决中美贸易平衡问题设置人为障碍。

在全球经济增长乏力之际，美国参议院的举动无疑会加剧国际贸易紧张局势。如果该法案得到批准，将很可能爆发中美贸易战，那么最终利益受损的也绝非只是中国。人民币汇率浮动不能解决与特定国家的双边贸易失衡问题，中美贸易失衡由国际分工而非汇率决定，人民币升值并不能解决美国贸易赤字和就业问题。

中国是世界上最大的出口国和第二大经济体，无论人民币升值与否，都极不愿意被视为是屈服于西方压力才这样做的。要改变中国的汇率政策，采取多边协商的方式或许比单方面施压更好。在全球经济刚刚走出衰退之际，合作显然比对抗更符合各方利益。人们不应忘记，假如中国没有出口廉宜货物，全球通货膨胀率必定高于现在的水平。此外，拥有巨额赤字的美国仍然不能缺少中国的帮助。

二、“零安全”时代与中国海外公民保护

2011 年的 10 月是个多事之秋，13 名来自中国船员喋血湄公河不久，韩国、菲律宾海警就暴力扣押了多艘中国渔船，当针对中国人的袭击事件频频发生，中国公民已不再被认为是海外最安全的外国人，危险离中国人并不遥远。面对潜藏危机的世界，提升中国人在海外的安全感，正在成为中国政府、企业和民众的常态化思维。

（一）海外中国公民走近“零安全”时代

古语云：“在家日日好，出门时时难。”今天的中国人，不仅走出家门，而且走出国门，到异国他乡去旅行、访问、经商甚至居住生活。初到人生地不熟的地方，困难可想而知。而最大的困难，莫过于如何避免自己的人身和财产安全受到威胁和攻击。

近年来，中国公民海外遭遇各种安全事件的频率有所增加，主要原因是中国人“走出去”的数量从 1978 年的 28 万人次增加至 2010 年的 7000 多万人次，与外界接触不断增多势必造成安全事件基数增大。

在中国公民海外遇险频度不断增加的同时，导致这些安全事件的原因也呈现多样化趋势。除了传统的战乱、自然灾害、各种冲突等可预见因素外，无特定目标的偶发治安因素所导致的安全事件也在增加。这类事件往往难以预警预防，2010 年的菲律宾马尼拉人质劫持事件就是一例。

中国海外企业的安全状况也颇为堪忧。随着中国企业“走出去”步伐的加快，中国企业和公民个人在海外遭遇政治性风险乃至丧生屡有发生。世界矛盾激化是不可忽视的原因。特别是美国攻打伊拉克之后，西方国家与伊斯兰世界矛盾加深。在这种状况下，正如“城门失火，殃及池鱼”一样，中国在政局不靖国家的企业与公民屡屡遭袭。

例如：中国石化每年出国人员 1 万人次左右，其中劳务输出人员近 2000 人次，劳务输出主要集中在伊朗、苏丹、哈萨克斯坦等十几个国家。由于派往的部分国家（地区）自然环境较差，加上时有发生军事、民族、宗教冲突导致的政局不稳，以及近来一些国家（地区）时有发生的恐怖活动，使得外派人员面临更多的潜在伤害和危险。

（二）六大因素威胁中国公民安全

中国人在海外发生伤亡事件的原因主要有六个：一是恐怖主义，比如巴基斯坦南瓦济里中国工程师被绑架案；二是因当地局势造成的连带伤害，比如以色列公共汽车爆炸中受重伤的中国人；三是纯粹意外，如法国机场倒塌事故中死亡的两名中国人；四是种族主义，如印尼的排华事件、莫斯科光头党伤害中国人事件等；五是由于民间贸易摩擦，比如西班牙中国鞋城被烧事件、莫斯科中国城被烧事件；六是由于非法偷渡、非法劳工引发的伤亡事故，如英国莫克姆海湾发生的拾贝惨案等。

中国公民在境外遇到的风险，在不同地区情况不同。劳务纠纷、绑架等主要发生在中东和非洲地区；在发达地区，多是合法权益受侵害；周边海域经常会发生渔业纠纷，有些牵涉领土纠纷。自费出境游开放后，国际犯罪团伙借此欺骗部分地区民众，组织非法移民、跨国人口贩卖、走私贩毒、非法劳务等违法犯罪活动。被骗中国公民没有合法身份，人身安全难以得到保障。同时，中国公民在一些局势不稳定、恐怖活动多的国家，也可能受到殃及。

一个不可回避的现实是，只要中国人不断地走出国门，就有可能遭遇各种安全风险，而且会日益常态化。想彻底杜绝此类现象可以说是一种奢望。由于时间、空间、主权、法律等各种因素限制了跨国干预，加之各国在安全事件处理能力上的差距，使海外安全事件的处理效率和结果难以尽如人意。因此，从官方到民间，主动构建更加完备的海外公民安全保障体系，是顺应时势的必然举措。

（三）三管齐下构建“安全新帷帐”

海外公民是国家财富及海外利益的一个组成部分，保护境外公民历来受到中国政府的高度重视。在新形势下，必须改变中国人不会遭遇恐怖袭击的传统观念，而应该树立政、企、民“三位一体”的新安全观，满足我国公民对海外维权的多层次需求。

强化公民保护职能至关重要。利比亚大规模撤侨，反映出中国外交呈现出越来越浓重的“外交为民”色彩。中国外交部成立了领事保护中心，加强预警宣传、应急处置和统筹协调能力；利用网站和多个媒体渠道及时发布各国的安全状况和相关预警信息；建立境外中国公民和机构安全保护工作联席会议制度；建立完善外交部及驻外使领馆应急机制，制订了应急预案，遇相关事件迅速作出反应等。利比亚局势恶化以后，中国政府迅即启动应急机制，动用大量外交资源全力开展撤侨行动。外交部迅速派出工作组赴利处理善后事宜，及时派出包机、包船，发布旅游警示等，这些应急保护措施是国家保护职能的重要体现。

加强海外企业的自我保护。过去几年，中国企业员工在不同国家遭到绑架的案件时有发生，这提醒涉外企业，特别是在动荡地区开展业务的企业，亟须加大安全投入，采取更为系统、全面而有力的安保措施，构建海外安全防范机制，并与驻在国政府和执法部门保持良好互动。中国企业在“走出去”后，及时升级经营理念，即由过去仅承担生产经营风险转变为承担复杂的国际竞争风险，把安全问题作为其他经营活动的基础，积极做好紧急预案，以防患于未然，规避可能遇到的风险。

寻求驻在国的帮助同样非常重要。目前，中国企业参与的海外经贸活动有很大一部分在发展中国家。由于这些国家都亟需外来经济援助和经济发展的基础战略设施与工程的重建，中国企业驻在国具有保护外来经济商贸活动安全的责任与义务。驻在国不仅应及时向外来企业提供本国安全形势的评估报告，而且也需要提出相应的保安建议。在此基础上，应邀向外国企业提供相应的保安力量是一种实现双赢的途径。

提升个人安全防范意识。如果把出国比作游泳，那么国家保护可以比作水情、天气预报以及发生意外后的救护，但是要真正做到安全，还要靠自己学会游泳。对个人来说，要尽量避免出国的盲目性，了解领事保护的有关知识，熟悉当地生活环境、风土人情、行为方式、治安状况、法律法规等，最大限度地增加主动安全系数。留学、旅游等出国服务机构也应该从各自的行业出发、根据目的地国的国情，加强对出国人员的安全培训并制订应急预案。

总之，保护海外中国人的安全，已经成为中国在全球化进程中不可回避的问题。在此背景下，尽快形成一种由国家的外交保护和领事保护为主导，以国内外民间社会团体法律援助为支撑，以提升境外公民自我保护及维权能力作为基本环节的制度框架。毕竟，保护海外公民安全，中国还是个新手。

三、中印的非洲之争

印度在第二届印非峰会上允诺53亿美元援助非洲，比上一次整整多了一倍。虽然印度的允诺常常像它那拖拖拉拉的火车一样不按时履行，但在国内救济尚且捉襟见肘的情形下，印度能拿出这笔援助款项的确需要勇气。对于尚有3亿人每天的生活费不足1美元的印度来说，为何在自己尚未完全解决贫困问题的时候，从牙缝中挤出这笔巨款去送给比它更穷的非洲兄弟？印度这位中国陌生的近邻，为何在对非援助问题上与中国比高，其战略意图是什么？

印度不是穷国却有太多的穷人。“金砖国家”之一的印度2010年GDP为1.3万亿美元，无论如何也上不了联合国最不发达国家的名单。然而去过印度的人常常会感叹：印度是个不去很遗憾、去过更遗憾的地方。这种说法大概源于关于印度的理想与现实尤其是其贫富差距之大的强烈比照。

印度自独立以来从未进行过彻底的社会改革，种姓制度已成现代化进程的附骨之蛆。抛开软件业和服务外包业能否长期支撑经济高速增长、带动其他产业共同发展这一点不谈，到目前为止，印度仍然是望不到边的贫民窟中夹杂着零星摩天大厦的碎片化社会，在断层严重的社会基础上实现现代化和“崛起”是否可能，一直都存有争议。

在长期的历史发展进程中，一直存在着两个印度——贵族化的印度和平（贫）民化的印度。印度的政治是贵族化的，印度的社会是贵族社会与平民社会并存，印度的经济也同样带有明显的贵族化特征。自19世纪后期印度民族工业开始起步以来，一直与英国殖民经济并驾齐驱。到1947年独立前，印度民族资本控制的资产已经与英国殖民当局控制的资产相当。这部分贵族资本也同样是半个世纪以来印度经济发展的主导力量。由于贵族化的民族资本的畸形发展，印度劳动密集型工业的发展一直比较滞后，特别是由于其低种姓人口受教育的机会和程度非常低下，失业问题长期顽存。从这个角度看，印度IT产业的发展也是为了绕开普通劳动力人力资源积累不足的困难，凭借其教育的贵族化以及由此导致的科研发展的贵族化特征来直接与全球信息产业的发展“接轨”。然而，2009年印度人口普查表明20—39岁的年轻人已超过4.3亿，如果没有就业机会的增加，这些廉价的劳动力便会成为社会上最不稳定的因素。对此，年均吸收就业仅为200万人左右的IT产业是无法发挥作用的。IT业的一枝独秀对未来印度社会经济发展的正面影响究竟有多大，恐怕不容乐观。《今日印度》报也承认，当前印度面临着诸多的难题，随处可见的可能传播登革热的死水潭、摇摇欲坠的桥梁、肮脏的厕所和恐怖袭击等问题均可能将印度拖入二流国家的行列。

正是从这个意义上讲，印度给人的深刻印象是：拥有高科技产业的印度不是一个穷国，而是一个被穷人裹挟的国家，在那里，富人生活在天堂，穷人则不知道自己生活在什么地方。

印度的战略文化的核心是大国情结与小国心态共存。对于中国的快速崛起，印度显然还并未做好充分的心理准备，因此，在中国不断发展壮大的事实面前，印度既有一些失落感，又有一些嫉妒感，更有一股不甘落后的使命感。正是这些感觉的反覆交错、融合使得印度在面对中国时显得信心不足。总的来说，印度的对华心态混杂着“大国情结”和“小国心理”。

第一，南亚大国情绪。印度自认为是发展中国家的大国，不愿意看到其他发展中国家只跟着中国跑而忽视自己。中国与非洲国家发展双边关系，在印度的理解中变成了和印度争夺影响力。

其二，相对于中国的小国心理。印度在国力上还处在中国的下风，印度在嫉妒中国发展成就的同时也存在很强的戒心。特别是在中国与其他发展中国家发生摩擦的时候，存有投机牟利的心理。这种往往只有小国才有的狐疑心态导致了印度在与非洲国家交往过程表现地很小家子气。

这两种并不健康的情绪交织在一起，就有可能导致悲剧性的结果。如此巨大的一个国家，在战后几十年的国际舞台上，没有发挥过什么值得一提的作用。唯一产生过影响的不结盟运动，也因为中国的不参与而日益没落。随着金砖四国的出现，印度终于尝到了与中国平起平坐的快感。但印度却忽视了一个常识，在当今世界，经济发展和经济实力才是硬道理。例如：中国用几乎完美的北京奥运会给世界留下了难忘的回忆，印度人则希望借举办英联邦运动会的机会向世界表明，自己也能像竞争对手中国那样，组织一场类似北京奥运会的体坛盛事。但印度自筹办之初就不断出现工期延误、场馆质量低劣、拖欠工程款、大批印度官员因贪腐遭到逮捕等丑闻，更暴露出它在建设高质量基础设施方面的短处，这也是该国经济崛起面临的最大威胁之一。人们原本希望印度能借举办运动会之机，摆脱贫穷和官僚作风等令人窒息的国家形象，进而将自己塑造成一个新兴的超级强国。现如今，希望破灭了，拿英联邦运动会与北京奥运会相比成为印度最讨厌的事情。

孟子云："穷则独善其身，达则兼济天下。"在21世纪内，除了人口增长，印度几乎在每一个领域都不可能超过中国。尽管无人怀疑印度想当强国的决心，但问题是，如果印度只把钱用在"面子外交"上，而忽视改善国内民生，那么这个国家的发展始终无法走上正常的轨道，这不仅是牺牲普通民众的利益来"打肿脸充胖子"，更是一种舍本逐末、缘木求鱼的短视行为，只能推迟其强国梦的实现。

第三节　海湾地区中国国家形象优化

作为国际关系中的一种柔性因素和国家软实力的重要组成部分，国家形象潜移默化地影响着国家间的相互认知，深刻地塑造着具有异质文化背景的国家间的关系。随着"走出去"战略的进一步实施，优化中国的海外形象成为维护国家利益的重要议题，并将深刻影响中国崛起的时间、空间与方式。海湾阿拉伯国家作为中国能源外交的核心区域，与中国在政治、经济、文化、安全等领域的联系极为紧密。近年来，双方经贸合作取得了快速进展，然而中东乱局尘埃未定，海湾国家对区域外大国的介入仍然缺乏足够的信任和认同，这已成为中国进一步拓展与海湾国家经贸合作的一大障碍。由于历史因素和政治经济制度的差异，中国塑造在海湾地区的正面国家形象面临着认同问题的挑战。因此，实施国家形象优化策略有助于中国获得海湾国家的信任，为中国走进阿拉伯世界创造一个良好的国际舆论环境，同时也为中国—海湾长效经贸合作提供战略新思路。

一、海湾地区中国形象的现状

海湾地区是西亚地缘政治的核心区域，包括伊朗、伊拉克、沙特、科威特、巴林、卡塔尔、阿联酋和阿曼八个国家，土地面积约480平方公里，总人口逾亿。八国不仅在地域上环绕波斯湾形成连片区域，在历史、民族、文化渊源方面相似，除伊朗外，其余七国属于阿拉伯—伊斯兰文化圈。海湾地区作为世界名副其实的油库，其能源优势有可能使它成为未来国际舞台上一支举足轻重的力量。

国家形象特别是大国形象，对海湾国家间各种政治经济关系具有不可忽视的影响力。在海湾国家的对外交往史中，不仅可以看到地缘政治、国家利益、大国政治共同作用的轨迹，还可以看到利益与力量之外的认同逻辑。随着中国综合实力的稳步增长及其国际影响力的持续增强，中国的大国地位将在世界范围内得到进一步的确认。在这种大国成长的关键时期，中国的发展受到世界舆论普遍而密切的关注，因此进一步优化在国际社会中的中国形象极具战略意义。

国际地位是影响国家形象的重要变量。从大历史的视角来看，中国的国家形象随着国际地位的变化而发生改变，然而，中国国际地位的提升并不一定导致国家形象的正面化。近年来，“中国模式”在赢得国际尊重的同时，“中国威胁论”等各种负面言论也甚嚣尘上，使中国的海外形象饱受伤害，特别是造成中国—海合会经贸合作中的国家形象悖论，并在相当长时期内成为中国和平崛起的一大障碍。中国在海湾地区的国家形象现状可通过两个矛盾性特点来概括。

其一，中国—海湾经济相互依赖并不一定导致中国形象的正面化发展。海湾地区的一些地缘政治因素不利于正面塑造中国国家形象，甚至使经济相互依赖性也为中国国家形象负面化推波助澜。

国家形象具有不对等性，它来源于客观现实，但并不等同于客观现实。国家形象以该国客观现实为基础，又是主观的产物，是客观信息经过主观加工后的产物，不可避免地具有不同程度的主观色彩。① 对于海湾阿拉伯国家而言，中国影响力的拓展，将如何影响本国的国家利益实现？中国在海湾的经济存在又该如何解读？对这些问题的主观认识深刻影响着海湾国家对中国国家形象的有意塑造。

第四次中东战争以来，海湾国家随着区域经济的迅速增长，成了最重要的国际贸易市场之一。特别是海湾石油的地位可以说是影响国际经贸发展的一根十分敏感的神经。② 海湾国家与区域外大国进行了卓有成效的能源合作，表现出强劲的能源经济潜力，特别是近年来与中国的经贸合作不断扩大，经济联系得到空前加强。在传统外交资源与现实经济利益的双重支撑下，中国在海湾阿拉伯国家的影响力不断扩大，有力地推动着海湾各国经济的发展与社会的繁荣。从理论层面来讲，中国在海湾的国家形象拥有一些正面化发展的助力。但事实上，经济层面上的相互依赖并未直接导致中国国家形象的正面化。自古以来，海湾地区就是东西交通、贸易中转、文化交流、民族迁徙的地缘枢纽，传统上深受到欧洲基督教文明与中东伊斯兰文明的共同影响，对远东的华夏文明知之甚少。如今，中国成为中东地缘政治舞台上不可或缺的重要一员，令一些海湾国家开始担心中国力量的介入会给自身带来负面冲击，使本国在海湾以及阿拉伯世界的影响力和国际地位相对下降，甚至担心中国会推行资源掠夺政策和大国沙文主义，干涉本国独立与主权。

① 王珏：《东亚地区中国国家形象解析》，《世界经济与政治论坛》2007年第5期，第69页。

② 钟昌标：《海湾市场的人文地理环境》，《世界地理研究》1999年第1期，第22页。

因此，一些海湾国家有意识地抗拒并试图削弱中国在本国的影响，并默认国内一些损害中国形象的行为，从而造成双方经济合作高涨与政治互信低迷的“经热政凉”倒挂现象。究其因，一方面，中国在大中东的影响力提升是无法遏止的趋势，以海湾国家为主体的阿拉伯世界对中国均存在不同程度的依赖，过于疏远中国不符合海湾各国的长远利益。另一方面，海湾各国对华贸易种类过于单一又意味着某种单方面的脆弱性，甚至被视为一种“经济胁迫”，这将削弱海湾国家的国际地位和独立自主能力。这一认知促使一些海湾国家刻意与中国保持距离，人为遏制经贸发展所产生的“溢出效应”，有意塑造扭曲的中国国家形象。因此，中国“走出去”战略在海湾频频受阻，其中的社会心理因素值得进一步深思。

其二，中国在海湾地区的国家形象不仅受到既有大国的主观塑造，还取决于中国自身的发展态势与策略。历史和事实证明，一国国家形象的最终定型，是本国或他国共同作用的结果。因此，国家形象不仅来自客观事实，更来自多个行为主体的主观塑造，而如何塑造则与不同行为主体的利益考量紧密相关。

欧美发达国家在海湾地区具有重要利益，并根据本国的利益需要影响着中国在当地的国家形象，而中国自身的发展态势和采取的发展策略对国家形象具有决定意义。海湾地区物产资源丰富，是欧洲的传统后院，也是连接印度洋—地中海—大西洋的海上交通枢纽，向来是强国必争之地。个别国家具有强烈的领导海湾意识，视影响力日隆的中国为头号竞争对手，在战略上刻意对中国国家形象进行别有用心的扭曲和负面塑造。与此同时，一些海湾国家在长期的反大国渗透过程中逐渐形成一套充分发挥小国优势的战略思维，其核心是在大国间搞战略平衡，放任一些大国负面化中国形象的行为，借其他大国之力来平衡中国的影响力。这种现实使得中国选择海湾作为能源外交靶区的战略布局面临掣肘，增大了中国在该地区塑造正面国家形象的难度。

根据现实主义理论逻辑，新兴大国崛起意味着世界力量的重新分配，必然导致国际政治格局的重构。既有大国认为“富强的中国不会是一个维护现状的大国，而会是个决心要获取地区霸权的雄心勃勃的国家”，这不是因为中国有“不良动机”，而是国际体系的结构性规则使然。① 在这种思维影响下，丑化中国在大中东地区的形象、进而获得打压中国的合法性被认为有利于维护既有大国的特权地位，这也使得“中国新殖民主义”、“中国威胁论”在一些海湾国家颇有市场。

然而，中国国家形象的最终认知结果还是取决于中国自身发展战略的改善。如何对他国恶意负面化中国形象的行为进行反击，需要中国自身不断发展，拥有正面塑造国家形象的实力，从而获得可持续的善意表达机遇。中国在海湾国家承担了大量的民生工程的建设项目。在伊核危机、阿以问题上，中国仍倡导以和平方式解决争端，化解分歧，并提供大量的人道主义援助，派遣维和军警。中东乱局渐息之后，中资企业纷纷参与战后重建，中国国家形象有所提升。这一事实说明，尽管欧美国家有意负面化中国国家形象，一些国家出于各自的需要也对此推波助澜，但当中国互利共赢的大中东政策展示强大生命力时，中国在阿拉伯世界的负面形象便会随之改善。国家形象对当代中国来说是最为根本的问题，假如把这个问题解决好了，那么许多其他困惑和难题都可以迎刃而解。② 因此，如何巩固中国在海湾地区“合作者”身份的认同，推进海湾国家对中国国家形象的正向认同，是中国发展与海湾国家关系过程中所必须重

---

① ［美］米尔斯海默著，王义桅译：《大国政治的悲剧》，上海人民出版社 2003 年版，第 544 页。

② ［美］乔舒亚·库珀·雷默，沈晓雷译：《中国形象：外国学者眼里的中国》，社会科学文献出版社 2008 年版，第 12 页。

视的问题。

二、中国形象优化的困境分析

不可忽视的是，中国在海湾国家的预期形象和实际形象之间存在着三大落差：一是海湾国家精英阶层对中国较为熟悉，而普通民众则对中国不甚了解；二是很多海湾国家民众对中国在中东国际政治中的地位存在认知偏差，将中国看成是冷战期间抗美力量的代表；三是多数海湾国家民众认为中国在改革开放以来，对海湾地区的关注点集中于能源利益而非阿拉伯国家本身。这些“中国印象”在海湾地区虽非主流，但其产生的负面影响不可忽视。尽管历届中国领导人在与海湾国家的长期交往中留下了丰富的外交遗产，但中国在海湾地区的形象优化实践，仍面临五大困境。

一是跨文化交流难度较大。不同地域的生产方式会产生不同的生活习性，并由此而形成不同的体制、观念和价值体系，构成特定的区域文化内涵，即区域文化。海湾是一个传统的阿拉伯文化区，尽管近几十年欧美商品大量涌入海湾市场，并渗透进普通市民的生活，西方社会的价值观念、生活方式在一定程度上影响了传统的生活，但海湾作为一个文化传统根深蒂固的典型地区，几千年来形成的文化心态仍然深深影响现代的对外交往。海湾国家人乐观、憨厚、淳朴，同时也残留着部落长老制的痕迹，而中国长期处于儒家文化的影响下，形成了独具特色的东方文化。相对于近代以来西方文化的强势，中华文化在海湾国家较为弱势，加之中国与之交往以经贸、能源合作为主流，文化交流与沟通只占据了很小的比例，很多海湾国家民众对中国政府所倡导的“和平发展”、“和谐世界”理念并不了解和接受，反而是某些西方媒体所宣扬的“新殖民主义论”、“中国威胁论”等谬论较有影响。[①] 加上中阿语言文化的不同造成的表达和理解的差异，这就容易导致理解与表达的偏差，产生海湾民众对中国国家形象的误读。

二是公共外交的作用有待提升。能源合作是中国—海湾经贸合作的主要领域，而双方在文化、社会、医疗、教育等方面的合作很少，公共外交更是成效有限，不利于海湾国家政府与民众从多个角度感受到中国改革开放以来所获得的巨大成就以及中国政府、人民的无私援助和人文关怀。相对于政府力量，中国民间组织在海湾的公共外交活动更能够“稀释”官方外交的政治性，也更易被海湾国家人民所接受。一国公民对他国的善意表达，有时候比为表达政治意愿而进行发展援助的政府更有感染力。然而，中国民间组织发展不充分，民间精英以及 NGO 对公共外交参与不足，对海湾公共外交的策略不完善、不成熟，公共外交的形式和渠道单一，成效有待提高。

三是部分中方企业形象不佳。中国在海湾的形象受损，也有一些自身的原因。例如：不少中东学者认为中国产品质量不尽如人意、部分中国公司素质不高、一些中国人不愿主动融入当地社会等。海湾地区的社会性质总体看来还属于从封建、半封建经济形态向资本主义经济形态转化的过渡阶段。与市场经济相适应的法制不够健全，执法不严现象比较普遍。一些国家实行的伊斯兰法与世俗法律差异较大。这就出现了一些中国商人利用当地制度漏洞进行偷税漏税等不良现象。中国在海湾国家的一些投资项目只考虑了经济利益而忽略了对环境的保护，对当地经济的带动力有限，从而引起人们的反感与抵制。特别是中国“假冒伪劣”产品的大量流入不仅使海湾各国民众对中国商品的整体印象不佳。长期以往，不仅不利于中国企

① 刘洪洋：《浅议中国援非工作中的国家形象塑造》，《人民论坛》2012 年第 10 期，第 236 页。

业的持续发展，而且会损害中国的形象和长远利益。①

四是一些西方媒体的刻意丑化。海湾国家的中国负面形象主要体现在一些西方媒体和学界对中国国家形象的负面报道上。近年来，中国与海湾的经贸合作稳定发展，成为发展中国家间合作与交流的典范，在一定程度上冲击了西方国家在海湾的既得利益和现存的不平等的国际秩序。伴随改革开放三十多年来中国的巨大发展而来的是西方国家对中国的忧虑，中国与阿拉伯国家的全方位多领域合作，导致了某些大国的不安和心态的失衡。出于自身的国家利益和意识形态等方面的考虑，这些国家企图借助其强大的全球传媒优势来妖魔化中国，损害中国形象和发展环境，压制或延缓中国崛起的进程。对中国与海湾的经贸合作予以歪曲解读，利用国际咨询传播的话语权，诋毁中国在海湾国家开展的能源合作项目是“掠夺资源战”、“经济帝国主义”、“漠视了海湾人权”。这些言论干扰了中国与海湾国家经贸合作的顺利进行，让部分海湾国家官员和民众对中国在海湾国家的合作项目产生了忧虑甚至抵触情绪，损害了中国在海湾国家的形象和利益。可以说，中国在海湾的负面国家形象很大程度上是西方媒体按照自己的标准和意图塑造出来的。

最后，国际传播能力的制约。在全球传播格局和传播秩序中，西方仍占据主导地位，掌握世界舆论导向和话语权，在资金、技术、语言上处于优势地位，而中国缺乏像西方国家那样庞大的媒体机构和先进的传播技术，中国对外传播技术落后，传播手段比较单一，影响了国际社会公众对中国的认知与了解，妨碍中国取得正面的国家形象。中国媒体数量虽然众多，但国际传播实力方面只相当于美国的14%，这种弱势的传播地位不利于塑造正面的中国国家形象。②

① 王仲凯：《论中国国家形象在非洲的现状与塑造策略》，《法制与社会》2010年第8期，第164页。

② 孟建：《国家形象的传播力瓶颈》，《国际公关》2009年第2期，第39—40页。

需要指出的是，西方媒体塑造中国在海湾负面形象的原因，除了中西方在海湾地区传媒能力上的较大差距之外，还与海湾国家民众获取中国讯息的渠道较为狭窄有关。海湾国家的精英阶层主要依靠因特网、旅行、上流社会交流等方式，政界、学界精英也大多接受欧美高等教育，对中国事务不甚了解；而平民阶层主要依靠电视、收音机、报纸甚至是道听途说。此外，除了通过本土语言的媒体获取信息外，英、法等西方语言主办的报纸、广播掌握了海湾地区国际事务舆论的话语权，对海湾国家民众有着传统而广泛的影响，这也正印证了中国在海湾国家的宣传力度不够的观点。西方媒体的话语权以及西方媒体对华报道的倾向性，决定了中国必须重视西方媒体中的中国形象。而海湾当地中文媒体主要面向所在国的华侨、华人等少数群体，影响力较为有限。中国媒体的国际传播力不足已严重影响了中国的国际舆论环境和国家形象塑造。

因此，优化中国在海湾地区的国家形象，极具战略意义。一方面，良好的国家形象有利于中国在海湾地区软实力的拓展，有利于经贸及投资行为的顺利进行，为双方国际合作行为奠定良好的基础，消弭中国能源进口安全中的部分障碍。另一方面，中国国家形象的优化，有助于在海湾经贸合作中提升中国的向心力和凝聚力，加强中国在海湾经贸合作中的话语权和影响力，助益于合作主导权和合作收益的获取。

三、中国国家形象优化策略的塑构支点

在现代国际关系里，国家形象的正面塑造是提升国际竞争力的重要渠道。塑造优质的国家形象事实上是向国际合作的其他方积极宣示自我意图，以期得到有利于我的“品牌”判断，促使正向身份认同建立，从观念上改造其他国家对中国的负面印象，最终促成国

际合作的开展和合作收益的获取。因此，在海湾塑造良好的国家形象的立足点在于做好中国与海湾国家之间的沟通，不断增进对海湾国家的了解和认识，同时把中国的善意有效传递给海湾人民。优化在海湾地区的中国国家形象，其塑构支点包括以下几个方面。

一是定位“友善中国”形象，提升中国的亲和力。国家形象定位是构建国家形象的出发点和归宿。[①] 由于历史和现实的原因，海湾国家现代化进程步履维艰，这给海湾国家政治精英带来很大压力，扩大对外经贸合作，特别是能源合作，对他们而言显得尤为重要。然而，西方政府对海湾国家的合作往往带有附加政治条件，其中很多是对海湾国家内政赤裸裸的干涉。相比之下，中国历来尊重海湾国家的独立与主权，支持其探索适合本国国情的发展道路，合作项目从来不附加任何政治条件，这就缓解了海湾国家政治精英的压力，以实际行动向他们展示了中方无私支援海湾国家的坚定立场，在海湾国家政治精英层面营造了“友善中国、朋友中国”的良好氛围。

二是加强“民生”项目援建，赢得当地民众的好感。畸型的石油经济与相对落后的民用工业，是海湾经济的核心特征，民生问题一直是困扰海湾国家社会发展的难题。中国在海湾的“民生工程”无疑加强了中国对海湾普通民众的吸引力与感召力，减少了以往因交往不足而产生的偏见、隔阂和误解，这是中国在海湾国家塑造良好国家形象总体工作的重要组成部分。中国大型国有企业也应改善以往的粗放型经营模式，在高度重视工程项目质量的同事，努力扩展合作的受益面，带动当地的经济发展和就业率。中国在海湾国家开展的“民生工程”也可以考虑与西方国家相协调，共同合作开展部分民生项目，突出中国在海湾国家“建设者”而非“新殖民主义者”的形象，让海湾国家民众直观感受中国亲和的国家形象，为中

---

① 刘少华：《中国国家形象：问题与思考》，《湖南师范大学社会科学学报》2010年第4期，第42页。

国优化在当地的国家形象，奠定了坚实的群众基础。

三是推进对外传播事业的改革和建设，打造具有中国特色的民族传播品牌。现代传播媒体是中国施行国家形象优化策略的重要中介。中国对外传播缺乏吸引力的主要原因之一就是传播内容缺乏民族特色，传播方式单调老化。因此，要加大对具有中国特色的民族传统和现代文化的挖掘和整理，传播中华博大和多彩的文化，打造具有鲜明中国特色且贴近国外受众需求的精品栏目和节目，形成民族传媒品牌，在国际传播格局中占有一席之地。因此，中国必须拓宽在海湾国家的传播渠道、提升传播技术、整合传播资源、创新传播途径、提高传播质量、积极发挥当地华文媒体的作用，从而塑造良好的中国国家形象。

最后，大力发展文化外交，建立优质文化形象。良好的文化形象作为文化软实力的核心内容，是塑造和提升国家形象的重要基础。正因如此，世界各国都通过展示自身文化魅力来塑造优质国家形象，通过开展文化外交来提升文化竞争力，配合和推动其政治外交和国际形象塑造。中国政府采取了一系列跨文化交流活动，在海湾国家塑造以和谐文化为底蕴的“中国形象”，充分体现雍容大度的大国风范，展示中华文化的独特魅力，最大限度地增强海湾民众对中国文化的认同感。让中国文化走进当地阿拉伯主流媒体、走近阿拉伯世界的精英是迅捷之道，因为精英阶层常常是一国社会的“意见领袖”，而让中国文化走进阿拉伯的教育界、走近阿拉伯世界的年轻一代则是长久之计。[①] 中国文化中心、孔子学院的广泛建立便是重要举措。

综上所述，良好的国家形象是一国对外交往的旗帜，是一国走向世界的通行证。一个国家的形象不是本身固有的，而是在与国际

① 陈杰：《关于中国文化走向阿拉伯世界的一些思考》，《宁夏社会科学》2012年第3期，第85页。

体系中的其他行为体的长期互动中形成的。从系统稳定的视角来看，未来的海湾政治格局的演变，包括能源合作的进展，没有中国的参与都是不可想象的。对于中国而言，进一步优化在海湾地区的正面国家形象尤具重要意义。然而，制定国家形象优化战略需要恰如其分的运行机制，以使中国国力和国际社会之间的沟通渠道制度化。对于像中国这样的新兴大国而言，这种乐观结局并非是理所当然的前景。中国能否抢抓难得的政治机遇，构筑良性的结构性相互认知，以推动与海湾国家的共赢式发展，关键取决于中国政府和社会的精英人物能否具备高超的政治智慧和谋略，是否深怀强烈的政治使命感和社会责任心。在相当长一段时期内，海湾地区仍将是中国能源外交的重点，如何塑造正面国家形象、成功完成中国在这一地区的身份建构，将深刻影响未来中国—海湾经贸合作的进展。

第四节　能源合作与中日互信

研究缺乏信任的中日之间如何建立信任，对中国的和平发展具有十分重大的战略意义。欧洲战后的历史证明，在安全领域建立互信需要有经济领域建立信任机制的成功为基础。建立经济领域的信任措施将对双方的安全关系产生积极影响，而这一机制成功的基本前提是双方必须具有积极的意愿，竭尽所能完成这一过程。中日长期缺乏政治互信导致两国建立信任措施陷入困境，以能源合作作为中日建立信任措施的新动力，符合全球化对中日关系发展的期望，将是一种合适的、谨慎的而且能逐渐增容的方式。

一、中日建立信任措施的困境分析

冷战结束以来，为了营造和平稳定的周边环境，中国政府积极发展与周边邻国之间的双边、多边建立信任措施，推动地区安全合作，在一定程度上实现了“取信于邻、加强合作、稳定周边”的对外政策目标。然而，作为东亚实力最强的两大国，中国与日本却迟迟无法建立信任措施，关切中国崛起的现实主义者认为，随着中国实力的快速增强，中日两强并立的东亚将存在领导权之争引发的冲突隐患。由此可见，中日建立信任措施，是维持东亚安全与稳定的关键，关系到中国和平崛起的战略性问题。

（一）建立信任措施的概念与内涵

建立信任措施（Confidence Building Measures，简称 CBMs）又称军事互信机制，起源于欧洲安全与合作会议，是指国家间就武装力量和军事活动的相关信息进行交换与核查的条款，以及促进军事领域合作的具体机制，其目的是通过增加开放性和透明度来促进相互信任，减少和消除对军事活动的疑虑。① 冷战结束后，随着国际局势的变化，国际社会对建立信任措施更为关注和重视。建立信任措施有广义和狭义之分。广义的建立信任措施包含许多政治、经济与环境的内容，这些对增强国家间信心及安全起到间接作用，甚至可能超过专门为促进信心与安全而设计的措施。狭义的建立信任措施是

---

① Johan Jorgen Holst, “Confidence Building Measures: A Conceptual Framework,” *Survival* 25, (January/February 1983), p. 2.

指，为直接增加军事、安全互信而采取的措施。[①] 为了研究的需要，本书取其狭义概念。

（二）建立信任措施的功能

建立信任措施主要有两大功能，一是在和平时期，它能够增强双方的互信与共识，推进双方政治互信的积累。对中日关系来说，建立信任措施将有助于两国在政治互信方面取得进展，为两国政治对话、经贸合作营造良好的氛围。二是在危机阶段，建立信任措施将有助于两国加强军事沟通，防止冲突升级。

首先，建立信任措施有助于推进中日政治互信。当前中日关系正朝着和平发展的大方向迈进，但两国关系中的结构性矛盾仍然存在，无法回避。中日之间长期存在的“政冷经热”现象，与日本当局看待其二战罪行的错误态度有着直接的关系，但也与两国之间缺乏政治互信有着一定的关联性。事实上，正是由于中日之间缺乏政治互信，两国之间发生任何一点小摩擦都可能影响两国关系的正常发展。如果中日在军事互信机制方面取得进展，将有助于促进两国政治互信机制的建立，也有助于推动构建东亚安全共同体的进程。

其次，建立信任措施有助于缓解中日“安全困境”，降低两国爆发冲突的可能性。由于国际社会处于无政府状态，国家维护自身安全的最基本手段是自助。在安全利益相互矛盾、同时互信度较低的情况下，国家因为缺乏信息而面临着对他国的实力与意图的不确定性。这种相互猜疑的结果可能导致军备竞赛，即造成安全困境。[②] 处

---

① M. Susan Pedersno and StanleyWeeks，“A Survey of Confience and SecurityBuildingMeasures”，in Ralph A. Cossa，ed. *Asia Pacif ic Conf idence and Security M easures*，Washington D. C. The Center for Strategic & International Studies，1995，pp. 82 – 83.

② Robert Jervis，“Cooperation under the Security Dilemma”，［J］ · World Politics (Vol · 30)，1978 (2)，pp. 66 – 67.

于安全困境之中的国家，可以通过建立安全制度来克服安全困境的影响。建立信任措施作为一种重要的安全制度，其主要功能体现在两个方面：一是提供信息，增强互信，促进国际合作；二是监督与惩罚背叛行为，维持国际合作。① 通过这两个功能的实现，建立信任措施能够在一定程度上克服安全困境对国家安全造成的消极影响，增加国家间的相互了解与信任，减少不确定性，同时还可以传递信息，包括“硬”信息，即关于国家实力方面的信息，和“软”信息，即善意的传达。②

第三，建立信任措施有助于加强两国在军事领域的互信。建立信任措施的透明度与限制措施能加强对国家实力的相互了解，促进军控和裁军；建立信任措施的宣示措施能够使国家间加强相互信任，改善政治关系，从而减少或者避免误解。③ 日本政府缺乏对二战历史深刻反省的行为，特别是日本借助美反恐之机，派兵出海，并以武力控制钓鱼岛等存在领土争议的海域，这都严重影响到两国关系的发展与互信机制的建立。随着日本民主党的上台，日本政界和经济界对发展中日友好关系予以厚望，两国关系开始出现良性互动并继续向纵深领域扩展，这都将有利于增进两国在军事领域的互信与合作，促进建立信任措施的谈判，降低因局部摩擦引发国际冲突的风险。因此，在当前两国政治关系逐渐趋于缓和的新时期，建立信任措施有利于加强中日战略互信、降低两国相互猜忌的防范心理，这也符合全球化对国际安全的时代要求。

---

① Janice Gross，“Stein—Detection and Defection：Security re-gimes and the Management of International Conflict”，［J］·International Journal xL，autumn 1985，pp. 599 – 627.

② The Public International Law& Policy Group，*Confidence-Building Measures*，September 2007，p. 4.

③ James E. Goodby，*Confidence Building Ten Years on*：*What has Changed*? The Korean Journal of Defense Analysis，Vol. XI，No. 1，Summer 1999. pp. 201 – 205.

二、中日建立信任措施的困境分析

（一）造成中日建立信任措施困境的理论分析

从防范冲突的角度来看，中日之间的确存在着建立信任措施的现实需要。然而，造成中日之间建立信任措施困境的原因，除了日本对二战历史的认罪态度难以取信于邻之外，更多的是由于中日之间存在的结构性期望错位导致了两国难以在建立信任措施方面达成共识。不对称理论（Asymmetry Theory）指出：国家间的关系结构是不对称的，关系结构中的国家存在着实力的相对差异，不对称是国际关系的常态，也是国际关系矩阵的一个共同特征。[①] 不对称的实力大小导致了不对等的关注程度（Size A < Size B→Attention A > Attention B），从而产生了不同的国家行为。但是既然国家是追求最大化利益的行为体并且依据自助原则维护自身安全，那么弱国对强国的过度关注也可以被解释为正当的自卫需求，不对等关注与国际冲突之间并不必然互为因果关系。由不对等关注导致国家行为差异，出现了逻辑失环。那么，影响存在实力差异的国家间对外行为的真正因素是什么？本书在此引入结构性期望错位这一变量，并认为正是由于中日之间存在着结构性期望错位才造成了两国难以建立信任措施。

理论逻辑为：国家实力差异→不对等关注→结构性期望错位→国家行为。

中国与日本是实力不对称关系，从经济、军事层面来看，中国是相对于日本的弱国。对中国而言，与日本建立信任措施是拥有和

---

① Brantly Womack, "Asymmetry and Systemic Misperception: China, Vietnam and Cambodia during the 1970s," The Journal of Strategic Studies, Vol. 26, No. 2, 2003, p. 95.

平稳定的周边战略环境的核心所在，亦是确保自身顺利崛起的战略性环节；由于中国处于战略性崛起的关键阶段，和平稳定的周边战略环境对中国的发展至关重要，避免与邻国、尤其是避免与周边大国发生战争是确保中国和平发展顺利进行的战略要求，因此中国高度期望能与日本建立信任措施以维护本国安全，较为独立地与中国进行在安全领域的对话与合作，正视中国正当的安全需要与国家尊严。对于日本而言，保持与中国和平关系更多地是出于发展经贸、开拓中国市场等经济层面的考虑，而对于国家安全，日本则更重视与美国的同盟关系，日美同盟对维护日本的国家安全起到至关重要的作用，也是日本“借美压华”战略的基础。日本作为海洋性大国，其先进、强大的海、空军使其对中国的安全需求关注度较低，与中国建立信任措施的期望程度也较低。由此可见，正是由于中日存在着实力规模以及经济发展水平阶段的差距，两国存在着不对等的关注导致了双方对建立两国信任措施的结构性期望错位，这是造成两国在安全领域难以达成共识的根本原因。对中国而言，与日本建立信任措施被视为其和平崛起所需外部战略环境的关键所在，而对于日本来说，与美国保持紧密的同盟关系比与中国建立信任措施更能维护本国的安全。

（二）中日建立信任措施困境中的美国因素

美国是影响中日关系的最大外部因素，特别是美国在中日领土纠纷与历史问题上仍然执行两面政策并抱有某种不良的获利心态。一方面，美国不希望中日爆发冲突和战争，因为这样会直接影响和冲击到它在西太平洋地区的战略利益和经济利益。但另一方面，美国也不希望中日关系走得太近，不希望中日达成真正的和解并建立一个强大的东亚经济圈，而是力图维持中日互相猜忌的现状，这样才能实现其“离岸平衡”的战略目标。冷战后日美同盟的不断强化，其推行对华遏制战略极大地阻碍着中日间互信的建立，其突出表现为美国对中日实施的双重遏制政策。对于中国与日本来说，成功建立信任措施的一个重要前提就是双方都认为此举可以减少不确定性，使对方的战略意图更具预测性，以符合双方的最大利益。① 事实上，美国的双重遏制政策加剧了中日之间的敌意，增大了两国间的不确定性。日美同盟的核心内容就是在遏制中国崛起的同时牵制日本，这就恶化了中日建立信任措施的国际战略环境，成为影响中日建立信任措施的另一战略险情。

（三）中日建立信任措施的约束条件分析

尽管欧洲建立信任措施有成功的先例，但在亚洲实现这种机制并非易事。以下通过对中日建立信任措施所面临的约束条件进行分析，以考察东亚安全问题的独特性，从而探索中日建立信任措施的途径。

一是国家规模。CBMs 对不同国家的影响是不一样的，面积、资源、人口以及军事实力的差异是构建 CBMs 的重大障碍。中日在政治、安全问题上如何协调是一个难题，特别是两国生产力发展水平落差巨大，两国面积大小不一，社会文化差异显著，无论是在政治、经济还是文化等方面问题都较复杂，尽管东亚地区不存在军事集团的对立，但随着冷战的结束，中日之间的疑惧与警戒却始终没有改变。

二是安全环境。东亚地区的安全环境十分复杂，日美同盟与朝鲜半岛的分裂，使东亚仍笼罩着冷战的阴影。对于中国而言，主权至高无上，军事安全是主权的保障，并且对西方强国插手东亚事务

---

① Chris Fugarino and Donald S. Zagoria, *B reaking the China2Taiwan Im passe*, Westport, CT, 2003, p. 158.

存在着不信任和疑虑。随着全球化的发展，尽管中日之间的经济相互依赖不断增长，但这难以改变由来已久的两国在安全领域的差异与矛盾。造成东亚不稳定的因素，从短期来看是朝鲜半岛问题，而从长远看则是台湾问题，而如领土争端、环境、资源和海上通道的争议以及日本的军事化发展等都有可能增大两国爆发冲突的可能性。

三是军控传统。成功的 CBMs 需要参与各方不折不扣地执行协议，增大军事透明度以消除各方疑虑。启动 CBMs 推进合作或对话本身并不必然会改善安全状况，只有参与方的相互配合才能实现这一良好目标。对于中国来说，军事安全是维持主权的重要保障。中日缺乏军控实践必然导致两国军控经验的不足与专业资源与核查技术的短缺，由于对有关军备控制、安全机制和核查技术缺乏充分的研究与理解，两国在制定政策、采取措施时必然非常谨慎，进程也必然相对缓慢。①

四是政治意愿。建立 CBMs 不仅需要有政治意愿，还取决于双方能否将这种政治意愿条文化。建立信任措施的过程比 CBMs 本身更为重要，因为信任是在 CBMs 的协商过程中建立起来的，而不是通过 CBMs 本身建立的。尽管中国期望与日本建立信任措施，以维护周边环境的稳定，但从中日关系现状来看，由于中日存在着发展阶段、战略文化与身份认同上的差异，日本缺乏与中国建立信任措施的政治意愿。整体规模上的差异使得两国对对方的发展前景和战略意图充满疑虑。此外在台湾问题和朝鲜问题上，日本不希望两岸统一，也不希望统一后的朝鲜半岛成为中国的盟友，而是期望美国军事力量留在亚洲以平衡中国日益增强的影响力。

综上所述，尽管中日两国都有避免战争的意愿，但由于实力结

---

① Liu Huaqiu and Zheng Hua, “Confidence-building Measures inAsia”, in Michael Krepon, ed., Chinese Perspective on Confidence-build-ing Measures (The Henry L. Stimson Center, Washington, D. C., 1997).

构、战略文化、安全认知等方面的差异，目前在中日两国间建立信任措施的条件并不完全具备。需要指出的是，即使在经济全球化的今天，双边的或潜在的冲突仍然存在，中日仍需要建立信任措施确保自身的安全，而要推动这个领域的协商过程则需要新的动力。

三、以能源合作推动中日建立信任措施

中日开展以能源合作为引擎的经济合作是推动两国建立信任机制发展的突破口。中国与日本的贸易依存度在不断提升，2008 年中国已经成为日本第一大贸易伙伴。[①] 此外，美国也不大可能反对中日在经济领域的合作。今天亚洲的整体结构与快速的经济发展，使得能源安全成为亚洲各国共同关心的问题。中日都在积极活动，确保安全获得来自中东的石油与天然气，以及通往亚洲的海上通道的畅通。功能主义认为：1. 国家之间的合作应该从低级政治领域开始，即经济领域。因为在经济领域所进行的合作涉及的主要是技术性问题，政治争议性很低，合作较容易展开。2. 功能性的合作会自动扩展，众多功能性部门的合作不断扩展后会向政治等其他部门渗透，为在政治领域的合作打下基础。[②] 中日在能源领域的合作会产生外溢效应（Spill effect），并逐步推动政治、军事领域合作的发展，也有助于打破中日建立信任措施的困境、增进两国互信。因此，以中日对能源的需求作为扩大能源合作的切入点，既可体现国际战略互惠

---

① 2008 年中国占日本进出口总额的 18.8%，超过美日的 10.2%。资料来源：东洋经济统计月报。中华人民共和国外部：http：//www. fmprc. gov. cn/chn/pds/gjhdq/gj/yz/1206_ 25/。

② David Mitrany, The Functional Theory of Politics. London School and Political Science, London, 1975, pp. 124 – 127. Rober Keohane, Stanley Hoffman ed. : The New European Community Decision-making and Institution Charge, Westview Press, 1991, p. 19.

关系，又能减少能源竞争的成本，从而有助于形成基于共同利益之上的合力，推动两国建立信任措施的发展。中日能源合作可以从以下几个方面入手。

首先，中日联手应对亚洲“溢价”问题。长期以来，亚洲各国在价格上一直受到中东石油供应商的不公平对待，最明显地表现为“亚洲溢价”（Asia Premium）问题。日本能源经济研究所数据显示，1993—2012 年，亚洲买家向中东地区购买原油要比欧美买家每桶平均多付 1.4 美元。伴随世界石油价格的走高与中国石油需求量的日益扩大，中国石油进口受到“亚洲溢价”的影响日趋明显，经济损失日益增大。中石油在 2007 年就曾明确表示愿与日本能源巨头携手应对“亚洲溢价”。[①] 同为最大的石油消费国，中日迫切需要加强彼此的协调互助，以及区域能源战略贮备的建立和管理，加强与国际能源机构、石油输出国组织等国际能源组织的合作，努力增强自身应对国际石油市场变化和处置危机的能力等。中日等国甚至可以考虑建立完善的石油期货市场，争取获得石油贸易话语权，拓宽石油进口渠道，与世界其他能源共同体，即石油输出国组织、北美能源共同体、欧盟能源共同体、上合能源共同体、非洲能源共同体以及东亚和南亚能源消费国联盟，[②] 发展多样化的石油进口体系，共同应对石油溢价问题。

其次，推动中日煤炭贸易与清洁能源合作。中日煤炭贸易的合作，既有利于促进东北亚能源共同体的建设，又有助于中国发挥自身优势，加强与日本在清洁能源技术上的合作，促进中国低碳产业的发展。由表 3—1 可知，煤炭依然是中日使用的重要能源之一。煤

---

① 中国石油商务，http：//www. oilchina. com/newshtml/syxw/20070413/news2007041308365313659. htm。

② 陈强：《地缘能源共同体：大国兴衰之道》，中国金融网，2008 年 8 月 19 日。

炭在中国能源蕴藏结构中占主导地位，① 中国是日本重要的煤炭供应国之一，两国具有巨大的合作空间。日本是世界最大的煤炭进口国，其煤炭进口约占世界煤炭贸易量的1/4，煤炭资源仍是日本发电的主要原料，因此日本能源战略不会舍弃煤炭的使用。此外，以煤炭为主要能源使中国面临巨大的环保压力，日本可以向中国转让煤炭清洁利用技术以及低碳节能技术，日本对于原有煤炭企业的改组政策也可供中国借鉴，这不仅有利于保护东北亚的生态环境，也有助于推动中国自身的产业升级。

表 3—1　中日主要能源供给构成

	煤	石油	天然气	水能	核能	其他
中国	71	23	2. 6	2. 2	0. 9	0. 4
日本	21	48	13	1. 7	14	1. 9

数据来源：APEC Energy database：http：//www. ieej. or. jp/egeda/database/database-top. html。

再次，推动中日航道安全领域合作维护石油运输安全。由于经济的开放性及对外依存度的提高，中国的发展日益依赖于海上战略通道的畅通无阻。中日作为能源进口大国，保障石油运输线的畅通关系到国内经济的稳定发展，但两国的国际航道安全仍面临着巨大的挑战，这主要表现为，中日海洋运输的航线大部分重叠，途经中东、东南亚等不安全海域，海上恐怖主义对两国海洋运输安全的威胁增大，而中日又缺乏单独对其进行打击、全面保护海运航线的实力。从国家战略层面来看，中国、日本都认为保障国家经济安全需要从保障海外资源的获取、海上战略通道、海洋运输的安全入手，

① 《中国的能源状况与政策》白皮书，中华人民共和国国务院新闻办公室，2007年12月26日，第2页。根据白皮书介绍，2006年中国的煤炭保有量为10345亿吨，剩余探明可采储量约占世界的13%，列世界第三位。

两国拥有类似的外向型经济模式，并且对国际海运航道的共同依赖性为两国合作保障能源运输通道的畅通奠定了基础。因此，中国可以与日本等国以保护航线安全为起点，强化共同的海运安全共识，通过加强国家间的对话与协作，建立防范和解决传统与非传统安全威胁的海运安全体系。

最后，促进中日能源储备合作。中日在能源贮备方面的合作，有助于增强中国的能源贮备能力，以及更好地应对因国际原油供应紧张所导致的能源危机。亚洲只有韩国和日本建立了能源贮备制度，目前中国的能源贮备只是处于起步阶段。国际油价的变动已经严重影响到中国经济的发展，因此完善战略石油贮备体系是保障中国能源安全、解决短期石油供应冲击的重要途径之一。中国应积极参与亚洲能源合作论坛，加强与日本等国在能源贮备领域的合作，力求获取必要的国际技术与资金支持，改善本国能源贮备体制，建立完善的能源贮备制度。开展国际能源贮备合作，不仅有利于中国获得日本等国的先进技术与经验，提高应对国际能源危机的能力，还有助于减少各国在能源进口领域的恶性竞争，实现互利共赢。

随着全球化的步伐越来越快，国际交往频率正在呈几何式递增，如何解决国家间的冲突隐患，建立信任措施变得越来越重要。然而，国内学术界对建立信任措施的研究明显不足，远远落后于我国当前和今后国际关系实践的需要。对于中国学者来说，研究存在较强不信任的中日关系中的建立信任措施问题，具有非常重大的战略意义。欧洲战后的历史证明，在安全领域建立互信需要有经济领域 CBMs 机制的成功作基础。选择能源合作作为中国与日本之间建立良好的 CBMs 的突破口，并不意味着没有其他可行的建议。而是因为能源合作对中日两国的经济发展非常重要，而且可以恰当地支持本文的观点，即创建中日 CBMs 可从经济开始，让双方都从中获得利益；然后两国水到渠成地可能要求建立军事 CBMs 作为后续措施，如：巡逻、共同安全措施、救援操作等。这是一种合适的、谨慎的而且能逐渐增容的方式。以能源合作为动力的中日经济合作，将会对双方的安全关系产生积极影响，并最终促进两国建立信任措施，但成功的基本前提是两国必须具有积极的意愿，竭尽所能完成这一过程。

第四章

能源安全与中国的崛起动力

根据现有能源资源尚不能满足国民经济发展需要的国情，我国政府提出要充分利用国内外两种资源。通过陆路铺设跨国输油气管道，通过海路拓展对非洲、拉美的石油进口渠道，是中国能源安全战略的两条主要脉络，对于保证我国国民经济可持续发展和保证我国能源经济安全以及参与世界能源资源的分配，具有重要的意义。除了大中东之外，里海、西非、拉丁美洲都成为新兴的能源输出区，必将成为未来国际重要原油产地。美国、俄罗斯和其他西方国家都把自己的原油战略调整到这一地区，作为一个原油需求大国，如何在能源博弈中构建符合中国国情的能源安全大战略，是中国和平崛起必须直面的议题。

第一节　中国跨国油气管道安全析论

中东的动荡局势，使中国更加密切关注本国的能源安全和能源进口多元化的发展战略。近年来，索马里海盗日益猖獗已经对中国通往欧洲的海上通路造成严重干扰，海上非传统安全威胁逐渐成为国际海运安全的重要隐患。面对这些问题，不禁使人们想到了陆路管道运输的优势。因此采取“海陆并进”，加强中国与中亚国家间的陆上能源合作成为人们的共识。

开发中亚（里海）的能源为打破中国的能源困境开了一扇新窗。中国从该地区的能源进口主要是以管道运输的形式，由于近年来中亚地区的安全局势发生了变化，与此相关的管道安全问题也日益受到广泛关注。目前学界对跨国油气管道安全的研究尚处于起步阶段，尤其缺乏从区域地缘政治的角度进行系统地分析、研究和总结。本节的写作，旨在填补国际政治研究空白的同时，起到抛砖引玉的作用。

一、跨国管道安全研究的缘起

跨国管道安全是指：确保连接油气输出国与输入国之间的管道运输状态稳定可靠，预防某地区天然气供应中断，其实质是风险管理。[①] 跨国管道安全包括三个层面的含义：输出国有足够多的油气输出量，管道运输不遭受地质或人为破坏的影响，输入国有稳定的消费市场。因此，对进口地区的油气储量、油气管道沿线的地缘政治与地区安全情势、输入国的能源需求趋势进行客观评估，是研究跨国油气管道安全的必要准备。

近几年，中国在加强国内油气勘探开发的同时，积极推进油气进口贸易的多元化，与周边国家达成了多项建设跨国油气管道工程

---

① 跨国管道是指国家之间建设的长距离、大口径、高压力的输油（原油、成品油）或输气（天然气、煤气）管道建设工程，包括线路（干线或支线）、站场（加压站、分输站、清管站等）、通信、仪表以及附属工程。

的协议，随着中国能源需求的日益增长，跨国管道运输业迅猛发展，使国外原油天然气产地与中国能源需求市场间的布局流向日趋合理，呈现出纵横东西、贯通南北的多元化发展态势。① 当前中国的跨国油气管道的布局为：东北方向的中俄原油管道、西北方向的中亚（里海）天然气管道、西南方向的中缅油气管道和经过马六甲海峡的海上通道，四大油气进口通道的战略格局已初步成型，能源运输渠道多元化渐趋实现。由于中国与中亚（里海）地区的油气管道最早建设，油气管道跨境合作已经实践多年，中亚（里海）国家的安全形势，也在很大程度上影响着中国的国内油气供应，但国内学界尚未针对该地区跨国管道安全进行专门研究。在此以中国与中亚（里海）的跨国油气管道安全为研究对象，一方面是因为深感中国依靠海陆运输能源面临越来越多的安全隐患，另一方面是忧心过度依赖中东油气资源将不利于国家能源安全的维护。因此，在促进与国外能源合作的同时，有必要从战略的高度关注中国的跨国油气管道安全。

（一）调整能源进口格局的必然之举

从国际市场进口能源是维护中国经济发展的重要保证，但这有三大问题需要解决：一是从何处获得能源；二是以什么价格获得能源；三是如何运输能源。对于原油需求量迅速扩大的中国来说，如何运输油气资源已成为最大的课题。中国绝大部分的原油进口来自波斯湾和非洲，油气运输船队涉及海域之广，已经远远超出了中国可以控制的范围。中国的海上交通线缺乏有效的管理与保护，因此极易遭受攻击。此外，海盗猖獗的亚丁湾及马六甲海峡也是中国海上能源运输的瓶颈，海路运输的安全性是中国目前难以解决的课题。相比之下，通过陆路油气管道运输原油和天然气则显得较为安全与

① 张建：《跨国管道：东成西就》，《中国石油企业》2010 年第 12 期，第 28 页。

便捷。此外，加大与中东之外的产油区的能源合作也有助于减少中国对中东原油的依赖。因此，从能源供应来源的多元化与安全性的视角考虑，油气资源丰富且地缘上与中国较为接近的中亚（里海）地区是一个好选择，这是中国目前为数不多的不需远洋海运就可获得稳定油气源的地区之一。

里海拥有丰富的油气储量和巨大的开采潜力。英国原油公司的《2008年世界能源统计年鉴》（*BP Statistical Review of World Energy 2008*）估计，2007年底里海盆地（不包括俄罗斯和伊朗）已探明的原油储量为480亿桶，占世界未开发原油量的8%，天然气储量为7.59万亿立方米，居世界第三。[①] 无论从资源基础，还是从成本因素等考虑，中亚（里海）都理应成为中国能源重点开拓地区。相对于铁路运输来说，通过油气管道来运输该地区的原油和天然气更具可行性，维护中国在该地区的油气管道安全也日益显现出巨大的战略意义。

（二）弥补国内能源缺口的迫切需要

随着中国油气进口量的不断攀升，对大型能源产地的进口需求也日益迫切。2010年中国原油进口2.39亿吨，对外依存率53.8%。从俄罗斯和哈萨克斯坦以陆路运输原油量为2529万吨，仅占10.58%，海运量近90%。[②] 预计到2020年，中国年进口原油消耗总量将达到4.5亿吨，对外原油依存度达60%。[③] 近年来，中国对

---

① Gawdat Bahgat："Oil Security at the Turn of the Century", *International Relations*, Dec. 1999.

② 中华人民共和国海关总署："2010年12月全国进口重点商品量值表"，http://www.customs.gov.cn/publish/portal0/tab400/module15677/info281219.htm。

③ 中华人民共和国发改委："中国能源问题面临三大挑战"，http://www.sdpc.gov.cn/nyjt/dcyyj/t20080225_193253.htm。

天然气的需求呈爆炸式增长，2010 年进口液化天然气进口量达 936 万吨，到 2020 年，中国天然气需求将超过 1500 亿立方米，超过一半依靠国外进口。[①] 国外一些专家认为，即使中东原油因动乱而供应中断，中亚（里海）也可以保证世界对油气资源的需求。从长远来看，中亚有可能与中东形成一个“能源心脏地带”，向北延伸至俄罗斯的西伯利亚和远东地区，向西延伸至北非。[②] 中国通过在中亚的油气管道，不仅能从中亚（里海）获取油气，而且还可以从俄罗斯、中东获取长期、稳定的油气供应，有助于实现能源进口的多元化与稳定化。

（三）实现油气资源“东稳西进”的战略选择

参与开发中亚里海的油气资源，有利于促进中国能源产业的均衡发展，保护中国现有油气资源。从长远来看，中国石油、天然气储产量能否大幅增加，关键在于西部的开发规模。然而目前西部油气开采难度大、成本高，为了保证国家长期能源安全，通过跨国油气运输，增加中国西部地区的油气储量，使之成为中国的能源后备基地，这比现在揠苗助长式的开采模式，更具战略眼光。这既发挥了中国的比较优势，又有利于实施可持续发展战略。

（四）开拓上合组织内部的合作动力

中亚（里海）地区是亚欧大陆的重要枢纽，通过中亚油气管道不仅可以从里海、俄罗斯获取长期、稳定的能源供应，还能进一步增强中国与中亚（里海）各国的经贸合作基础。从地理环境上来说，

① 郭建宇等：《关于我国引进天然气资源问题的思考》，《石油科技论坛》2008 年第 3 期，第 12 页。

② 杨中强、蔡娟：《中国与中亚的油气合作》，《东欧中亚市场研究》2002 年第 8 期，第 27 页。

尽管这些输油管道要经过极端分子猖獗的地方，但近年来中国通过上海合作组织与中亚各国加强合作，形成了较为密切的合作关系，并在联合反恐方面积累了经验，这为保障中国跨国油气管道安全奠定了坚实基础。中国是维护中亚稳定、打击极端主义、恐怖主义和民族分裂活动三股势力的重要力量，在地区安全事务中拥有较大的发言权和威望。中国加强与中亚产油国的能源合作为增强上海合作组织凝聚力开辟新的途径。近年来中国经济的持续高速发展和政治稳定构成了一个巨大的油气消费市场，与中国进行油气合作符合中亚产油国的油气出口多元化战略，并且通过中国大陆还可将中亚及里海的油气进一步输送到更为广阔的东亚市场。中亚油气管道的建成也为中国与中亚国家发展经济和能源合作注入了新的活力，它将加快中国西部能源大通道建设，促进国家间互信水平。

二、油气逐鹿：现状与风险评估

在中亚（里海）地区的大国能源角逐不断深化的背景下，中国在推进与这些国家的能源合作中，遇到了日益复杂的制约因素。目前中国对跨国管道的风险研究侧重于管道运营维护和管道设计等操作层面，缺乏从国家发展战略与地缘政治的宏观视野进行分析。总得来说，中国在中亚（里海）地区的管道安全，既有大国博弈的因素，又有超国家的“三股势力”的破坏性因素，还有中亚各国内部局势不稳与政治体制转型所带来的动荡因素。

（一）跨国管道的政治化倾向

西方很多学者认为，控制油气输送管道可以拓展在中亚的地缘政治空间。中亚（里海）之所以重要，缘于两个基本原因：一是该地区油气资源丰富；二是重要的地缘政治位置。两者相辅相成，因为能源作为战略资源，在大国竞争中占有重要地位；而中亚（里海）地区同时还是欧洲通往亚洲的重要门户之一，控制里海，可以掌握外高加索、中亚乃至西亚的主动权，在全球能源博弈中立于不败之地。各国对跨国管道的运输线路、管道建设等方面的分歧和争执，恰恰反映了其中的政治意义已经超出了经济意义，这种跨国管道政治化的趋势，给中国参与该地区的能源合作带来诸多不确定因素。

首先，美国对中国介入中亚（里海）地区始终采取遏制态度。美国十分重视中亚（里海）地区的战略地位，其中亚战略目标就是遏制、削弱俄罗斯和伊朗在里海地区的地域优势，阻止中国的扩张，将该地区纳入西方体系。美国视中国为该地区的可能竞争对手，对中俄、中国与中亚国家的油气合作和中国介入中亚地区一直采取打压政策。凡中国想与俄罗斯和中亚国家开展能源合作的项目，美国和西方的跨国公司都会先行一步，极力控制油气源，这种情势多年来一直有增无减。如：2003 年中海油并购北里海卡沙干油田时，遭到由埃尼—阿基普、艾克森—美孚、壳牌等 7 家国际能源公司组成的国际投资联盟的联合排挤而折戟沉沙。① 此外，由于中国在中亚地区建设油气管道的成本高、距离远，在安全和速度方面都存在劣势，美国加大对中亚地区向西方向油气管道的支持力度，试图使中国与该地区国家在管道建设方面的谈判处于不利的地位，尤其是造成哈萨克斯坦的原油供应能力不足。② 美国已经获得中亚里海地区 16% 的原油资源和 11.4% 的天然气资源的控制权，再加上美、英合资公司在这一地区的影响巨大，美、英两国已经控制着 27% 的原油资源

① 周勇刚：《中国石油战略需要重新地位》，《中华工商时报》2003 年 6 月 3 日。

② 张军民：《中哈石油合作之多元化安全利益研究》，《石河子大学学报》2008 年第 1 期，第 45 页。

和40%的天然气资源。[①] 一旦这些油气源国的输送量不足，将直接影响中国在该地区油气管道的收益。

其次，俄罗斯对中国与中亚的能源合作顾虑重重。俄罗斯将中亚（里海）地区视为自己的传统势力范围和南部边界的天然屏障，无论从地缘政治还是能源安全出发，该地区都是其必争之地。中亚（里海）成本较低的优质油气资源输出，势必会与俄争夺国际市场，对俄油气出口、经济发展乃至国家复兴明显不利。作为世界油气出口大国，能源外交是俄振兴经济和重塑大国地位的主要手段。俄罗斯的对外能源政策的根本目标是：使俄罗斯从单纯的原料供应者转变为可在国际能源市场执行独立政策的重要参与者。为达此目标，俄罗斯必须最大限度地掌控中亚的能源，一方面扩大自己在中亚的经济利益，另一方面加强对中亚的政治影响力。此外，俄以建立“欧亚经济共同体”、能源一体化为由，对哈萨克斯坦的原油出口采取了种种拉拢和限制措施，支持中亚地区的能源出口仍然沿用过境俄罗斯的油气管道，以从中获利。[②] 因此，俄在中亚能源外交的主要目的是利用传统影响和地缘优势来掌控油气资源的开发和输出。

第三，欧盟两面下注，力图让油气西引。供应与运输路线的多元化是欧盟实现能源供应安全目标的基础。欧盟作为国际油气的消耗大户，希望引进哈萨克斯坦、土库曼斯坦、乌兹别克斯坦的能源以避免对俄罗斯油气的过度依赖，并且还积极推动主要由里海周边国家参与的“欧亚能源走廊”计划。[③] 欧盟成员国很早就采取两边下注的方式参与到美俄在中亚的油气资源争夺中。如英、美是最早

---

① 邵育群：《美国中亚政策调整评述》，《现代国际关系》2007年第5期，第34页。

② 娄芳：《从里海石油之争看俄罗斯的新能源战略》，《世界经济与政治》2003年第6期，第61页。

③ 石磊：《中亚地区的“油气之争”及中国与中亚的能源合作》，《忻州师范学院学报》2004年第6期，第50页。

进入中亚油气开采的欧盟国家，意大利、德国、希腊、保加利亚等分别参与了美主导的巴杰线和俄主导的“北溪”和“南流”等管线建设。但由于欧盟能源外交长期受到机制不健全、决策效率低的制约，效率不高，欧盟决策层的能源战略意图得不到欧能源公司的有力配合，短期内难以消除能源政策的内部分歧，因此在中亚（里海）的能源争夺始终受制于俄美。但随着新兴大国尤其是中国参与中亚（里海）地区的能源开发，欧盟的能源安全危机感和整合成员国中亚能源外交的意愿不断增强。正如法前外长韦德里纳所说：“在争夺中亚三个能源生产国油气资源上，欧中俄成为直接竞争对手。俄主要是保持其在地区油气管线的统领地位，欧盟则要绕开俄，开辟高加索油气通道。中国在控制中亚天然气流向上比欧盟抢先一步，欧盟要迎头赶上。”①

（二）供油不足

虽然中国在与哈萨克斯坦等国的油气开发与管道运输方面的合作已取得了重大成效。但无论是从里海地区油气资源供应的潜力来讲，还是从中国油气供应缺口的需求来讲，目前合作的规模和深度都还远远不够。

一是中国在里海地区的油气资源合作主要限于哈萨克斯坦，与阿塞拜疆和土库曼斯坦的合作较少；二是与哈萨克斯坦油气资源合作也还处于配角地位，哈萨克斯坦重要的大油田主要为西方财团控制；三是合作的基础还不稳固。② 冷战结束以后，中亚各国纷纷施行“能源立国”战略，在吸引外资、扩大能源贸易方面，奉行能源出口

---

① 刘建生、崔洪建：《欧盟在中亚里海地区的能源外交与中欧合作》，《国际问题研究》2010 年第 4 期，第 48 页。

② 秦放鸣：《里海地区油气资源竞争的矛盾冲突及中国的战略选择》，《新疆社会科学》2007 年第 1 期，第 57 页。

多元化，力图在俄、欧、美、中等国之间谋求平衡，以实现国家利益最大化。特别是巴杰管道成功开通后，中亚产油国多了一条能源外输动脉，这也对中国的能源进口带来新的压力。虽然中哈石油管道已经贯通，已累计输送原油2000万吨，但是该管道的油源还未完全落实，哈方仅承诺每年供油1000万吨，仅为该管道设计运力的一半。由于哈萨克斯坦已向多方承诺供油，承诺量已大于实际可供量，中哈输油管道能否满负荷输油还存在很大悬念。由于中亚国家油气基础设施尚不完善，产能与运力之间衔接不紧密，而且向欧洲输油一直是中亚国家能源出口战略的主导方向。因此，中哈原油管道存在着与该地区其他原油管道争夺油源的问题，而且在油源分散以后，中哈原油管道的供油量只能获得一个最低的保障额。

（三）地区恐怖主义

地区恐怖主义活动也给中国的跨国油气管道带来安全隐患。中亚（里海）地区受到分离主义、极端主义、国际恐怖主义的袭扰，尤其是中哈油气管道更是靠近安全局势极为复杂的费尔干纳盆地。跨国能源管道也是恐怖主义分子常常袭击的目标，通过造成人员伤亡和经济损失来实现其政治诉求。恐怖组织对跨国油气管道的破坏可能会引起有关国家间的冲突，严重影响那些以能源出口为主要经济来源的国家的稳定。中亚（里海）地区是恐怖活动较为频繁的地区之一，随着阿富汗局势持续动荡，地区恐怖主义的活动范围也有逐渐扩展的趋势。同时地区恐怖主义也可能成为大国地缘政治博弈的工具，例如：外高加索地区的里海原油管道在走向问题上就遇到了这样的问题。恐怖主义活动已成为中亚（里海）能源经济发展的严重障碍。恐怖活动袭击原油管道、原油设备会带来环境污染，并有可能引起中亚国家的政治摩擦。同时恐怖活动也阻碍了能源的过境运输，打击外国投资者的积极性，这对急于得到外国资金和技术的中亚国家政府来说也是一个沉重的打击。

（四）中亚（里海）国家内部的政治风险

这主要表现在中亚（里海）国家政权转接的平稳性，以及在特殊时期当地民众对中国的友好度等方面。从外部威胁来说，中亚（里海）国家也面临着被“颜色革命”的威胁，已经发生政权更迭的国家内部，缺乏有效的交接机制，政权更迭带来的社会动荡是中亚国家面临的最大政治风险。由于外国投资者无法预测这种政治风险的破坏力，因此这种不确定性在中亚国家内部还有不断扩大的趋势，对外国设施和人员安全都带来不可预知的风险。例如：吉尔吉斯斯坦的政权更迭引发了部分当地民众对中国人员与商铺的侵犯，造成了财产的巨额损失和人员伤亡。因此，很难保证在社会动荡时期，普通民众的过激行为不会被别有用心的人利用，以“第三方”破坏、偷窃，甚至“群体性事件”等形式威胁中国的油气管道安全。

在中亚（里海）地区的油气开发中，中国不是一个强有力的国际竞争者，既没有俄罗斯的地利，又缺少美国和欧洲的雄厚财力和技术。以上风险剖析不仅表明了中国海外战略研究的虚空，更反映出中国能源外交战略环境的严峻性。由此可见，维护中国的跨国管道安全，需要在国家统一的能源战略布署下，从中央到企业，从外交、经济，到军事、安全等有关部门的通力合作，从官方到民间做长期、大量艰苦细致的工作。

三、探索双赢模式

管道安全问题涉及到经济、安全、地缘政治、外交、法律、资源、生态和军事等一系列领域，更是反映国家间关系的晴雨表。因此，中国维护跨国管道安全的策略谋划必须立足于他国特殊的投资环境，探索实现“双赢”的合作模式。这就需要从大局出发，实事求是地采取风险应对策略和措施。

首先，深入研究当地的文化和投资环境。中亚国家大多数是独立不久的年轻国家，社会经济的某些管理体制还不完善，社会处于转型期。中国在与之进行能源合作的过程中，应要求己方一线人员深入了解有关各国的历史、文化、政治、投资环境、法律体系等背景，便于在发生摩擦的时候换位思考。在决策层面上，在维护国家能源安全大方向不动摇的前提下，以合作大局为重，给合作伙伴充分的民族自尊和决策空间，争取获得对方的理解和信任。另外，在开展新的能源合作项目前，应充分考虑到对方的市场风险、地质风险、政治风险、合作风险和税收风险等因素，尽可能减少国家利益的损失。

其次，加强中央政府对油气企业的宏观指导，提升管道生产运行管理水平。面对我国油气供应缺口不断扩大的境况，全面落实油气进口多元化战略已不是一个简单的商业行为，而是涉及国家经济安全与可持续发展的战略课题。因此应将与里海地区国家油气资源合作纳入国家宏观战略层面来考虑。一方面要尽快制定从中央到地方协调一致的、面向世界市场的长期能源发展战略，争取较大的中亚地缘政治话语权与更多的油气资源市场份额。另一方面，政府对中国原油企业参与国际能源合作，应给予政策扶持，提供准确的国外信息服务。尤其是我国驻中亚（里海）沿岸产油国的外交机构更应主动、积极地服务于跨国油气资源合作项目，及时为国内企业提供中亚国家的经济与政治讯息。

第三，加强区域合作，构建安全稳定的油气管网运输体系。能源合作项目在“上海合作组织”中具有举足轻重的地位，以此可带动其他经贸合作项目的发展，也有助于发挥新疆的地缘优势，将其建设成中国西部的能源走廊。[①] 由于油气管道项目的建设周期长、投资大、有风险、不确定因素和突发紧急情况多，因此宜采取区域性或国家间的双边与多边合作机制，加强国际互利合作，建立长期稳定的石油天然气安全保障机制。此外，还可在管道和储气调配设施建设等领域加大合作力度，构建符合各国利益的全方位能源合作格局。相对于中国的石油天然气需求来说，中国管道事业仍有非常大的发展空间。因此中国既需要与能源国加强合作，也需要在基础设施建设和设备、施工及维护等方面加强国际合作，构建高质量高效益的跨国油气管网运输体系。[②]

第四，建立高效的国际协调机制，构建完善的危机管理预案。中国可利用上海合作组织的协商平台，积极开展能源外交，推动和促成油气资源合作项目的成功。加强政府间与企业间多层次的协商，为跨国油气管道顺利建设和运营提供法律保障。对于自然与人为的突发性事件，能够保持信息畅通，反应及时，处理措施得当，以妥善解决好管道建设与运营过程中发生的各项安全问题。由于中亚地区很多油气管道逐渐老化，国内相关企业也应加大对新管道技术的研发，提升管输能力和信息处理能力，增强中国在中亚地区的技术吸引力。

内练一口气，外练筋骨皮。作为中亚能源博弈中的新来者，中国的优势局限于经济方面。如何避免非经济因素剥夺技术带来的优势，是两千年来中国与中亚交往史的难题。中亚（里海）地区以其独特的地缘战略位置、丰富的油气资源及毗邻于我国西部地区，势必成为我国重要的战略利益区。保护跨国油气管道安全绝非仅是保

---

① 热合木江·沙吾提、祝辉：《中国与中亚地区油气合作中的新疆因素》，《中共中央党校学报》2010 年第 5 期，第 57 页。

② 张磊：《中国西部能源战略大通道构建研究》，《经济问题探索》2010 年第 11 期，第 29 页。

护管道企业的利益，而是事关国家的经济安全和社会稳定。在世界多极化曲折发展和经济全球化日益加强的今天，中国的能源工业适时实施“走出去”战略，勾勒中国自己的能源供给链，是解决国内能源供需矛盾的必由之路。因此，维护中国—中亚（里海）油气管道这条“能源生命线”在实现运输变革、推动能源结构和产业结构调整、保障国家能源安全方面发挥的作用，则是一项惠及子孙的战略任务。

第二节 中国能源安全的西非指向

实现能源进口渠道多元化，规避国际能源供给链的海运风险，是保障中国能源安全的核心议题。在中东时局迟迟不靖的背景下，中国国际能源战略有必要进行适度调整，以几内亚湾为核心的西非则是最具潜力的能源进口接替区。西非地区的石油航线和贸易通道是中国经济安全所仰仗的新经济生命线，战略价值极为重要。但当前国际上相关利益方在此展开复杂的权益博弈，局势错综复杂，中国维护西非航线权益面临诸多困难。

一、中国能源进口格局西移的必然性

西非航线包括东大西洋的大洋航线和大几内亚湾沿岸产油国的区域航线，以石油、矿石运输为主，此外还有许多大宗货物的洲际运输，是传统海运格局的重要组成部分。狭义的西非航线北起塞内加尔的达喀尔港，南至安哥拉的黑角港。广义西非航线则涵盖了非洲大陆西部，上接直布罗陀海峡，下接南非开普敦港口，几乎与非

洲西海岸齐平，既包括开普敦—伦敦的洲际航线，又包括开普敦—达喀尔、开普敦—拉各斯、黑角—达喀尔、达喀尔—直布罗陀等洲内航线。本文根据中国在西非的能源投资与商贸格局，以广义的西非航线为分析对象。

对于石油进口国而言，石油供应安全的基本含义有两方面：一是要找到合适而充足的油源；二是要建立起安全的石油运输通道。西非石油资源丰富，也是今后中国石油的主要进口来源，关键在于怎样维护从西非到中国的能源供应链安全。中国在西非最现实的战略利益是能源利益与航运利益，这些利益具体表现在优化中国能源进口格局、增强海运能力、规避传统航运安全风险等方面，这就需要对西非能源供应链的安全情势具有清醒的认识。

首先，西非逐渐成为中国最具潜力的能源进口接替区。近年来中国油气供需矛盾日益突出，利用国外油气资源战略已成为中国“走出去”战略的核心内容，但作为传统能源进口与投资区的中东北非地区，近年来发生的一系列政治动荡与外国势力武装干涉，使得中国与该地区国家的能源合作面临诸多安全风险。为了确保稳定的能源进口与运输，中国急需开辟新的能源接替区。

由于世界油气资源地理分布不均，影响国外油气供给的因素纷繁复杂，因此中国在进行海外油气靶区选择时，既需考虑资源因素，又需考虑投资环境、地理位置、远洋运输的安全性和对华关系的好坏（见图4—1）。北非地区政局动荡后产生的新政府，在外交上大多采取亲西方政策，这增大了中国油企走进非洲的政治压力。苏丹作为中国在非洲最大的能源投资对象国，其分裂不仅造成中方投资的巨额损失，更面临着与前苏丹政府签订的能源合作项目作废的风险。相对于北非、东非而言，几内亚湾是非洲最具开发潜力的油气富集区，这个石油带从安哥拉向北一直延伸至乍得，尼日利亚、加蓬、安哥拉、刚果（布）作为西非新兴产油国，深水资源颇为丰富

（见图 4—2），有着与中国加强能源领域合作的良好政治基础与强烈愿望，双边关系也较为稳定。鉴于充分利用国内外两种资源已经成为中国油气工业的长期发展战略，中海油等石油巨头纷纷将目光投向西非，加大对这些国家的能源投资力度，为中国构建了多元化石油供应保障体系，进一步推动中国海外能源投资格局逐渐西移。

其次，从能源运输的角度看，开发西非航线有助于保障中国远洋能源运输安全利益。随着中国远洋原油进口量的不断攀升，对大型运输船舶的需求也日益迫切。中国与西非国家之间巨大的原油贸易量，推动了中国远洋油轮巨型化发展趋势，亦为中国远洋能源运输航线的选择提出新的要求。推动远洋船舶巨型化不仅有助于提升中国远洋能源运输能力，还有助于增强中国的航运竞争力。从降低运输成本的角度考虑，以超大型油轮（VLCC）取代载重吨少于 10 万的苏伊士型和巴拿马型油轮，是中国油气企业发展的必然趋势，中国的主力油运航线逐渐从中东—北美向西非—东南亚转变。

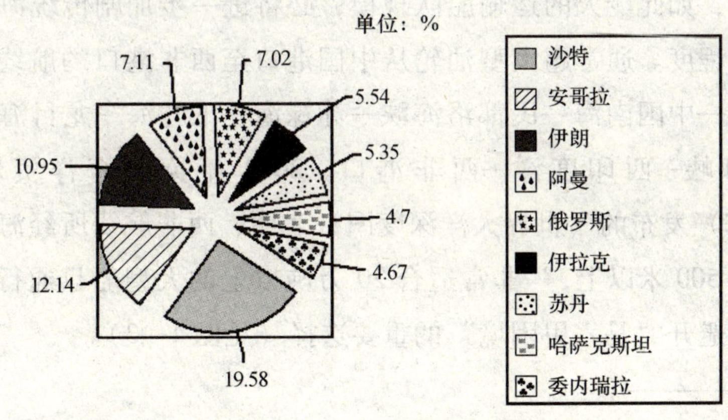

图 4—1　中国主要石油进口国

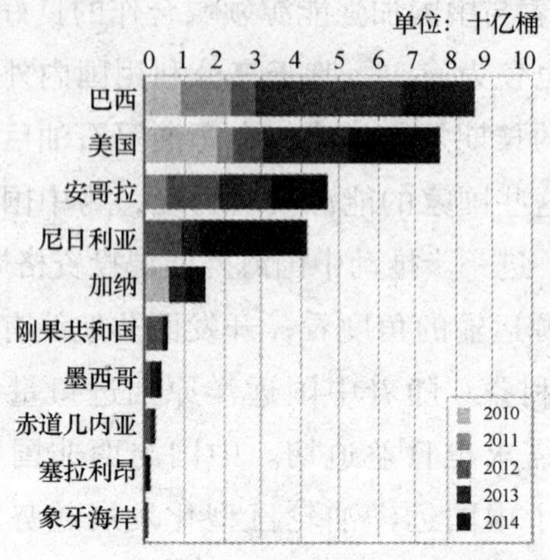

注：①水深为海面以下500米。
②预计到2014年全球将开采的深水储量。

图4—2 西非的深水资源

预计到2020年，中国年进口原油消耗总量将达到4.5亿吨，对外原油依存度达60%。[①] 届时，中国每年将有3.2亿吨原油需用油轮运输，这需要建造上百艘载重20万吨以上的巨型油轮才能满足运输需要，如此庞大的运输船队规模，必将进一步加剧传统海运航线的拥挤程度。通常超大型油轮从中国港口至西非港口的航线为：台湾东部—中国南海—民都洛海峡—苏禄海—爪哇海—龙目海峡或阿拉斯海峡—西印度洋—西非港口。2012年英国海洋资料中心（BODC）发布的《世界大洋深度图》表明，西非航线所经海域平均水深在500米以上，[②] 非常适合20万吨以上的大型船只通行，因此是中国避开“马六甲困境”的重要选择（见图4—3）。

---

① 中华人民共和国发改委：“中国能源问题面临三大挑战”，http://www.sdpc.gov.cn/nyjt/dcyyj/t20080225_193253.htm。

② British Oceanographic Data Centre: *General Bathymetric Chart of the Oceans*, http://www.gebco.net/data_and_products/gebco_world_map/images/gda_world_map_large.jpg.

权益和资源始终是国际竞争的焦点。中东政局的不靖带来了西非战略地位的提升，这不仅优化了中国能源进口的整体部署，还可规避苏伊士运河拥堵、西印度洋海盗侵袭、中东局势动荡等带来的安全风险。此外，中非能源合作的溢出效应，也有助于带动西非沿岸国家的集体振兴，促进能源、资源、航运、港务、城建的发展，深化中非合作的实质内容与成效，提升中国对非投资的回报率。这使得大几内亚湾国家影响力不断提升，同时削弱了中东地区作为国际安全“暴风眼”的战略地位，相对缓解了中东地区能源安全的紧张局势。可以说，中国能源战略的西移是符合世界能源多中心发展趋势，构建地缘政治经济博弈新格局的必然选择。

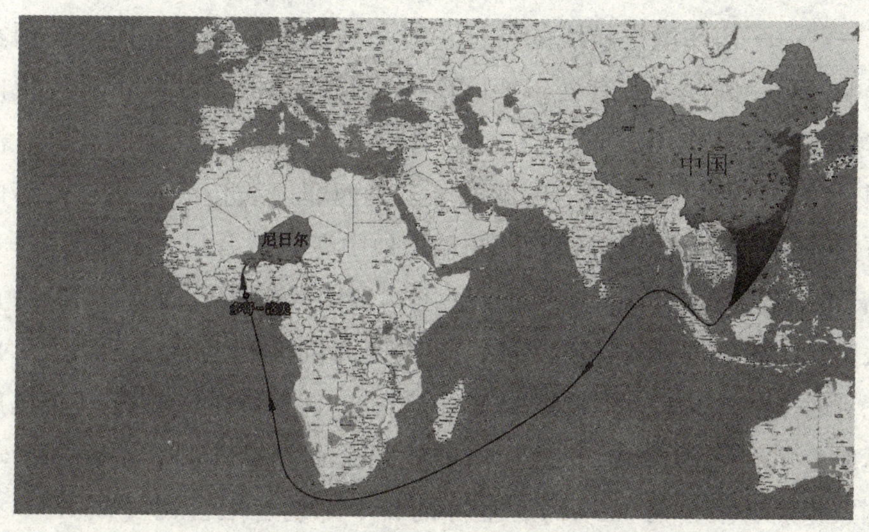

图 4—3 中国—西非能源大通道

二、中国在西非能源博弈中的参与困难

尽管西非能源的乐观前景寄托着中国经济海外拓展的美好愿望，但由于历史上西方国家已对西非经济形成了先占优势，并出现了排

挤中国等新兴国家参与西非能源开发的负面趋势，使得在西非有重大利益诉求的中国，在参与西非能源博弈的过程中，面临着不少掣肘之处。

西非航线利益攸关方包括国家、国家集团与跨国公司，因此，围绕西非航线展开的国际博弈是一种在跨国公司、国家及国家集团之间进行的复合式多层博弈。具体而言，西非航线的利益攸关方包括以下四大类：一是西非航线沿岸国家。主要是尼日利亚、科特迪瓦、多哥、贝宁、安哥拉、刚果（布）、加蓬、喀麦隆、圣多美与普林西比、赤道几内亚等产油国与航运中转国。其中，尼日利亚、加蓬、刚果（布）、安哥拉、赤道几内亚五国为拥有良港和石油的核心国。二是高度依赖亚欧运输线的国家。由于西非航线具有替代地中海—红海—西印度洋航线的特性，对那些高度依赖亚欧航线的国家影响深远，因此，所有处于亚欧航线延长线上的国家都不可忽视西非航线的分流作用。亚洲的中国、日本、韩国以及欧洲的英国、法国、德国、西班牙等国均属此类。三是西非航线传统运营商与跨国石油公司。船运公司包括欧洲的瑞士地中海航运公司（MSC）、丹麦马士基航运有限公司（MSL）、法国达贸国际轮船公司（DELIMA）、法国达飞轮船有限公司（CMA）、美商海陆联运有限公司（S/L）、比利时集装箱班轮公司（SAFMARINE），南美洲的阿根廷马鲁巴航运船公司（MARUBA）、智利南美轮船公司（CSAV），非洲的南非国家轮船有限公司（SAF），亚洲的日本邮船有限公司（NYK）、日本商船三井（MOL）、新加坡太平船务有限公司（PIL）、中国中远集团西非公司（COSCO）等。[①] 跨国石油公司则包括法国道达尔公司、英国 BP 公司、埃克森—美孚公司、中海油等。四是根据国家规模与远洋航运安保投放能力，美国、法国、中国及尼日利亚与南非

① 中远集团：《中外船公司简称与缩写一览表》，http://www.cosco.com/cn/news/detail.jsp? docId = 802。

等区域大国也在此列。

由于西非航线各利益攸关方之间的关系尚处于变动与调整阶段，未构成清晰的海缘政治经济地图。但从历史传统与政治现实的视角进行观察，不难看出各方基于不同的利益诉求，已初步构成西非航线利益博弈的基本态势。根据各方的发展战略与地缘政治实践现状，至少可以大致划分出影响西非航线安全的三大利益集团。

一是以美国为代表的欧美利益集团，包括美、法、英、德、葡萄牙、西班牙等，主要目的在于获取对西非航线及沿线产油国的控制权。西非石油储量远景估计可达1000亿桶以上，开发潜力极为巨大。这使以几内亚湾为轴心的西非成了美国实施其石油安全战略的重点之一。据美国能源信息署统计，2010年美国原油总进口量为5.77亿吨，其中从西非进口原油8380万吨，占美国原油总进口量的14%，仅尼日利亚一国就占到约10%。尼日利亚40%的原油产量都销往美国。[①] 事实上，捷足先登的欧美国家已经在很大程度上控制了西非产油国的石油生产权和销售权。目前，赤道几内亚、安哥拉、加蓬、刚果（布）和科特迪瓦等国的油气资源已基本掌握在雪佛龙、埃克森—美孚及埃索等美国各大石油公司手中。美国正加紧对西非地区的运输条件进行全面考察，并已着手在圣多美和普林西比北部的内维什建深水港。为了提升西非国家海疆安保能力，维护美资公司在非利益，美国通过“非洲海岸和边界安全项目”（African Coastal and Border Security Program，简称ACBSP）为西非国家的陆上和海上疆界巡逻提供特殊的军事设备。[②] 法国则一直高度关注西非国家的货币一体化进程，并积极涉足深水石油勘探项目。2012年2月17

---

① “Nigeria Energy Date，Statistic and analysis”，http：//www. eia. gov/cabs/Nigeria/Full. html.

② U. S. Departement of State：“*Security Assistance in Africa*”，http：//www. state. gov/t/pm/c17671. htm.

日，法国道达尔公司与科特迪瓦政府和科特迪瓦国家石油公司就3份新的超深水海上勘探许可证签署了产量分成协议。①

二是以中国为代表的亚洲利益集团，包括日本、韩国、印度、新加坡等国。由于这些国家对西非航线开发历史较短，地理上又相距甚远，所以它们的主要目标在于维护西非航线的航海自由与在西非事务上的参与权，表现在反对西方国家在西非能源开发与投资的垄断化趋势与地方性歧视条款、倡导国际社会共同维护西非航运安全、反对西非能源与航线运营的小集团化与军事化等方面。中国政府高度重视对西非石油资源的合作开发，鼓励中国进出口银行等投资方本着“优势互补、互利共赢”的精神，在支持中非能源合作过程中探索出“资源、资金、项目与增长”的一揽子合作模式，帮助非洲国家解决资金和经验不足的问题，同时获得中国发展所需要的能源、矿产等短缺资源。至今，中国已先后与安哥拉、赤道几内亚、刚果（布）、加蓬、尼日利亚等国签订了优惠贷款换“项目”、换“石油”、换“区块”、换“资源”的协议，如2011年安哥拉向中国出口石油3800万吨，是除沙特外向中国出口石油最多的国家（见图4—4）。中国与西非国家的能源合作尚处于起步阶段，但双方合作意愿强烈，发展空间较为广阔。日本为实现其“走入非洲”石油能源战略，通过政府开发援助（ODA）和经济合作协定（EPA）等手段，积极开展能源外交，建立并强化与西非产油国的关系，日本2013拟对尼日利亚ODA贷款6000万美元，主要用于尼日利亚港口基础设施的维修与扩建，以及对尼日尔河三角洲地区的油气开发。② 例如：2011年8月15日，尼日利亚国家石油公司（Nigerian National Petro-

① “道达尔获西非国家超深水勘探许可证股份”，中国能源网，http：//www. china5e. com/show. php？contentid = 210448。

② Embassy of Japan in Nigeria，“Ambassador's letter 10th Jan 2012”，http：//www. ng. emb-japan. go. jp/greeting. html.

leum Corporation，NNPC）接受日本国际合作银行（Japan Bank for International Cooperation）、日本液化天然气公司（LNG Japan）、伊藤忠商事（Itochu Corporation）、双日物流株式会社（Sojitz Corporation）等共计20亿美元长期低利贷款，用于建立该国的液化天然气工程。① 此外，日本邮船有限公司与荷兰尼罗河航运公司进行合作，开辟一条连接东亚与南非、西非地区的集装箱运输新航线——SWAX，这将协助日本的航运巨头重返西非航线市场。印度石油和天然气部的数据表明，印度原油进口量的10%来自尼日利亚，年石油进口额达100亿美元。② 为了确保非洲油源，印度开展了一系列卓有成效的能源外交活动：2006年印度石油天然气公司（ONGC Visesh）获得了尼日利亚OPL279与OPL285深水油区25年的开发权，这两个深水油区的日产量预计在65万桶左右，③ 2010年又斥资15亿美元购买尼日利亚OPL321与OPL323深水油区90%的股份。④ 新加坡太平船务公司则开辟了天津—科努托、天津—拉各斯等多条西非航线。

三是以尼日利亚为代表的西非利益集团。随着储量巨大的石油资源不断被发现，西非吸引了全世界的目光。但在世界大国趋之若鹜的同时，西非国家的资源民族主义也在不断发展。由于西非国家普遍技术落后，基础设施薄弱，无法独立开发本国的自然资源，因此这些国家一方面需要美、法等国的勘探技术来获取石油收益，另一方面也想借自然资源提升本国的民族自信。对于西非国家来说，

---

① Nigerian National Petroleum Corporation：“*NNPC to Diversity its Sources of Funding*”，May 9，2012. http：//www. nnpcgroup. com/PublicRelations/NNPCinthenews/tabid/92/articleType/ArticleView/articleId/323/NNPC-to-Diversify-its-Sources-of-Funding. aspx.

② “Basic Statistics on Indian Petroleum & Natural Gas”，http：//petroleum. nic. in/petstat. pdf.

③ “印度加快进军非洲石油开发领域步伐”，http：//news. xinhuanet. com/newscenter/2007 – 09/03/content_ 6654622. htm。

④ “Nigeria offers 100 stake in OPL – 321 and OPL – 325”，http：//www. petrowatch. com/synopsis. php？artId = 535&w = 1.

图 4—4 安哥拉海上石油钻井平台

如何通过资源出口带动产业升级，是实施“能源换自信”战略的核心问题。由于近年来几内亚湾海盗活动猖獗，族群、宗教矛盾引发的地区动荡余波难平，贫富差距恶性拉大，使尼日利亚、安哥拉等国在获得大量石油美元的同时，国民经济却无法得到良性增长，从而陷入“资源诅咒”的怪圈。例如 2010 年尼日利亚虽然成为欧佩克（OPEC，石油输出国组织）第二大石油出口国，但人均 GDP 仅为 1290 美元，贫困率高达为 50%。① 在世界和平与发展的大背景下，西非国家的能源经济已进入快车道，拥有天时与地利优势，只是这些优势会受到非洲政治经济格局变动，特别是受西方国家加大对几内亚湾能源与航线的控制力度的影响。

根据上述分析，中国、美国、日本及欧洲国家如法国等对西非能源与航线安全的依赖程度较高，因此将是西非航线博弈中的重要棋手。为了获取西非地区的丰富能源和西非航线背后的地缘政治收益，世界各国围绕西非能源展开的航线控制权之争日益白热化。其

① 《尼日利亚概况》，中华人民共和国外交部网站，http：//www.fmprc.gov.cn/chn/pds/gjhdq/gj/fz/1206_41/。

中美国表现得最为高调，不仅进行了大量对非能源外交活动，还借打击几内亚湾海盗为名，扩大在该地区的军事存在。从以上三大利益集团的现有力量对比和发展趋势来看，美欧集团仍属于强势方，中日等能源消费大国的利益诉求缺乏实质性的安全保障，而大部分西非国家仍处于前工业化阶段，面临着“资源诅咒”与“暴力诅咒”的双重困境。这种阶梯型的利益博弈格局，使西非安全局势处于变革前的相对稳定期。可以认为，在全球化和世界多极化的背景下，形成符合中国利益的西非航运权益协调机制，虽然困难重重，但前景还是较为乐观的。

三、中国在西非面临的挑战

中国在西非航线最现实的战略利益是能源利益与航运利益，这些利益具体表现在优化中国能源进口格局、增强海运能力、规避传统航运安全风险等方面。

首先，西非逐渐成为中国最有价值的能源进口接替区。近年来中国油气供需矛盾日益突出，利用国外油气资源战略已成为中国“走出去”战略的核心内容，但作为传统能源进口与投资区的中东北非地区，近年来发生的一系列政治动荡与外国势力武装干涉，使得中国与该地区国家的能源合作面临诸多安全风险。为了确保稳定的能源进口与运输，中国急需开辟新的能源接替区。

由于世界油气资源地理分布不均，影响国外油气供给的因素纷繁复杂，因此中国在进行海外油气靶区选择时，既需考虑资源因素，又需考虑投资环境、地理位置、远洋运输的安全性和对华关系的好坏。北非地区政局动荡后产生的新政府，在外交上大多采取亲西方政策，这增大了中国油企走进非洲的政治压力。苏丹作为中国在非洲最大的能源投资对象国，其分裂使中国不仅面临巨额经济损失，更面临着与前苏丹政府签订的能源合作项目作废的风险。相对于北非、东非而言，西非几内亚湾地区石油资源丰富，尼日利亚、加蓬、安哥拉、刚果（布）作为西非新兴产油国，有着与中国加强能源领域合作的良好政治基础与强烈愿望，双边关系也较为稳定。西非的几内亚湾是非洲最具开发潜力的油气富集区，这个石油带从安哥拉向北一直延伸到乍得。2010 年西非航线沿岸国家石油储量约为 690 亿桶，占全球石油总储量的 4. 9% 左右，日产原油 581. 4 万桶，占全球总产量的 7. 2%，日出口 460. 1 万桶，占全球出口总量的 8. 6%。2010 年中国从西非进口原油 4370 万吨，日进口量为 87. 8 万桶。[①] 2011 年安哥拉对华出口原油 3115 万吨，占中国原油进口总额 2. 5378 亿吨的 12%，成为中国第二大原油进口来源国。[②] 鉴于充分利用国内外两种资源已经成为中国油气工业的长期发展战略，中海油等石油巨头纷纷将目光投向西非，加大对这些国家的能源投资力度，为中国构建多元化石油供应保障体系、促进中非的共同发展做出了积极努力。可以预见，西非航线的战略价值将随着中国与西非国家能源合作的深入而不断提升。

其次，开发西非航线有助于保障中国远洋能源运输安全利益。随着中国远洋原油进口量的不断攀升，对大型运输船舶的需求也日益迫切。中国与西非国家之间巨大的原油贸易量，推动了中国远洋油轮巨型化发展趋势，亦为中国远洋能源运输航线的选择提出新的要求。推动远洋船舶巨型化不仅有助于提升中国远洋能源运输能力，还有助于增强中国的航运竞争力。从降低运输成本的角度考虑，以

---

① 《BP 世界能源统计年鉴》，2011 年 6 月版，第 19 页。http：//www. bp. com/liveassets/bp_ internet/china/bpchina_ chinese/STAGING/local_ assets/downloads_ pdfs/BPenergy2011. pdf.

② 中华人民共和国海关总署：“2011 年 12 月全国进口重点商品量值表”，http：//www. customs. gov. cn/tabid/399/ctl/InfoDetail/InfoID/348299/mid/60432/Default. aspx？ContainerSrc =［G］Containers%2f_ default%2fNo + Container。

超大型油轮取代载重吨少于10万的苏伊士型和巴拿马型油轮，是中国油气企业发展的必然趋势。美国油轮市场研究公司麦克考林（McQuilling）认为，超大型油轮（VLCC）运载着全球约35%的海运原油，但VLCC主力油运航线逐渐从中东—北美向西非—东南亚转变，中国炼化业扩张和经济增长将使中国保持对能源需求的强劲势头，2012年至2016年西非到中国的货运量将增长3.2%，2012年西非到中国VLCC航线收入将高于其他任何航线，达到平均23800美元/天。[①] 中国远洋运输集团是中国最大的航运企业，从2002年起开始加大对VLCC的建造力度，至今共建造30万载重吨的超大型油轮12艘，10万—15万载重吨的油轮5艘，而传统的8万吨级巴拿马型油轮只有9艘，且2006年后再无建造计划。此外，有好望角型干散货船35艘，其中33艘的满载超过15万吨。[②] 预计到2020年，中国年进口原油消耗总量将达到4.5亿吨，对外原油依存度达60%。[③] 届时，中国每年将有3.2亿吨原油需用油轮运输，这需要建造上百艘载重20万吨以上的巨型油轮才能满足运输需要，如此庞大的运输船队规模，必将进一步加剧传统海运航线的拥挤程度。目前马六甲海峡与苏伊士运河的载重上限为10万吨与16万吨，由于海底平坦、水流平缓，这些传统航道的水深因泥沙淤积而日益变浅，造成巨型油轮搁浅事故时有发生，而20万吨以上的VLCC则需要通过特殊设施才能勉强通过，不仅费时费钱，而且极易造成航道堵塞与船只碰撞，因此中国油货轮巨型化将难以继续使用苏伊士—红海航线。通

---

① “2012年西非到中国VLCC运价前景看好”，中远集团网站，http：//www.cosco.com/cn/news/detail.jsp？docId=22022。

② “中远集团船队——油轮”，http：//www.cosco.com/cn/fleet/BoatList.jsp？parCatName=Tanker&leftnav=/7/3。“中远集团船队——干散货船”，http：//www.cosco.com/cn/fleet/BoatList.jsp？parCatName=Bulk%20Carrier&leftnav=/7/2。

③ 中华人民共和国发改委：“中国能源问题面临三大挑战”，http：//www.sdpc.gov.cn/nyjt/dcyyj/t20080225_193253.htm。

常超大型油轮从中国港口至西非港口的航线为：台湾东部—中国南海—民都洛海峡—苏禄海—爪哇海—龙目海峡或阿拉斯海峡—西印度洋—西非港口。2012 年英国海洋资料中心（BODC）发布的《世界大洋深度图》表明，西非航线所经海域平均水深在 500 米以上，[①] 非常适合20 万吨以上的大型船只通行，因此是中国避开“马六甲困境”的重要选择。

与之相关联，开发西非航线将降低中国对传统远洋能源运输线的依赖度。这不仅有助于优化中国海运格局，还可规避苏伊士运河拥堵、西印度洋海盗侵袭、中东局势动荡等带来的安全风险。此外，有助于形成以西非航线为依托的非洲国家经济的集体振兴，带动能源、资源、航运、港务、城建的发展，深化中非合作的实质内容与成效，提升中国对非投资的回报率。这使得西非航线沿岸国家影响力不断提升，同时部分削弱了中东地区作为国际安全“暴风眼”的战略地位，相对缓解了中东地区能源安全的紧张局势。这种变化还将有力推动世界能源多中心发展趋势，构建出地缘政治经济博弈新格局。

权益和资源始终是国际竞争的焦点。如上所述，美国、法国、日本等国已经采取各种举措在环几内亚湾扩展势力范围，做好争夺西非资源与航线控制权的准备。从冲突管理的视角看，各国参与西非开发应以公平、开放、合作为前提，而维护西非航线的畅通，是中国等区域外国家捍卫其公海航行自由权利的必然要求。

在合理利用西非航线方面，中国的利益诉求主要表现在对自由航行与西非能源远洋运输安全两方面。尽管西非航运的乐观前景寄托着中国经济海外拓展的美好愿望，但由于西方国家对西非航线形

---

① British Oceanographic Data Centre: *General Bathymetric Chart of the Oceans*, http://www.gebco.net/data_and_products/gebco_world_map/images/gda_world_map_large.jpg.

成了先占优势，并出现了排挤中国等新兴国家的负面趋势，使得在西非有重大利益诉求的中国，在参与西非航运博弈的过程中，面临不少掣肘。一是美欧等国试图阻挠中国在西非的利益拓展。就现有趋势来看，美欧加大在非洲的经济、军事存在，希望将西非资源与航运的利益分配限定在西方国家之间，甚至联合起来谋求对西非航线的集体掌控权。例如：2007 年 2 月美国建立的非洲司令部，独立负责美军在整个非洲地区的行动，标志美国政府对“非洲石油关乎美国国家安全”的确认，并试图将以尼日利亚为首的西非各国纳入美国主导的全球安全体系中。在美国支持下，尼日利亚、喀麦隆、赤道几内亚、圣多美和普林西比、加蓬、安哥拉、刚果（布）等国已经组成了一支联合的“几内亚湾防卫队”（GGGF）。由于尼日尔河三角洲拥有西非地区最大的石油储量，美国及其区域性盟国显然都在有意识地保障这一地区的“安全”，目标则是保障其跨国石油利益。虽然中国与非洲的石油贸易呈迅速增长势头，但由于进入西非石油经济晚，从西非国家进口的石油大都经第三国或到国际市场上采购，进口渠道极不稳定。中国企业与国际石油巨头相比实力悬殊，不仅获取超大型项目的能力薄弱，还易受欧美跨国企业的联合阻挠或排挤。

二是缺乏对华有利的国际协调机制平台。一些西非国家强调按“历史传统优先”或“外资贡献率大小”的原则来分配西非能源的开发份额和西非航线权益，这对中国来说极为不利，却又缺乏合适的国际协调机制来维护中国的权益主张。中非合作论坛作为中非经贸合作的国际协调机制，近年来呈现出明显的资源民族主义倾向，特别是一些非洲产油国家对外来资本流入及非洲以外国家参与非洲事务设置制度障碍，部分国家试图在中国与西方国家之间两面下注，不断提高要价，以获取更多利益。必须指出的是，尽管安哥拉、赤道几内亚等产油国创造的石油经济奇迹激励更多西非国家致力于发展石油经济，但石油经济的快速增长，并未改变这些国家的整体落后性，其经济发展模式的实质仍是一种依附性经济，主要表现为依附石油开采和出口、国际石油市场、西方大国财政支持三个方面。由于欧美可以利用地缘接近、殖民历史、资金技术等优势来换取西非国家的认同，进而扩展在非洲区域国际组织的影响力与参与度，这使得中国维护在西非航线的权益难以摆脱受制于人的局面。

三是中国企业参与西非航线海运业务的难度加大。目前，以马士基（MSL）和达贸国际（DELIMA）为主的传统运营商控制着西非航线 2/3 的海运业务。西非航线覆盖的地区分为北部（毛里塔尼亚、塞内加尔、几内亚等）、中部（尼日利亚、加纳、多哥等）、南部（喀麦隆、刚果（布）、安哥拉等）3 个地区。马士基在北部、达贸国际在南部分别占有最大的市场份额，而在以尼日利亚为主的中部地区，市场规模巨大，促使各大航运公司展开激烈竞争，并有可能被美欧航运巨头分段控制。为了将西非的能源与远东的消费市场联系起来，2010 年 4 月，马士基率先开通了上海—尼日利亚挺坎岛的直航航线，港序如下：上海—宁波—香港—南沙—丹戎帕拉帕斯—洛美—科托努—挺坎岛（尼日利亚），从而进一步增强了在几内亚湾的海运竞争力。[①] 中远集团作为中国的远洋运输企业，在参与分配西非航运业务方面面临重重困难，即使是中海油、中石油等国有企业的海外原油运输业务也屡次被其他跨国企业抢走，这表面上是企业间的竞争，实质上却是国家间的竞争。西方航运公司“民为军用”的背后是西方政府的大力支持，这无疑增大了中国航运企业开辟和利用西非航线的难度。

四是西非航线港口安全隐患不断加深。这主要表现为几内亚湾海盗对港口安全环境的破坏。西非石油大多依靠水路运输，但尼日

---

① MAERSK NEWS：“*New Direct Service from the Far East to Tin Can*”，http：//www. maerskline. com/link/？page = news&path = /archive/news20100406.

利亚、加蓬等产油国的港口吞吐量小，物流效率低，大量船舶不得不在港口外等待卸货，这就为海盗提供了劫持目标与机会。几内亚湾是世界四大海盗多发区之一。由于海盗猖獗，使得拉各斯、克努托等港口船舶进港量不断下滑。中国在西非航线的远洋船舶与人员安全和经济利益亦受到极大威胁。

四、规避风险的策略选择

既然中国开发西非能源的战略势在必行，那么如何规避风险，制定科学合理的发展战略，就成了解决问题的关键。维护中国能源安全的关键在于提高其利用全球（包括非洲）稳定油源的能力。在西非地区缺乏足够的安保力量投放能力，是中国提升在西非航线安全事务发言权的瓶颈。中国作为具有重大国际影响力的大国，应在科学分析西非航线权益博弈态势的基础上，扬长避短地采取一些切实可行和富有前瞻性的对策，为保障其在西非航线的合理权益做出更大努力。

首先，利用《联合国海洋法公约》公海航行自由的相关规定，维护中国在西非航线的航运权益。中国是《联合国海洋法公约》缔约国，有权使用西非航线，行使包括海洋科学研究、远洋捕捞、深水勘探在内的公海航行自由。此外，中国一方面应提倡西非各国在《联合国海洋法公约》基础上解决各种争议，为西非航线创造良好的安全通航、和平的科考环境；另一方面可与日、韩等国共同强调西非航线应实行《联合国海洋法公约》关于过境通行权、海上遇险及救援等规定，防止中国船舶在途经西非沿岸国时受到歧视待遇或出现阻碍航行的行为，并警惕西方国家阻挠中国企业拓展西非业务的政治图谋，最大限度地维护中国在西非航线的权益。

其次，优化船队结构，提升油轮企业国际竞争力。非洲到中国港口的距离超过 1 万海里，从经济学角度考虑，增加单航次的运量是适应这种运距长、运量大的运输最优方案，因此具有规模经济特性的 VLCC 型（Very Large Crude Carrier，载重吨在 20 万—30 万吨之间）、ULCC 型（Ultra-large Crude Carrier，载重吨在 30 万吨以上）油轮应成为中国进口原油的主力船型。中国在鼓励油轮公司扩建双层壳 VLCC 建造规模的同时，应采取多种鼓励措施、优惠措施引导油轮公司进行船队和船龄结构、吨位结构的调整，对老旧油轮及早进行调整，安排退市和拆解工作，优化中国远洋油轮船队结构。此外，做好油轮船舶安全管理、加强与世界一流油轮企业的交流合作、引进完善的市场信息获取机制和商务风险控制机制，也有助于提升中国远洋运输企业的国际竞争力。

再次，丰富国际海运安全合作方式，维护西非航线的公海航运自由地位。鉴于西非国家落后的海防装备与猖獗的海盗活动，中国应进一步拓展与西非国家的合作成效，以“双赢”为出发点，构建西非航线的安全预警、信息共享、海上救援等国际协调机制。一是通过捐助通航设施、引航标志、海警装备等方式与西非国家开展港务安全合作，建立安全预警与信息交流平台等合作方式。二是推动西非航线安全协议框架的构建。支持西北非分区海上搜救协调中心（MRCC）发挥积极作用。[①] 值得关注的是，2012 年 4 月 27 日，第 18 届国际水文会议公布的《国际航道测量组织 2013—2017 年工作规划》中提出应加强西非、加勒比等海上高安全风险地区的国际安全合作，尤其鼓励中国等新兴大国发挥更大作用，对相关国家提供财力与物力支持。[②] 中国作为国际航道测量组织（International Hydrog-

---

① 吴磊明译：《西北非分区海上搜救协调中心多边协定签订》，《水运管理》2011 年第 4 期，第 19 页。

② XVIIIth International Hydrographic Conference: “*Proposed IHO* 5-*Year Work Programmer For the Period* 2013 - 2017”, Monaco, 23 - 27 April 2012, p. 20.

raphic Organization、简称 IHO）的成员国，应抓住机遇积极发挥在国际海洋多边组织的外交影响力，推动与各国情报信息的有效沟通与分享，及时采取联合行动消除海盗袭击、恐怖主义的威胁，实现海上运输通道的安全。三是以中非合作论坛为平台，扩大中国与非洲联盟、西非共同体合作领域的覆盖面，拓展双边对话与危机管理渠道，增强中国在西非国家的影响力。

最后，落实“国油国运”政策。“国油国运”政策的目的在于保障国家石油运输安全、促进本国油轮船队的快速发展，其实质在于提高本国油轮船队在进口原油中的承运比例。主要措施拟可包括：其一，国资委、国家发改委、交通运输部等部门以国有资产为出发点，对中小油轮公司进行整合重组，彻底改变其规模小、经营分散等不足；其二，积极推动中远集团加大与国有大型石油企业的合作力度。中国的原油进口主要由中石油、中石化、中海油三家国有企业完成，而中国的油轮船队如大连远洋、中海发展、招商局也是国有企业，同属于国资委的管辖范畴。政府有关部门应积极推动货主企业与运输企业合作，鼓励它们签订长期合作的石油运输协议，以实现企业利益的共赢；同时，也可鼓励石油企业与油轮企业合资经营，通过互相持股、组建合资油轮船队等方式进行合作，推动“国油国运”政策的落实。

西非航线是兼具能源与航运价值的战略性航线，各利益攸关方围绕它展开了复杂的国际博弈。这既是国家实力的较量，亦是国家大战略的博弈，并反映出当今国际政治中的现实主义逻辑——只有实现新兴大国与既有大国之间的良性互动和双向认同，才能更好地维护和扩大各自的利益。尽管石油带来的西非航线安全隐患是“几内亚湾暴力诅咒”的现实写照，但中国作为维护世界和平与发展的重要力量，不会也不应默许西非航线落入利己主义者与霸权主义者的囊中。因此，中国应密切关注西非地区的政治经济发展态势，针对西非政治格局演变做出恰当反应，秉承互利共赢、公正合理的原则，适时参与西非航线安全国际协调机制的制定，及早制订西非航线安全风险应急预案，以维护应得的地缘政治经济权益。

第三节　替代能源战略与中国可持续崛起

研究能源束缚下的经济增长问题是中国崛起的大课题。中国作为新兴大国集体崛起的佼佼者，面临着本国能源枯竭、国际能源价格高企的双重掣肘。随着化石燃料的枯竭及其所带来的环境污染等问题的出现，开发清洁、高效、无污染的可再生能源是当前刻不容缓的任务。2012 年 3 月 16 日，国家能源局发布了《页岩气发展规划(2011—2015 年)》，计划在“十二五”期间，基本完成全国页岩气资源潜力调查与评价，建立完善的页岩气产业政策体系，[①] 正式拉开中国施行替代能源战略的序幕，跻身于第四次工业革命的浪潮之中。本文从国际经济秩序转型的视野出发，探讨中国替代能源战略的全球价值。

一、国际秩序面临重建

为什么说开发替代能源是一场“革命”，且具有长期重大战略意义呢？这是因为，以页岩气技术的突破为代表的第四次工业革

① 国家能源局《页岩气发展规划（2011—2015 年）》，http：//www. nea. gov. cn/2012 - 03/31/c_ 131501263. htmhttp：//www. nea. gov. cn/2012 - 03/31/c_ 131501263. htm。

命——绿色工业革命，其实质是能源与环保并重，与之并行的是世界能源供给格局的剧变。进入21世纪以来，作为世界最主要能源的石油，其全球总产量一直在36亿吨徘徊，“产量峰值”已经提前到来，未来产量难有大幅增加，无法满足全球能源需求。一度被寄予厚望的核电，在2011年3月日本福岛核事故后，德、日等国先后出台“弃核”日程表，无法再挑起未来能源供给的重担。而一直作为传统能源的煤炭工业也面临着环保压力与储量下滑的双重困境，日益成为夕阳产业。因此，开发洁净、储量大的替代能源势必成为推动全球经济发展的首选。特别是页岩气作为最具开发价值的替代能源，其全球总产量的增长不仅会改变全球能源格局，还将重塑世界工业版图，这直接关系到未来国际经济主导权的转移。

当前国际经济秩序运转的前提是美国作为世界最大能源进口国。1974年，美国与沙特阿拉伯等波斯湾国家达成“石油单一使用美元结算”的协议之后，美元与石油形成“绑定”关系。全球石油交易皆以美元结算，而海湾产油国则把石油美元存入欧洲的银行体系，欧洲的银行再以金融投资等方式使美元流回美国，这样美元凭借石油市场逐渐控制了全球经济体系的各种规制安排。例如：全球海上贸易路线的主干网就与海上石油运输通道有关，在海上石油运输路线的主要终到港周围，不仅遍布炼化工厂，往往也是国际金融中心和大型城市群。随着油轮而运行的国际贸易合约也多以美元交易。因此，只要全球还有石油交易，美国就能凭借美元与石油的绑定关系继续主导世界经济政治秩序。

与日益枯竭的石油资源不同，天然气的储量却屡创新高，各国纷纷将其作为替代能源的首选。这除了归功于“页岩气革命”带来的产量突破，也与天然气适合城市人口消费的特点有关。页岩气是一种非常规天然气，以吸附或游离状态聚集于暗色泥页岩或高碳泥页岩中。页岩气既是常规能源天然气的潜在替代能源，也是清洁环保能源。在中国、印度等人口大国快速城市化的大背景下，天然气比煤炭、石油更加高效且清洁，因此极具开发潜力。

为了挽救美元对国际能源市场的控制力度，美国将目光投向非常规天然气领域，谋划将美元与石油和天然气的双重绑定，实现美元霸权的双保险战略。而这一次，资源与货币的主角都是美国自己。自2004年突破页岩气开采技术难关伊始，美国页岩气产量大幅增加，占到美国能源消费的1/4，极大地改善了美国能源安全结构，被称为“页岩气革命”。2011年3月30日，美国白宫发布了《未来能源安全蓝图》，指出由于页岩气和页岩油技术快速发展，美国能源对外依存度已大为降低，① 并制定了加大美国本土非常规油气资源开发力度的替代能源战略。如今，美国已经超过俄罗斯跃升为全球第一大天然气生产国。预计到2035年，美国天然气总产量的47%将来自页岩气。

美国页岩气产量快速增长，正使美国从世界最大能源进口国转变为出口国。国际能源署预测，美国和加拿大非常规天然气增长，将使全球天然气产能增长近一倍，对全球天然气市场和亚太液化天然气市场而言，都起到了非常重要的支撑作用。但问题在于，当美国从能源进口国变为能源出口国，能源地缘政治博弈的态势必将发生改变，这将对国际经济秩序产生何种影响？中国等能源匮乏国家的崛起之路，又该如何延伸？

回答这些问题，可以从国际经济秩序的流程层面进行思考。伴随着天然气重要性的上升，国际经济秩序的各个环节都将面临激烈的主导权争夺。不妨从国际经济的上游、中游、下游来分别看待。

首先，国际经济的上游面临“海陆之变”。在国际经济的上游是原材料的生产，其基础是勘探业。天然气与石油一样，是重要的化

① “Blueprint for Secure Energy Future”, March 30, 2011, p. 42. http：//www.whitehouse.gov/sites/default/files/blueprint_ secure_ energy_ future.pdf.

工原材料。页岩气革命使美国成为重要的能源生产国，这使得传统对美能源输出国的地位不断下降，而有潜力成为天然气重要出口国的国家地位将上升。如今，北美以外的地区和国家对页岩气产生了浓厚兴趣并开始采取行动。综合考虑常规天然气资源和非常规天然气资源，最具潜力的国家和地区将是俄罗斯、卡塔尔、伊朗、阿根廷和中亚诸国。由于俄罗斯、伊朗和中亚地区都属于欧亚大陆腹心地区的陆权国家，天然气出口将主要通过修建跨国输气管道等陆上运输方式，这与石油贸易更多走海路的情形是不同的。随着页岩气开发技术的全球扩散，各国非常规天然气的开采成本必将大为降低，直接影响各国的天然气使用政策，改变全球天然气市场的竞争态势以及世界经济和能源地缘政治格局。

其次，国际经济的中游面临“东西之争”。在国际经济的中游，是原材料加工和工业制造，其基础是为其他行业提供原材料的炼化工业。全球炼化能力的分布，实际上反映出世界产业重心所在。20世纪70年代之前，全球炼油—化工能力基本上都集中在发达国家，欧美石油寡头们从产油国（中东等地）开采原油，用油轮运送到美国、西欧、日本，在那里把原油加工为成品油及化工制品，再卖给发展中国家，形成西方主导的全球经济循环。冷战结束以后，世界炼油业出现了一个转折点，即从发达国家转移到发展中国家。以中东为起始，随后亚太和非洲的炼油能力高速发展，其中增长最快的是中国和韩国，当前世界上的大炼油厂最多地集中在中国、印度、韩国、印尼，都是东方国家。迄今为止，全球炼油能力约3/4在发展中国家，只有1/4在发达国家。由此可以看出，炼化工业布局从西方发达国家转移到东方发展中国家的过程，在时间上与全球制造业大转移基本一致。当炼化工厂不再集中于发达国家，那它们的实体经济优势必将被削弱，这也是此次全球经济危机的根源之一。然而，页岩气革命却给美国提供了改变全球炼化能力分布的机遇。当美国成为能源输出国，它就有能力通过调节能源贸易流向等手段，再次影响世界炼化工业的国际分布格局，从而达到扭转全球工业体系重心东移的目的。

第三，国际经济的下游面临“货币之战”。在国际经济的下游，是产品的分销、结算和消费。目前中国正在成长为全球最大的工业产品消费国，这实际上是对全球财富地图的重新整合。从根本上来说，消费量是最终目的，但决定性的砝码却是结算货币。由于天然气的定价权尚在争夺中，欧洲、中国、俄罗斯都在致力于天然气交易货币多样化，打破了美元一统天下的局面，削弱了美元与国际能源能源交易的绑定关系。尽管将来哪种货币将成为天然气贸易主要结算货币尚属未定，但各大国围绕天然气结算问题必将出现长期博弈的态势。

综上所述，发轫于美国的“页岩气革命”不仅推动各国纷纷制定替代能源战略，更将大国能源安全谋划引入到新的博弈边疆。页岩气与所有能源一样，注定成为全球化时代国际政治博弈的核心筹码。因此，对页岩气等替代能源的开发，不仅是国内经济问题，更是国际政治问题。这将可能降低海权的重要性，改变炼化工业集聚于东方的世界产业格局，并有可能打破“石油美元”的货币霸权。从长远来看，每一次工业革命都必将带来国际政治经济版图的解构与重构。未来国际经济秩序的图景很可能被重绘，这种重绘必将颠覆既有国际经济上下游关系网，伴随着的将是长期的、全局性的、甚至有时会是高烈度的多方大博弈，这就是“替代能源战略博弈”的真正内涵。

二、“中国替代能源战略”面临的三大挑战

谁率先在替代能源领域布局，谁就能在未来经济发展中抢占

"制高点"。近年来，世界页岩气勘探开发快速发展对国际能源格局的影响日益显著。一方面，美国页岩气开发加速发展，投资增加，钻井活跃，储量、产量持续高速增长，有力地助推美国走向能源独立的步伐；另一方面，页岩气越来越引起其他国家的重视，印度、波兰、德国等借鉴美国经验，积极开发本国页岩气资源。跨国能源公司通过资产收购、公司兼并等方式，大规模进入页岩气开发领域。

市场力量是推动页岩气成为世界油气勘探开发大趋势的核心因素。天然气是能源安全的重要防线，但中国的天然气能源短缺现象严重，已成为中国经济可持续发展的约束瓶颈。[①] 到2020年，中国对天然气需求将递增到3000亿立方米，如果仅依靠现有天然气资源，而不去选择页岩气等替代能源作为战略储备的话，那么未来天然气的进口量和进口价格很可能也会水涨船高。因此，页岩气是值得中国高度重视且具有广泛勘探价值的替代性油气资源。若中国在页岩气产业上有更大的突破并掌握更多资源，那么对全球及中国地区天然气价的稳定，都会带来积极的意义。

页岩气能否在中国也产生"革命"？应该说，中国页岩气产业前景光明，但道路曲折。中国已探明页岩气储量36.1万亿立方米，约为传统天然气储量的12倍。具有页岩气资源潜力的地区主要包括四川、鄂尔多斯、华北、准噶尔、松辽平原、吐哈盆地等。[②] 发展页岩气产业将推动中国工业技术的进步。《页岩气发展规划（2011—2015年）》提出，"十二五"期间要基本完成全国页岩气资源潜力调查与评价，掌握页岩气资源潜力与分布，到2020年实现页岩气年产1000亿立方米。但开发页岩气作为中国施行替代能源战略的重要步骤面临三道难关。

---

① 《页岩气成中国气体能源战略新锐》，《气体分离》2011年第4期，第22页。

② 闵剑：《世界页岩气开发现状及影响分析》，《当代石油石化》2011年第12期，第9页。

第一，尚未掌握核心科技。当前中国开发替代能源面临国产核心技术匮乏、国际科技封锁的制约。页岩气开采技术要求很高，尽管中国已初步掌握了页岩气直井压裂技术，但水平井技术特别是分段压裂等关键技术尚待突破。此外，中国的地质条件与美国不同，无法直接套用美国的现成技术，需要自主开发适应中国地质条件的全套技术。因此，开发替代能源必须突破重大技术难关。而诸如页岩气资源评价方法、页岩含气性分析测试、水平井钻完井、长距离多段压裂等关键技术的缺乏，严重制约了中国页岩气勘探开发，甚至影响了对中国页岩气资源前景认识，以及油气企业开发页岩气的信心。此外，目前中国最大的技术障碍并非技术成果少，而是现有技术难以转化成产品，基本技术的普及程度太低。

第二，页岩气资源管理制度缺位。页岩气作为一种独立新矿种的地位已获得国家确认，页岩气探矿权招标出让试点已成功举行，但是相应的管理制度及监管政策迟迟没有出台，包括页岩气矿权招标制度、页岩气储量评审、勘探开发监管等。特别是页岩气探矿权招投标管理办法和监管制度的缺位将制约页岩气勘探开发市场的健康发展，不利于页岩气资源高效合理地开发利用。页岩气资源管理制度和政策上的缺位会带来两大负面影响：一是造成页岩气资源管理“走一步看一步”的感觉，让人认为页岩气探矿权招标只是一种权宜之计，缺乏制度性的打算和谋划，难以看到油气资源管理体制改革创新的决心和希望；二是带给人一种对前景不确定的忧虑，即缺乏及时有效有力的监管会引发不遵循地质规律的“乱采滥挖”现象频现，导致市场无序和资源浪费。①

第三，供销软硬件落后。天然气开发，必须“管道先行”。先修好可到达终端消费者的管网，然后才能被运输、利用。然而中国管

① 潘继平：《对促进中国页岩气勘探开发若干问题的思考》，《国际石油经济》2012年第1期，第103页。

网密度极低，管道总长度只有约10万公里。相比之下，美国却有近200万公里天然气管道。当前中国促进页岩气、煤层气开发利用的基础设施严重缺乏，管线不足，运力有限，而中国潜在页岩气田大多处于交通不便的山区，修建管道困难，要在开发出页岩气之前先完成管网建设确实难度极大。同时管道运行具有排他性，缺乏公平准入机制，缺乏监管。此外，天然气价格机制不合理，总体气价偏低，且在国家能源结构中的比例较低，页岩气开发实行“随行就市、就地消费”的政策。

值得警惕的是，环境安全技术的创新与天然气价格及其计价货币实际购买力的变动，将为国际页岩气勘探开发市场带来巨大的不确定性。这与美国在替代能源领域的重新布局密切相关。美国依靠持续的技术突破和商业化运作，在向中国开放本土页岩气勘探开发市场的同时，极力向外输出页岩气开发技术，媒体也大力渲染美国页岩气工业化的成功之路。对华执行严格技术封锁的美国突然间如此好心，难免令人生疑。美国在点燃世界对页岩气开发热情的背后，包藏着以技术“绑定”资源，建立替代能源的话语权，实现分享全球页岩气资源和开发红利的战略目标。中国在谋划替代能源战略的过程中，应清醒地认识到这一点，避免陷入美国用美元、技术双向绑定替代能源的陷阱。

三、实施能源替代战略的路径选择

目前，页岩气的开发利用已成为全球油气勘探开发的新亮点。在页岩气革命可能带来全球经济秩序大变局的前景下，自主开发页岩气无疑对于优化中国油气资源格局、缓解中国油气资源短缺、保障国家能源安全、增强国际竞争力具有十分重要的战略意义。针对中国页岩气产业发展仍面临资源落实程度低、关键技术待攻关、资源管理体制缺位、扶持政策缺乏等突出问题。中国加快页岩气勘探开发和利用的路径应是“技术攻关、模式创新、对外合作、建设管网”。

（一）开展页岩气关键技术攻关

页岩气能否最终实现产业化，技术突破是先决条件。为实现中国页岩气技术攻关，中国需要继续推进页岩气资源战略调查，深化页岩气地质基础研究；加强页岩气勘探开发，提高页岩气勘探开发技术水平；积极改造已有天然气技术以应用到页岩气领域。在页岩气技术攻关的过程中应坚持自主创新为主，同时也应积极开展页岩气技术交流与合作，引进、吸收国外先进技术，实现跨越式发展，最终构建起适合本国国情的页岩气技术体系。

（二）创新开发模式

中国页岩气资源的产业化生产，关键在于如何实现规模经济开发。因此，在技术攻关的同时，应结合中国页岩气资源的特点，探索创新开发模式和管理机制，方能推动页岩气产业有效发展。鉴于中国页岩气特殊的储层特性、低产量和长生产周期的特点，可以创建以页岩气为主的多种资源综合开发机制。规范页岩气资源矿业开发管理体制，充分发挥国有油气公司主力军作用，积极跟踪和储备页岩油开发技术。避免“一哄而上、一哄而散”，影响页岩气产业的可持续发展。

（三）加强国际合作，开展科技外交

继续跟踪国外页岩气勘探开发技术，开展与俄、欧、美的科技交流，实现页岩气开发多元化投资格局。中国可以借鉴美国页岩气

发展的一些认识和经验，剖析其开发技术在中国的有效性和适用性，但不可盲目或完全照搬。[①] 在学习借鉴的基础上，开展页岩气开发核心工艺的研发和联合攻关，最终掌握有完全自主产权的核心科技。[②]

（四）推动天然气基础设施特别是管网建设

继续加快天然气输送主干网、联络管网和地方区域管网等的建设，逐步建成覆盖全国的天然气骨干网和能够满足地方需要的管网，建立天然气管网公平准入机制，适时引入强制性第三方准入规定。同时，加快储气调峰设施建设，保障天然气安全稳定供应。

能源是维持经济可持续增长的核心要素之一。多年来的实践表明：通过技术进步来突破资源耗竭导致的经济崩溃，通过环境政策来纠正能源消耗产生的污染问题，实施能源替代推动经济可持续发展，是中国构建能源安全战略的指导方针。尽管学界已经普遍关注页岩气的开发价值，但理解能源系统对经济的作用机制问题是一项非常艰巨的任务。中国页岩气资源比较丰富，有利于实现规模化有效开采利用、走产业化发展道路。但是根据近几年发展的情况看，页岩气资源的开采利用面临的困难和挑战很大，快速发展并非易事，还有一段较长的探索之路要走，这是一个量化积累的过程。相信随着国家对页岩气等替代能源的日益重视和资金投入，中国能源结构将得到大幅优化，从而推动中华民族的可持续崛起。

---

① 翟光明等：《中国页岩气实现产业化发展需重视的几个问题》，《天然气工业》2012 年第 2 期，第 2 页。

② 张大伟：《加快中国页岩气勘探开发和利用的主要途径》，《天然气工业》2011 年第 5 期，第 5 页。

第五章

碳时代与中国崛起

气候变化问题逐渐成为国际谈判和外交磋商的热点议题。哥本哈根会议揭开了碳时代的序幕，并有可能形成一个新的国际格局。建立碳时代的国际秩序，需要维持碳责任与碳实力之间的相对平衡，前者的核心是责任分配，后者的核心是实力试探。碳时代的中国外交，面临着履行减排承诺与维持较高速度的经济增长之间的巨大压力。保持“可承诺的减排量”与“可承担的碳成本”之间的均衡，积极加强与其他各国在“碳金融”市场内的合作，是中国履行减排承诺、增强碳实力的主要着眼点。

第一节　后哥本哈根时代的国际秩序

全球化就是不断整合的过程，如果人类要解决气候变化问题，就必须在整合不同国家的异质性和全球资金技术等问题上取得突破。[①] 哥本哈根会议的召开，旨在谋划一种新型的国际格局，体现以碳为中心的外交博弈。虽然此次会议只形成了无法律约束力的协议文本，但“碳”作为一个关键性的要素，正在全方位地改变着全球政治秩序，刻画着一种全新的时代特征与精神实质。为什么碳在当今世界能够成为价值核心，它给世界秩序带来了什么样的新内容？谁应该承担减排的主要责任？履行减排承诺应该在何种原则下进行？在高碳经济结构尚未完全转型的前提下，中国如何既履行减排承诺又避免危及本国的经济发展？这些问题纷繁复杂，不仅将中国带入了一个直面于世界各种势力角逐的现场，还为中国参与构建世界新秩序提供了宝贵机遇，但这一切都需要经过严肃思考、进行深入的理论穿透和剖析过程。

一、为什么气候问题能成为时代主题？[②]

现代政治的目标是和平，但动力却是对恐惧的驯化。[③] 后冷战时代并没有给国际社会带来有秩序的政治生活，而是充满了危机和风险。危机蕴于国际政治，就意味着国际社会在遭受冲击的同时，也在寻求着新的化解之道。尽管当今世界仍然处于核武器的威胁之下，但是人们对核战争威胁的恐惧感却在不断下降，特别是用非战争的方式就能使苏联这个超级大国崩溃之后，以核武器这种极端实力为

---

① Thomas Friedman. The Lexus and Olive Tree, *Understanding Globalization*, New York: Anchor, 2000, pp. 13 - 19.

② 在此感谢中国社科院政治学所王利博士的相关论著带给本节写作的启发。王利：《碳空间与新帝国》、《碳时代的世界秩序——“气候外交与新帝国主义”北京会议发凡》，《大观》（第二期），法律出版社 2009 年版，第 7—13、23—30 页。

③ ［美］罗尔斯著，何怀宏、何包钢、廖申白译：《正义论》，中国社会科学出版社 2009 年 7 月版，第 32 页。

基础的核时代则迫切需要产生一种新的时代观，即对国际秩序变化的根本看法。福山认为历史将终结于民主自由与资本主义生产方式，亨廷顿则认为在和平的大背景下，冲突的基本形态将转变为文明之间的此消彼长。这些学者的观点虽然存在着差异，但却反映出一种新的理解国际秩序的方式——以和平而非战争去规定时代特征，以多重力量而非单一力量共同谋划世界的和平与秩序。

毋庸置疑，今天我们仍然处于核武器的威胁之下，但气候问题却为核时代国际秩序的构建，起到了推波助澜的作用。核问题与气候问题的最大区别在于：在核武器时代，人们感觉到的是一种“暴死恐惧”，这是一种刚性恐惧，虽然核战争不是一切人对一切人的战争，但却给人类社会提供了一个暴死时刻，在这个时刻来临之前，国际秩序需要维持一种恐怖平衡下的均势状态，即以战争对抗的方式去化解人类社会的危机。在核时代的国际秩序中，核武器以实力政治的极端形态表明了一个道理：如果人们继续相信世界秩序需要依靠极端实力来维系的话，那么这种均势状态就很难持久，核武器不过是国际对抗序列中的生死线而已，在没有踏上这条线之前，战争和外交技巧都不过是对这种极端实力的装饰与点缀。相对而言，气候问题则是一种常态生活下的危机，它带给人们的则是一种“适度恐惧”，这是一种柔性恐惧，因此具有温情脉脉的面纱，能够将各种肤色、各个立场、各个利益的人群聚拢起来。就目前人们在气候问题上的普遍论述而言，气候问题是用和平谈判手段解决日常状态下的人类危机的典型形态。气候问题带来的“适度恐惧”，可以遍及各色人种，具有相当程度的普遍性，在很大程度上可以增大不同文明之间的通约性。这种恐惧可以转化为知识创新、经济发展、合作谈判以及以碳为核心要素的科学—政治—经济的整合性、有机化再生产，与此同时，也不妨碍人类在共同利益一致的前提下开展相应措施的合作。① 总之，气候问题之所以能成为新的时代特征，就在于气候变暖带来的“适度恐惧”效应，是可以被发现、被掌控的，能够通过现代社会的方式恰当地引导，使之成为一种机遇，这就是气候问题成为这个时代典型问题的实质。

气候问题的基本逻辑是：人类活动引起气候变暖，进而威胁人类生存，因此需要全人类采取共同行动抑制气候变暖，保护地球。因为引起气候变暖的六种温室气体都能换算成碳当量进行测算，因此，后哥本哈根时代，也可被称作是“碳时代”。那么碳时代的特征又是什么呢？回答这个问题首先得从碳的基本特点来说起。碳及其化合物是气体，因此具有三大基本特性：第一，无根性。即碳超脱于大地，活动区域是天空且不局限于大地。第二，弥散性。即碳可以流动，能够充满各个空间。第三，中立性。即碳本身没有任何价值立场，但能被赋予一定的价值。综合这三种特性，我们可以知道，作为温室气体的主要元素的碳，具有经济学完全意义上的外部性，通俗来讲，就是每个人制造的温室气体都会加剧每个人生存环境的恶化，但在环境治理的过程中，每个人，甚至某些国家，又都拥有“免费搭车”的机会。碳的这种外部性所带来的各种效应，可以超越各种社会结构及国际组织的人为屏障，直接作用于个人，相应的，它也需要从人类社会的个体或集团出发，去营建一种共同的应对策略。当个人生活甚至生命本身成为了一个需要深入关切和反复估算的对象的时候，人类生活则开始了政治化的进程，当碳作为关键词引起越来越多的关注的时候，则意味着核时代在向碳时代的转变，当然，新的世界秩序也在悄悄地发生着改变。

---

① Loren R. Cass, *The Failures of American and European Climate Policy*: *International Norms*, *Domestic Politics*, *and Unachievalbe Commitments*, State University of New York Press, 2006, p. 210.

二、碳时代的世界秩序是什么？

碳时代的世界秩序表现为责任政治与实力政治之间的相对均衡。[①] 碳时代的责任政治主要体现在《京都议定书》所确定的“共同但有区别的责任”的原则。发达国家关注“共同”，而发展中国家则关注“有区别”，双方的交集在于“责任”。例如，奥巴马访华的重要成果之一就是将中美关系定义为“共同应对挑战的合作伙伴关系”，这就是责任政治的具体表现。中国政府一直都坚持做一个负责任大国，因为中国是大国，所以在世界舞台上，必须承担与自己的地位相适宜的责任。但为什么中国会有责任？这个问题的前提是预先设定了中国与世界存在着紧密的关联性，确立了中国在世界秩序中的地位与作用。中国的责任来自于认同，即对世界秩序的理解与接受，同时也表示出世界秩序对中国的认可。只有在做出这个定性的评判之后，才能进一步讨论合作方式及层次等议题。

责任政治的核心是责任分配。分配问题存在着两个争论不休的命题：到底是给不平等的人以不平等的待遇，还是给平等的人以平等的待遇？因此，分配总是与正义相联。反思哥本哈根会议难以取得实质性进展的原因，我们不难发现，历史原则与即时原则之争、总量原则与人均原则之争的背后，都是对何谓正义的探究。[②] 当然，在这些争论的背后隐藏着对国家实力及利益的诉求，但最终还是凸显了责任政治的内在力量。责任而不是分配方式才是各国合作的目标，也是求同存异、和而不同，防止分歧滑向战争的安全阀。

碳时代的实力政治则表现在不同国家对碳问题的不同态度，并

---

① Anthony Giddens, *The Politics of Climate Change*, Polity Press, 2009, p. 162.

② Steve Vanderheiden, Atmospheric Justice: *A Political Theory of Climate Change*, Oxford University Press, 2008, p. 124.

由此产生对原有国际秩序容忍度的差异。[①] 尽管将国际社会划分为发达国家与发展中国家有助于简化分析国际问题的模式，但在二者内部，仍然存在着由于国家利益差异而带来的对处理碳问题的意见分歧。例如，俄罗斯、美国等能耗大国反对立即采取减排措施，这与提倡采取较为激进的减排措施的欧盟区别开来。在发展中国家内部，小岛国受气候变化影响最大，与欧盟观点相似，而产油国则担心严格的减排措施会影响自身的能源出口。此外，美国力图让中国、印度、巴西等国从发展中国家的群体中分割出来，承担较高的减排义务，却避而不谈补偿问题。因此，碳时代的实力政治使传统的“南北问题”变得更为复杂多变，以经济发展水平为标准定义国家身份，已显现出与时代主题不相符的弊端。[②]

于是，构建碳时代的国际秩序的核心在于如何做到维持责任政治与实力政治的相对均衡。在当今国际社会，从技术层面来说，有关环保的知识将责任落实到人类的活动，而在国际合作层面，则将责任落实到广义的国际行为体，即国家和国际组织身上。从对文本的二次解读不难发现，“共同”与“有区别”之间的争执，不仅体现了各个行为体对责任的不同解读，更体现出责任与实力之间存在着如何均衡化的内在需求。碳时代的责任政治的最大特点就是可协商性。碳责任的定义及分配原则体现出较强的可协商性，其本质是和平，基础是共同利益，形式是措施，原则是实事求是与相互尊重，重点则是国际合作覆盖面的全球化。论述至此，我们可以逐渐发现，正是隐藏在规定责任内容与明确责任主体背后的碳实力，使得对碳责任的协商变为可能。

---

① Hugh Compston and Ian Bailey (ed.), *Turning down the Heat: the Politics of Climate Policy in Affluent Democracies*, Palgrave Macmillan, 2008, p. 133.

② J. Timmons Roberts and Bradley C. Parks, *A Climate of Injustice: Global Inequality, North-South Politics, and Climate Policy*, MIT Press, 2007, p. 187.

三、碳实力的内涵

碳实力是碳责任的基础。欧洲最早发现了碳实力的内涵，其最初指得是碳的排放量，即：碳实力 = 碳排放量（工业制造能力），这也是表明欧洲曾试图获得全球意义上的领导地位。但随着全球气候的变暖，环境保护要求国家增强其碳减排能力，以缓解日趋严重的生态危机。于是，碳实力的内涵增加了一项环保性的指标——碳减排能力。碳实力 = 碳排放量 + 碳减排能力。然而，当化石燃料仍然作为各国工业化的主要动力来源的今天，经济发展决定了碳排放量的持续增加，而碳减排能力则依赖于低碳产业的技术创新与传统工业化规模的缩减及环保化，但我们发现，碳减排能力也是一种基于科技、资金、市场、管理之上的硬能力，这对国力迥异的国家来说，仍是一种物质层面的操作。从哥本哈根会议的过程中可以知道，即使是那些拥有资金、技术等优势的后工业化国家之中，对待减排能力的立场也不尽相同。防止全球气候进一步变暖已经在相当程度上成为了一种共识，减排意愿成为超越经济发展水平、科技开发能力的一种决定性因素，也是各国在气候问题上能达成共识的关键性节点。[①] 因此，当碳责任日益成为国际争论的焦点的时候，综合意义上的碳实力则显现出其支配性的力量，并决定着各国碳责任分配的可协商性的大小。由此认为，碳实力应该具有一种综合性的内涵，其中包括碳排放量、减排能力与减排意愿。

即：碳实力 = 碳排放量 + 减排能力 + 减排意愿。

碳排放量应高于减排能力。碳排放量体现了一国的国家实力和

---

① Bert Bolin, *A History of the Science and Politics of Climate Change: The Role of the Intergovernmental Panel on Climate Change*, Cambridge University Press, 2008, p. 175.

经济规模，是一国发展的物质容量。减排能力则是一种道德性原则指导下的承诺，意味着降低经济发展速度或是进行节能性的产业升级。碳排放量是负向的实力，而碳减排能力则是正向的实力。此外，减排意愿也是非常重要的一种变量，它直接决定着碳责任的分配。可以说，正是由于存在着减排意愿的差异，才导致了各国碳实力的评估不再仅仅依靠工业规模、科技创新力等硬性指标，而是进一步丰富了碳实力的内涵，使之与碳时代赋予国家的碳责任联系起来，使能力与意愿有机地结合起来。真正做到无论国家大小强弱，都可以为环境保护担负起一份力所能及的责任。因此，碳实力不仅包括产业规模、科技创新、经济发展等物质性因素，更包含着深邃的国际伦理与道德的内涵。对于大国来说，进行优质的碳实力较量则是在碳时代的国际政治格局中新的博弈规则。

从这个公式可以清楚地看到不同的游戏参与者的身份。欧洲具有减排能力，但其碳排放量在呈现出下降趋势，拥有较为强烈的减排意愿。这使得欧洲占据了碳议题的道德高地。美国具有强大的碳排放量和产业升级的科技创新能力，但由于国内利益集团的掣肘，使之减排意愿较欧洲更低。对于中国、巴西、印度等发展中国家来说，增强自身碳实力的关键在于找到保持碳排放量和减排能力相对均衡的机制，这就必须坚持《京都议定书》规定的“共同但有区别的责任”的原则。此外，还应表现出保护环境的积极意愿。为减排而担负的成本则应通过合理的碳交易的方式主要由发达国家分担，而不能为了增加减排责任而降低发展中国家的经济发展速度。[①] 否则，即使是面临气候变化负面影响最严重的国家，也会因力不能及而付出沉重的代价。在响应加强国际环保合作的前提下，坚持经济发展优先于碳减排承诺，是发展中国家与发达国家进行谈判的根本

---

① 崔大鹏：《国际气候合作的政治经济学分析》，商务印书馆 2003 年 11 月版，第 220—244 页。

原则。

虽然目前国际社会对碳实力的认识远未成熟，但已超越了欧洲对碳实力的自我解读。尽管碳实力的内涵，必将涵盖越来越多的道德因素，但与核武器时代的实力政治一样，碳实力也具有“威慑性”的特点，只是碳实力的威慑性更具隐蔽性，但从某些国际政治的现实来看，这种潜在力量已初现端倪。例如，美国能够参加但不签署《京都议定书》的做法就表明了这种碳实力的威慑性，这不仅反映出国际社会缺乏有力的惩戒权威的现实，还反映出对碳实力的展示方式仍存在着核时代的遗风，即仍是一种彰显大国身份及其强权地位的工具。碳时代期望各个国际行为体能够“自愿”做出并履行承诺，这种自愿则是在协商的基础上实现的。自愿承诺的减排量表现的是诚意，减排能力的落实则是对承诺的兑现。这是碳时代的国际规则中人性化的体现，即国际伦理在国际博弈中所发挥的作用在不断增强。但回到原点我们可以发现，碳实力的基础是物质性的因素，这样决定了碳实力是可试探、可评估的。减排能力与碳排放量仍然是对碳实力试探的两种主导方向，也是增强碳实力的“威慑性”的着眼点。例如，欧洲显示出对减排能力的优越感，美国则同时表现出对碳排放量与减排能力的双重信心。在哥本哈根会议之后，基于碳实力基础之上的妥协与碳责任的明确化之间的平衡，将会交错出现。在核时代的今天，基于责任的诚意仍然有待加强，而对碳实力的试探则会成为大国博弈新的角斗场。

第二节　中国崛起与碳外交

碳外交是指为了实现国际协同减排温室气体，在既有《联合国气候变化框架公约》和《京都议定书》的国际法框架内进行的双边与多边外交谈判过程。中国碳外交的核心目标在于增强自身的碳实力，即在一个公平的原则下参与减排行动的同时，增强自身经济竞争力。实事求是地说，中国做出的减排承诺是一种民族牺牲，这是以降低 GDP 增长速度和提高隐性失业率为代价的。因为中国的经济发展依赖的是高碳产业，并且这种产业结构仍然存在着众多高排放、低效能的弊病，而进行低碳产业转型与利用清洁能源，则仍处于方兴未艾的萌芽阶段。碳实力不仅是一笔政治账，也是一笔经济账。中国依靠高碳产业推动经济增长的发展模式在短期内难以改变，因此，中国碳外交的关键就是要从增强减排能力方面入手。要找到合理的途径，深化清洁发展措施的实际运作，力求保持“可承诺的减排量”与“可承担的碳成本”之间的均衡。

一、中国碳外交面临的挑战

中国碳外交仍面临着多种挑战，这主要表现在以下几个方面。

首先，发达国家在气候变化谈判过程中力图保持其优势地位，增大对中国等发展中国家的减排压力。发达国家认为它们只不过是在时间上较早运用了大气权利，并不存在对发展中国家的历史责任，而且现在的排放权也应该根据传统和习惯基于原来排放权发放，并认为资源的使用和二氧化碳的排放量无需人为干预，只要通过市场就可达到最优状态。① 此种论调的本质就是要让发达国家继续拥有最大的排放权与发展空间继而主导国际秩序的控制权。基于这种逻辑，发达国家宣称发展中国家应该为气候变化承担主要责任，因为中国、

① Peyton H. Young and Wolf Amanda：global warming negotiations：Does fairness matter. *The brookings review*（*spring*）. pp. 46 – 51.

印度和巴西代表的全球一半人口正在或已经进入资源密集型工业化社会，落后的工业生产方式、人口爆炸式的增长、工业化进程的全面展开以及城市规模的迅速扩大都会造成大量温室气体。此外，一些发达国家也想利用“环境威胁论”作为借口以限制和压制中国的发展，以免西方国家的传统主导地位遭受挑战。

其次，美、欧有可能在限制发展中国家能源发展、碳排放空间方面达成一致，这将增大发展中国家在国际气候变化谈判中面临的压力。主要表现为：1. 欧盟等国不仅要求自愿减排，还力图为新兴发展中大国设限。2009 年 3 月欧盟委员会制订了新的方案，要求 2012 年之后大幅削减巴西、中国和印度等先进发展中国家的 CDM 规模。欧盟认为对于先进的发展中国家和那些竞争激烈的行业而言，基于项目的 CDM 机制应当让位于行业性的碳市场计入机制，这一方案明确表明了欧盟要求所谓“先进发展中国家”参与实际减排的态度。但由于中国这样的新兴大国对土地、资源、市场、和平环境等需求非常强烈，特别渴望有广阔的发展空间，同时以“发展中国家身份”参与国际事务在中国外交政策中一直占据着核心地位，这一矛盾促使国际谈判迟迟不能取得成果。2. 发达国家利用经济手段迫使发展中国家接受减排约束。发达国家以防止气候变化加剧、保护自身产业的竞争力等理由，宣扬对影响碳排放的产品征收碳税或者贸易税。此外，欧盟还准备将清洁发展机制（CDM）交易和发展中国家是否减排相挂钩。3. 发达国家媒体和领导人还不断强调新兴发展中国家应尽快承担减排义务。在 2008 年波兹南会议上，“共同但有区别的责任”原则受到了挑战。以往同意这项原则的欧洲国家、日本等均提出发展中国家应作出减排承诺，而美国和欧洲还力图切割发展中国家团结，把中国和印度等新兴国家定义为发达的发展中国家，利用其经济与技术优势试图实现气候与经济危机上的双赢。①

第三，发达国家忽视发展中国家经济发展的特殊需要，不愿意在资金和技术上向发展中国家提供援助。《京都议定书》中规定了三个灵活机制，分别是联合履约机制（JI）、清洁发展机制（CDM）和排放贸易机制（ET）。其中，CDM 是发达国家与发展中国家以项目为基础的排放贸易，发达国家从中获得温室气体减排量，发展中国家获得资金和技术。但是，美国与澳大利亚等非议定书缔约国和中、印等发展中大国在如何参与全球减排的核心问题上，存在着立场上的迥异差异。② 目前，欧盟通过碳税或气候变化税、美国借由经济体会议、日本寄托按行业减排等形式建立的“软法”性质的气候变化机制，都带有限制发展中国家能源发展空间的色彩。

通过以上分析可以看出，迄今为止，国际气候谈判举步维艰的根本原因在于：气候变暖威胁的全球性与全球气候治理无序性之间的矛盾。目前发达国家已提出各种减排方案，基本掌握了气候谈判的主动权；如果中国等发展中国家选择对抗性措施，则只会导致外交困境。在中国等发展中国家对全球环境和碳排放影响日益增大的国际大背景下，拓展广大发展中国家的发展空间和内部团结，促使南北合作，积极展示中国在气候变化方面的巨大绩效，是中国碳外交的基本目标。因此，中国碳外交的核心在于：在参与全球协同减排的同时促进国民经济和社会的可持续发展。这需要中国的外交谋划既要考虑到国际谈判的宏观基调，又要注重微观策略的可行性。

---

① Peter Haldis Chu：*Climater Change Will be a Priority for Obama Administration Global Refining and Fuels Report*, Volume 13, Number 1 2009, pp. 24 - 26.

② 杨洁勉：《世界气候外交和中国的应对》，时事出版社 2009 年版，第 254—260 页。

二、中国碳外交的施行

面对后哥本哈根时代的国际形势，采取何种策略及其相关行动参与国际气候谈判，是中国碳外交面临的重大课题。从综合性碳实力的概念中，我们可以发现，中国具有巨大的碳排放量，这本身就说明了在工业发展水平上，中国具有强大的经济实力。其次，中国一贯主张大国应在全球治理问题上承担与其大国地位相当的责任，而且，中国作为负责任大国的形象，已经得到愈来愈多的国家的认可和信赖，这有利于提升中国的国际地位。作为发展中大国，中国所作出的减排承诺，表明中国作为国际社会的一份子，在维护全球生态安全的议题上所显示出来的积极的减排意愿，于是减排能力就成为中国增强碳实力的重中之重。因此，中国的碳外交的重点就应该围绕在如何增强减排能力上。由于气候变化关系到中国的社会经济发展全局，关系到中国的发展模式与竞争力、国际地位与国家形象，因此中国必须统筹考虑国内、国际两个大局，积极研究制定有差别但有针对性的碳外交策略。

第一，牢固坚持在“共同但有区别的责任”原则下开展国际气候合作。在气候变化条约的体系中，《联合国气候变化框架公约》和《京都议定书》共同构成了气候变化国际法的基石，并确定了国家信息通报制度、境外减排机制、资金机制和遵约机制四种法律机制。对于中国而言，无论是从短期还是中期来看，中国承诺的温室气体减排目标都将制约自身的排放空间。“共同但有区别的责任”原则是中国参与全球气候变化谈判的基本原则。因此中国要积极争取自己的发展和排放空间，坚持国际社会应在“共同但有区别的责任原则”的基础上尽早履行对包括中国在内的发展中国家的援助责任，兑现技术转让与资金承诺，并充分考虑中国的基本发展权问题。

第二，在清洁发展机制框架内与欧盟等发达国家进行可再生能源技术谈判，要求其在清洁发展机制项目上规定具体的技术支持比例。清洁发展机制（CDM）是发达国家与发展中国家之间的一项贸易——投资机制，《京都议定书》第12条确立：允许一附件国家为实现部分温室气体减排义务与非附件一国家进行项目级合作的机制。CDM的核心是发达国家向发展中国家提供资金和技术支持，实施减少温室气体排放的项目，获得由项目产生的“核证减排量”（CERs），从而履行发达国家自身的减排义务。因此，CDM被普遍认为是一种双赢机制：发达国家将以远远低于其国内所需的成本实现其在《京都议定书》下的减排承诺，并且可以通过这种方式将技术、产品及观念输入发展中国家。对于中国而言，在与发达国家的项目合作中，可以获得实现减排承诺所需的更好的技术、资金与投资，由此发展本国经济，提高资源使用效率，减少污染，从而促进经济与社会的发展，实现可持续发展的目标。①

第三，加强同伞形国家集团的双边与多边合作与沟通，强调中国应对气候变化实施的政策措施及效果，寻求双方的共同利益目标与合作。欧盟是减排谈判的积极推动者，而中国等新兴发展中国家在控制未来全球变暖的进程中也起着至关重要的作用，中国和欧盟通过CDM机制为建立气候变化互信奠定了基础。又如中、日两国在国际气候变化谈判中的立场并无原则性分歧，两国在能源技术与环境领域中的基础研究、特别是在替代能源和可再生能源技术领域的合作更为紧密。② 20世纪90年代中期以后，日本提供的环境贷款占

---

① 杨兴：《气候变化框架公约研究——国际法与比较法的视角》，中国法制出版社2007年9月版，第234页。

② Ueno, et al. *Science and technology activities in China and Japan-China co-authoring relationship*, National Institute of Science and Technology Policy, Ministry of Education, Culture, Sports, Science and Technology, reaserach material, No. 123, March 2006.

对华日元贷款的比例大幅上升，其中在供热、火力发电厂排烟脱硫设施、造林等项目与节能减排直接相关。[①] 2008 年日方承诺将在“凉爽星球伙伴关系”下提供资金，与中国开展应对气候变化国际合作。日本愿意充当国际环境领袖，更重视借环境合作扩大其国际环保产业市场。日本对华环保政策协调性强，两国在环保领域内的共识与合作也有利于冲淡“9·11”事件后美国主导的国际反恐战争中强烈的末世论色彩，推动两国乃至区域内合作的发展。[②]

第四，强化同发展中国家的的关系，加强应对气候变化的能力建设，维护发展中国家的集体权益。中国一向重视、推动与发展中国家的合作，尤其是与新兴大国之间的合作，以推动非商业化技术转移为切入点，旨在促进发达国家与发展中国家共同实现全球低碳发展目标，协同解决气候问题。[③] 中国应联合其他新兴发展中国家推进世界各国在能源技术和结构转型以及资金支持等方面的共同进步。后哥本哈根时代国际谈判的重点除了各国实质减排的指标以外，就是发达国家如何实质上促进针对发展中国家的技术和资金支持问题。中国在上述问题的解决中也应发挥领导作用，在自身可持续发展过程中，积极推进技术和资金在发展中国家之间的流动和发展，以促进全体发展中国家共同走上低碳经济和可持续发展道路。

第五，在国际气候合作谈判中明确提出减排承诺所需的技术与资金条件。中国通过国际谈判，获取国际资金和先进技术，提高中国的资源利用率，在减少温室气体排放的同时，改善中国环境质量，达到以最少的控制温室气体排放成本获得最大的经济和环境效益的

---

① 京都大学大学院经济学研究科：《关于中国日元环境贷款作用的评估调查——对中国环境治理的支持（大气和水）》，2005 年 11 月，http：//www. jbic. go. jp/japanese/base/network/pdf/peking_ data05_ 05. pdf。

② W. Mead，“God's Country”，*Foreign Affairs*，Sep. /Oct，2006，p. 24.

③ 胡鞍钢、管清友：《中国应对全球气候变化》，清华大学出版社 2009 年 12 月版，第 74—90 页。

目的，这既为中国在减缓气候变暖中应承担的义务，又可促进中国的可持续发展。

第六，建立中国碳外交的宣传制度。中国可以设置每年定期发布的中国减排政策措施及其效果制度，同时建立专业的气候变化宣传机构，向国内外宣传中国的气候变化政策措施，温室气体减排情况，发达国家的转移排放等，让世界正确认识中国负责任大国的具体实践状况，同时也可以促进社会各界开展“第二轨道”外交，发挥民间团体和非政府组织的作用。

综上所述，后哥本哈根时代为国际秩序的变动提供了动力源，碳的外部性正在逐步瓦解由某一国家全面控制全球事务的可能性，而促使各种国际行为体在公共平台上建立碳责任与碳实力之间的平衡。反观西方的法政文化与国际战略思维，我们可以发现，碳外交也许是西方人争夺世界领导权的一次重大战略布局。中国在这一布局中将如何应对，首先取决于我们是否有足够强烈的危机意识与机遇意识，可以透过科学话语以及法律框架的表象，看到建立在欧洲与美国的不同政治文化的基础上的国际新格局。在充分研判战略形势的前提下，最大程度地与世界各国明确共同价值，探索建立不同性质的复合型合作机制，以低碳外交为契机，合理地参与国际事务，重新规划世界秩序的内容与方向。

第三节　中国崛起的可持续动力

中、俄、印、巴等新兴大国的崛起给国际政治经济格局带来深远影响，原有大国与新兴大国间的博弈似乎预示着第三次权力转移的开始。然而，通过对新兴大国的经济发展模式进行仔细剖析后发现，这些国家均面临着增长方式落后，赶超发展缺乏后劲的问题。这不仅影响新兴大国竞争力的提高，还制约着其赶超进程的进展。因此，及时有效地提升赶超动力的可持续性，是新兴大国能否越过崛起陷阱的关键。新兴大国崛起之路如何延伸？本文尝试从赶超发展的规律性入手，以期解答新兴大国赶超动力的可持续问题。

一、新兴大国发展战略述评

随着对外贸易规模的扩大和国际国内经济形势的变化，比较优势战略在中国等新兴大国呈现出不适性，新兴大国面临“比较优势陷阱”的危险。及时有效地转变增长方式，是新兴大国赶超发展中亟待解决的战略任务。

新兴大国，是指在国际政治经济格局中的位次不断升移的发展中国家的大国，主要包括中国、俄罗斯、印度、巴西等国。按照历史上大国崛起的轨迹来看，每种国际经济体系框架内都会出现经济高速发展的新兴经济体，而成为世界体系中经济、政治、文化皆为一流的核心国家，是新兴经济体的发展目标。新兴大国处于国际经济体系的中上游位置，具向核心国家转变的意愿与可能性。从某种意义上说，新兴市场国家的未来发展道路选择，往往取决于新兴大国是否能成功转变为核心国家。

从国际经济史的视角来看，发展中国家的发展战略主要包括以下三种方式。

（一）赶超战略

“赶超战略”是指发展中国家采取扭曲产品和要素价格的办法和以计划制度替代市场机制的制度安排，提高国家动员资源的能力，突破资金稀缺的比较劣势对资金密集型产业发展的制约，进而使产业结构达到先行发达国家水平的发展战略。① 这种发展战略的实质是重工业优先增长和进口替代战略的融合，反映了发展中国家实现快速现代化的跨越式发展构想。选择赶超战略的主要有两类国家：一是以苏联和"大跃进"时期的中国；二是以印度、阿根廷为代表的亚洲和中南美洲发展中国家。目前赶超战略只在日本和"亚洲四小龙"获得了成功，其他实行赶超战略的国家则陷入诸如城乡贫困化、高通货膨胀和经济结构失衡的困境中。这是由于赶超战略使发展中国家过分重视建立现代工业体系，而没有与传统产业结合起来，导致产业结构失衡，片面强调产业升级带来了揠苗助长的负作用，新兴产业缺乏自主生长的能力，最终产生经济结构严重扭曲、经济效率低下、财政状况恶化等后果。

（二）脱钩战略

"脱钩战略"是指与现行国际政治经济秩序脱钩的发展模式。在全球金融危机的背景下，"脱钩战略"一度被认为是最适合新兴大国利益的战略。其理论依据在于：新兴经济体由于具有强劲的国内市场以及审慎的宏观经济政策，其经济已发展到了不再需要依靠美国来实现增长的程度。与美国主导的国际经济体系脱钩，可以使这些经济体免受美国经济严重下滑甚至是全面经济衰退的拖累。"脱钩战略"可以换来自主与尊严，但其可行性最低。这是因为当前新兴大国大多采取出口导向工业化政策，其的经济规模以及财富集聚，都受惠于当前国际经济体系，经济发展对外依存度普遍较高。例如中国 2012 年进出口总额 3. 867 万亿美元，GDP 总额为 5. 19 万亿美元，

① 程洪、谢辉：《对赶超战略的反思——世界现代化进程透视》，《江汉大学学报》2005 年第 4 期，第 56 页。

对外依存度为76.3%。[①] 2010年俄罗斯、印度、巴西的贸易依存度分别为41.7%、45.8%与19%。[②] 由于充分利用全球化红利是新兴大国发展的重要动力，因此采取与国际经济体系相“脱钩”的战略，不仅会引起既有大国的联合施压，更有可能引起国内产业格局的动荡，甚至滑落到边缘国家的行列。

（三）比较优势战略

“比较优势战略”是指落后国家采用与本国当前要素禀赋相适应的产业结构，而不加以人为的扭曲，从发达国家引进技术，维持高的资本积累率，达到要素结构的快速升级并实现现代化的战略。[③] 日本、“亚洲四小龙”和中国的崛起就是实施比较优势战略的结果。应该说，比较优势战略突出了“市场”的作用，在各国经济禀赋的基础上较为成功地解释了国际产业贸易格局现状，较好解释了新兴大国经济成功的原因，在相当长时期内构成了国际分工与贸易理论的主流。

中、俄、印、巴作为新兴经济体中的大国，在开展对外贸易中也主要采取比较优势战略。近十多年，四国的快速增长主要建立在廉价资源禀赋的大量投入上。例如：中国主要依托廉价资源和廉价劳动力的投入，印度同样依赖人力资源优先发展服务外包产业。俄

---

① 中华人民共和国海关总署：http://www.customs.gov.cn/publish/portal0/tab46391/info348665.htm。

② 对外贸易依存度为当年进出口总额与国民生产总值之比。2010年俄罗斯GDP总额为1.5万亿美元，进出口总额0.6254万亿美元；印度GDP总额为1万亿美元，进出口总额为0.4582万亿美元；巴西2010年GDP为2.02万亿美元，进出口总额为0.3835万亿美元。中华人民共和国外交部：http://www.fmprc.gov.cn/chn/pds/gjhdq/gj/yz/1206_42/。

③ 林毅夫：《发展战略、自生能力和经济收敛》，《经济学》2002年第2期，第277页。

罗斯和巴西则利用国际市场行情上涨扩大矿产资源出口。在这一战略指导下，各国的经济发展取得了巨大成绩。然而，由于新兴大国偏重依托资源禀赋发挥而轻视科技创新作用，使其高新技术产品出口额占产品出口额的比例远低于世界发达国家水平（见表5—1），科技进步对新兴大国经济增长的贡献率普遍较低。① 随着对外贸易规模的扩大和国际国内经济形势的变化，比较优势战略在新兴大国呈现出不适性，预示出新兴大国可能面临“比较优势陷阱”的危险。

表5—1 新兴大国高新技术产品出口额占制成品出口额的比重

（单位:%）

国家和地区	2007	2008	2009	2010
世 界	18	17	16	16
美 国	27	26	21	20
日 本	18	17	19	18
中 国	27	26	28	28
印 度	6	7	9	7
巴 西	12	12	13	11
俄罗斯	7	6	9	9
南 非	6	5	5	4

（数据来源：世界银行 http：//data. worldbank. org/indicator/TX. VAL. TECH. MF. ZS）

比较优势陷阱是指一国（尤其是发展中国家）完全按照比较优势生产并出口初级产品和劳动密集型产品，最终造成在与以技术和资本密集型产品出口为主的发达国家的国际贸易中，处于不

① 外国投资公司生产了中国85%的高新技术出口产品。中国高新技术出口产品的82%为加工高新技术类产品，仍属于劳动密集型产品。Xing yuqing：“China's High-tech Exports：Myth and Reality”，*EAI Background Brief No.* 506，25 February 2010，p. 2.

利地位。[①] 比较优势陷阱的表现形式有两类，即初级产品与制成品比较优势陷阱。

初级产品比较优势陷阱是指发展中国家运用劳动力资源和自然资源优势参与国际分工，从而只能获得相对较低的附加值。“资源诅咒”是初级产品比较优势陷阱的理论依据，这一理论阐释了初级产业与高新技术产业在资源分配方面存在的矛盾，导致资源丰富的国家，反而出现产业低级化、贸易结构单一化等问题，从而使发展中国家在产业链的低端位置进一步固化。由于初级产品的需求弹性小，且受国际市场价格影响较大，常常导致发展中国家的贫困化增长。

制成品比较优势陷阱是指发展中国家以制成品来替代初级产品的出口，利用技术进步推动产业升级。这是一种改良型发展战略，主要通过大量引进、模仿国外先进技术或接受技术外溢和改进型技术等来改善在国际分工中的地位，提升出口产品的附加值。但是这种战略引进的往往是被发达国家淘汰的技术，造成发展中国家自主创新能力低下，在国际竞争中缺乏后劲和科技优势。

如今，新兴大国都面临着不同程度的比较优势陷阱。可以说，维持新兴大国高速发展的动力的是资源与人口等方面的比较优势，而这种比较优势的收益边际随着对外贸易的脆弱性与国内生态环境的恶化而提前到来。由于新兴大国的赶超是一种速度效应型的经济运行方式，较高的增长速度依靠的是大量投放廉价禀赋要素。如中国主要依托廉价资源和劳动力的投入，印度同样也是依赖人力资源优先发展服务业、电信、服务外包等加速发展，而俄罗斯和巴西则主要依靠扩大矿产资源出口拉动经济增长。[②] 可问题在于，没有哪个

---

① 陈昊：《中国对外贸易是否面临比较优势陷阱风险：理论分析与经验证据》，《南京财经大学学报》2010 年第 4 期，第 19 页。

② 林勤跃：《大国崛起与“金砖四国”的赶超》，《大国经济研究》2010 年第 2 辑，第 40 页。

国家的崛起是依靠粗放型增长来实现的，特别是这种低端增长方式还受到国际经济行情的极大影响。全球金融危机造成国际贸易环境日益恶化，新兴大国的支柱产业又缺乏竞争优势，而实施比较优势战略推动高速增长日益难以为继。① 因此，新兴国家需要寻找新的动力源以支撑其持续赶超的进程。

二、“创新性增长”战略的理论内涵

规避“比较优势陷阱”，就要改变传统的经济增长方式，避免贫困型增长。新兴大国在国际金融危机中展现出来的体制优势与发展潜力，在美化国际经济愿景的同时，也带来这样一个问题：新兴大国的崛起是否具有可持续动力？显然，在国际自然资源价格下滑、各国贸易壁垒森严的情形下，单纯凭借新兴大国的劳动力与自然资源优势无法形成长期竞争力。新兴大国作为世界上快速崛起的经济体，不能简单沿用以“亚洲四小龙”为代表的工业化经验，而应当选择一种利用比较优势来培育竞争优势的多元发展战略——“创新型增长”战略。

“创新型增长”战略是一种通过整合新兴大国的各种有利优势来建立战略性创新型产业体系的综合发展战略。该战略的目的在于寻找内生性的发展动力，及时实现新兴大国产业转型，增强新兴大国的综合竞争优势。

“创新型增长”战略的实施基础主要源于新兴大国的“多元化”特征，即功能分区多元化、科技发展多元化与产业布局多元化。功能分区多元化是指经济功能区划差异较大，各地的自然资源、人力

---

① 徐元康：《比较优势战略在我国经济发展中的不适应性研究》，《改革》2003年第5期，第98页。

资源、技术条件及社会经济条件都不一样，经济发展水平呈梯度分布状态，形成明显的多元经济结构。科技发展多元化是指新兴大国经济发达地区的产业主要由处于创新阶段或兴盛阶段的部门组成，而欠发达地区的产业主要由处于衰退阶段的部门组成，即使在同一区域内也存在技术上的“多元结构”。[①] 产业布局多元化是指新兴大国都处于产业结构转型时期，经济发展水平也不均衡，这就形成了产业布局的多元并存结构。

“创新型增长”战略的理论背景是“后发优势”理论。后发优势理论认为，新兴国家从国际市场上引进的技术，虽然较为陈旧，但可以通过借鉴发达国家技术发展的先进性经验，避免重走发达国家发展的弯路，较快地掌握较先进的技术，并降低了独立进行技术创新的成本。

新兴大国经济增长快而不稳的原因正是如此。虽然中俄印巴早已意识到高新技术产业的发展是国家经济发展的持久动力，但是对于着眼于利益最大化的企业来说，则更重视发展短期获利的产业。这就造成了需要大量资金与人力支撑的技术创新产业缺乏良性成长环境，新兴大国的国际贸易实践仍以生产传统比较优势的低附加值产品为主。企业的短视与政府引导乏力，使新兴大国忽视了自身的“后发优势”，比较优势陷阱就形成了。

因此，“创新型增长”战略立足于新兴国家的经济现状，清醒地认识到速度效益型经济发展模式背后的安全风险，采取渐进式转变增长方式，既维持经济平稳较快发展，又逐步提升高科技竞争力，较为有效地增强了新兴大国的经济韧性。在传统产业市场低迷的情形下，还能够利用高科技产业带动经济发展，形成以资源禀赋与高科技两大赶超动力，最终实现经济位次的顺利升移。

---

① 欧阳峣、易先忠等：《大国综合优势：中国经济竞争力的一种新诠释》，《经济理论与经济管理》2009 年第 11 期，第 27 页。

三、“创新性增长”战略的运作机理与内在动力

“创新型增长”战略的运作机理为：新兴大国在进口国外高科技产品、出口具有比较优势的产品的同时，大力扶持本国高科技型潜在比较优势产业的发展，最终实现经济增长模式从资源禀赋消耗型向高科技自养型的转变。这种具有潜在比较优势的高科技自养型产业，在其成长期内应受到新兴大国的严格保护，在国际科技扩散与内化发展的双重作用下，将潜在优势转变为现实优势。一旦在高科技领域国际竞争中拥有比较优势产业及产品，新兴大国的相关企业就会增加规模经济和产业集中度，形成科技创新产业链，最大限度地联接国内多元化产业结构，实现由高科技创新引领下的可持续发展模式。由于新兴大国大都具有完整的工业体系，甚至在某些高科技产业或是某一个方面具有很高的技术水平。如中国信息技术、俄罗斯的航天科技、巴西的深海勘探技术、印度的软件设计等都处在世界先进地位，因此可以将其作为“创新型增长”战略的重点产业来发展。

“创新型增长”战略的内在动力主要来自三个方面。

一是高速增长。虽然优化产业结构是新兴大国转变经济发展模式的重要保证，但一国的禀赋条件和资源配置方式，是决定经济增长快慢与持久的前提条件。尽管新兴大国发挥传统比较优势所取得的经济成就，存在着高投入、低产出的弱点，但这是目前新兴大国赶超发展的主动力，也符合它们的基本国情。因此不能单纯追求经济增长方式的“高级化”，而将粗放型和集约型经济增长方式截然分开。经济增长是粗放型还是集约型，关键要看科技进步在其中的贡献率大小。[①] 在科技进步对经济增长的贡献率较低的情况下，依靠传

① 田春生：《经济增长方式的国际比较》，中国财政经济出版社 2001 年版，第 33 页。

统优势产业来维持较高的经济增长速度，才能保证整体经济规模不缩小，发展方向不动摇。

二是科技创新。一国经济的短期快速增长可以通过追加要素投放来实现，但其高效和长期增长则更多地依赖于创新能力的稳定提升，而后者离不开技术进步。毋庸置疑，粗放型经济发展模式终归会面临资源瓶颈，而经济增长质量是国际竞争的核心要素，这就需要增强新兴大国经济成就中的科技含量。历史上的大国崛起，都是沿着科技领先——装备领先——经济领先——政治优势的轨迹。当前新兴大国面临着国际经济环境不确定的影响，创新发展和经济结构调整难度较大，传统竞争优势逐渐弱化，向内生主导型增长机制转变进展缓慢等问题。仅靠资源+资本+人力的大量投入，无法获取持久的动力支撑。为了追赶发达国家，实现可持续发展的目标，新兴大国必须推动经济增长的转型，实现经济发展方式由数量型到质量型、由粗放型到集约型的转变。其中最关键的问题，就是要把科技进步和创新作为加快转变经济发展方式的重要支撑，努力增强自主创新能力。可见，坚持走自主创新的道路，这是新兴大国的必然选择。因此新兴大国应该加大对高新技术产业发展，尤其是在其对外贸易竞争力培养方面的支持力度。鼓励高新技术企业进入国际市场，学习发达国家先进科学技术，这样才能尽快消除比较优势陷阱对新兴大国的不利影响。

三是制度创新。经济增长方式的转变离不开相应的制度创新，特别是内生主导型增长机制的构建。摆脱对外部市场特别是发达市场的依附性和依赖性，形成内需主导的增长源泉，这是新兴大国面临的长期任务。新兴大国转变增长方式不仅涉及面广，还面临着价格、资金、技术、人才等瓶颈以及各种利益博弈等，这都需要推动制度创新来实现规制保障。高新科技产业管理体制和运行机制是生产关系和上层建筑在特定区域和产业的具体体现，通过体制机制的改革与创新，建立适应国际市场经济要求的管理体制和运行机制，是新兴大国实现跨越式发展目标的基本保障。由此可见，在“创新型增长”战略中，科技创新是核心，制度创新是保证，高速增长是支撑，三者有机结合，缺一不可。

在全球化的今天，一国的竞争优势已不再体现在某个特定产业或某项特定产品上，而是体现在国际分工链条中所占据的环节或工序上。对于急于提升产业结构的新兴大国来说，当前明智的选择应该是发挥自身的优势，使某几个产业在国际上具有核心竞争力。在高成本投放的科技领域，则应集中力量发展最具潜在比较优势的产业，然后逐步扩展到相关领域。因此，在新兴大国传统比较优势不断弱化、科技创新基础依然薄弱的现实下，“创新型增长”战略增强的是新兴大国的选择性竞争力。

四、”创新型增长”战略的着力点

一国的经济增长潜力取决于三个方面的条件：一是制度保证，核心是创新机制建设；二是产业结构，核心是将生产要素从附加值较低的产业重新配置到附加值较高的产业；三是技术创新。[①] 因此，新兴大国应从产业竞争力、技术影响力和国际合作影响力三方面入手，采取积极有效的措施实施“创新型增长”战略。

第一，积极培育和发展战略性高科技产业。

新兴大国具有的规模优势使之一旦掌握核心技术，就能迅速运用于生产，形成产业竞争力。世界性金融危机发生以后，主要发达国家为了维护其在先进技术领域的垄断地位，普遍采取高科技出口

---

① 王赟、王高义：《国际赶超战略的镜鉴与思考》，《求索》2009年第5期，第39页。

管制政策，极大限制了新兴大国获取国外先进科技的渠道。为了避免长期处于国际价值链的低端、改善技术劣势地位，新兴大国应该加大研发投入，完善科技转化机制，通过高新技术创新促进产业创新。① 通过发展新技术和培育新产业，加大对科技创新的资金投入，来抢占新一轮经济增长的战略制高点。由于战略性高科技产业具有附加值高、市场前景广阔的特点，理应成为新兴大国产业结构升级的首选。目前，新兴大国纷纷开启培育战略性高科技产业的计划。例如：俄罗斯重点发展新能源和纳米技术；巴西重点发展新能源和深水勘探技术；印度着眼于信息产业；中国则确定航天科技、生物工程、高端装备制造等为战略性高科技产业。

第二，完善自主创新机制，提升科技对经济增长的加速作用。

一个国家为了培育持续的创新能力，关键在于健全有效的创新机制，从而保证国家创新体系的高效执行。随着新兴大国经济发展从起飞阶段逐渐进入成熟阶段，经济发展模式要求从要素投资转向创新驱动。② 新兴大国可从三种途径构建自主创新机制。一是完善官产研学一体化机制。需要增加研发投入、改革创新体制机制、保护创新行为与知识产权、营造公平竞争的良好环境。二是完善科技成果转化机制。发挥市场配置资源的调控作用，促进自主技术创新和推广运用的激励机制，淘汰落后技术和低效产能企业，加大整合资源、金融、技术、产品等市场。三是加快规制创新。从政府层面重视技术创新计划和政策的制定，发挥政府推动技术进步的主导作用，综合运用法律、行政、经济和技术手段引导企业加大技术改造力度，

---

① 王伟：《大国产业影响力与中国产业发展的外部压力分析》，《经济纵横》2011年第3期，第55页。

② 林跃勤：《新兴经济体经济增长方式评价——基于金砖国家的分析》，《经济社会体制比较》2011年第5期，第132页。

为自主创新提供优良的长效机制。①

实现核心技术创新突破，掌握核心科技。

目前，俄罗斯掌握的核心技术较多，但是在民用技术方面较少；印度、巴西和中国的核心技术数量较少，对提升产业结构的作用力有限。在核心技术创新方面，面临内忧外患的处境。由于发达国家的“技术封锁”，新兴大国从国际市场引进的绝非关键核心技术。此外，与强化基础研发，核心科技研发的发展模式相比，简单的模仿见效更快，对很多新兴大国企业来说更有诱惑力，这也是新兴大国核心技术难以得到突破性进展的症结所在。因此，自主研发才是新兴大国掌握关核心科技和前沿技术的有效途径。发达国家淘汰的技术无法支撑新兴大国的经济崛起，因此需要转变科技发展战略，把重点转向掌握关键核心技术。新兴大国应根据自身优势，选择国民经济和社会发展的重点领域，组织重大项目的攻关，争取获得一批走具有世界先进水平的核心技术。利用技术研发、扩散和产业化使国内企业分享技术成果，最终形成一个有远大市场前景的巨大产业群。

构建新兴大国科技合作平台。

新兴大国在科技领域有互补优势，加强彼此的科技合作与交流，有助于突破发达国家的技术壁垒，获取短期技术资源。首先，应增强政治互信，拓展信息沟通渠道。其次，加快构建科技人才合作交流机制。加强新兴大国之间科技人才的交流、互派合作，鼓励科研单位以多种形式开展对共同关心的科技问题进行合作研究。再次，构建科技合作服务体系。新兴大国开展科技合作交流，应加快建立畅通的信息服务网络、完善国际科技合作人员培训机制、形成国际

① 欧阳峣：《新兴大国的自主创新道路——以金砖四国为例的研究》，《大国经济研究》2011 年第 3 辑，第 123 页。

科技资源共享平台等机制。[①]

现代科学技术是国际关系变迁的主要动因，也因其无所不在的公众注意，使其不可避免地成为国际行为主体的对外策略实施过程中的主要影响势力。科学技术作为信息化时代的显著标志，使国家主权、民族独立、内政外交等日益受到挑战与威胁从某种程度上讲，科技差异导致国际权力分配不平衡，也必然造成国际政治资源开发过程的不公平。权力倾斜的根源是科技—经济的差异，只有致力于消除这种差异，才能维护世界的和平与发展。世界经济发展史证明，按照内外环境变化而适度调整发展战略和路径是任何国家保持竞争优势的基本条件。随着“比较优势退位”现象日益显现，[②] 比较优势战略已不能适应新兴大国经济发展的新情况，为了避免掉入比较优势陷阱，新兴大国必须调整现行经济发展战略，从比较优势战略转为“创新型增长”战略。

第四节 案例分析：中国如何规避海运减排中的“碳陷阱”

国际海运减排是环境政治发展的必然趋势。从观念、制度和政策层面选择一条实现人与海洋和解的发展道路，是人类反思工业文明的重要成果，其实践层面表现为国际海运碳减排进程。为了应对海洋气候变化，国际海事组织正在拟定航运减排机制，以促进国际

① 欧阳峣、罗会华：《金砖国家科技合作模式及平台构建研究》，《中国软科学》2011 年第 8 期，第 110 页。

② 迈克尔·波特著，李民轩、邱如美译：《国家竞争优势》，中信出版社 2007 年版，第 18 页。

海运的绿色化。新的机制带来的是更严格的检验标准，这无疑会对世界及中国航运业的发展产生深远影响。国际海运的生态转向与生态文明的建构虽是一个逐步铺开的历史过程，但对于尚未完成复兴大业的中国来说，参与国际海运减排是一把双刃剑，必须在保持经济增长与构建负责任大国形象之间保持平衡，并且要防范由既有大国设置的“碳陷阱”等风险。

一、国际海运减排规制构建进程

国际海事组织（IMO）是联合国系统中负责航运安保、防治海洋污染的专门机构，其宗旨之一就是在有关防止和控制船舶造成海洋污染问题上鼓励并促进普遍采用可行的最高标准，并有权制定相关的法律，[①] 因此具有较高的国际公信力。国际海运减排的相关规制主要由国际海事组织负责制定。

《京都议定书》是最早提及与气候变化有关的海运温室气体排放问题的国际条约，并就制定海运减排规则问题对 IMO 进行了授权。《京都议定书》第 2. 2 条规定：“《联合国气候变化框架公约》（UNFCCC）附件 I 国家应通过 IMO 力求限制或减少海运燃油消耗产生的温室气体排放。”[②] 这就为 IMO 这一国际海运专业组织开展海运温室气体减排工作提供了法理依据。因此从 1998 年起，IMO 开始关注国际海运减排问题。随后几届 IMO 下属的海洋环境保护委员会（Marine Environment Protection Committee，简称 MEPC）始终围绕国际海

① “Introduction to IMO”，http：//www. imo. org/About/Pages/Default. aspx.

② United Nations，*Kyoto Protocol to the United Nations Framework Convention on Climate Change*，1998，p. 2.

运减排技术和方法展开讨论。[①] 由于《国际防止船舶造成污染公约》侧重防止船舶造成海洋环境污染，未涉及大气污染及气候变化问题，因此在《里约环境与发展宣言》（Rio Declaration）通过后，IMO 开始着手对《国际防止船舶造成污染公约》（The International Convention for the Prevention of Pollution From Ships，MARPOL）进行修订，增加了标题为“防止船舶造成大气污染规则”的附则 VI，并于 2005 年生效，从而把 IMO 在环保方面的工作扩展到了大气领域。[②]

自 2008 年海洋环保委员会第 57 次会议批准了温室气体排放工作组编写的控制 CO_2 排放的短期及长期措施计划，原则上确定了 IMO 未来船舶温室气体减排的法规框架，如对于新造船舶，要推行强制性的新船二氧化碳设计指数；对于现有船舶，在《船舶 CO_2 排放指数自愿试用临时导则》下先试用收集数据，进而强制性应用于所有船舶，并根据试用数据制订全球效率基线；对所有船舶征收全球船用燃油税或推行排放交易机制和清洁发展机制。[③] 2009 年海洋环保委员会第 59 届会议通过了包括《能源效率的设计指标》（The Energy Efficiency Design Index，EEDI）、《能效营运指数》、《船舶能源效率管理计划》（Ship Energy Efficiency Management Plan，SEEMP）等五份技术、营运方面的重要文件，以提升船舶能效的方式推动绿色航运的进展，并制定了利用市场机制进行减排的工作计划。2010 年海洋环保委员会第 60 届会议上关于《国际航运业全球排放贸易框

① IMO，“Review of Regulations to Prevent Air Pollution from Ships”，http：//www.imo.org/blast/mainframe.asp？topic_ id = 1484.

② Resolution MEPC. 203（62），“Amendments to the Annex of the Protocol of 1997 to Amend the International Convention for the Prevention of Pollution From Ships，1973，As Modified by the Protocol of 1978 Relating Thereto”，15 July 2011，p. 3.

③ IMO，Marine Environment Protection Committee（MEPC），57th Session，31 March -4 April 2008，http：//www.imo.org/blast/mainframe.asp？topic_ id = 109&doc_ id = 8870.

架的应用领域》的提案，提出以“碳交易”（Emission Trading Scheme，ETS）的方式推动国际船舶减排进程。① 而2011年海洋环保委员会第62届会议上，《国际防止船舶造成污染公约》附则VI缔约国一致通过了国际航行船舶温室气体（GHGs）减排措施，标志着世界首部行业性的具有强制实施效力的全球温室气体减排规定就此诞生。这是IMO首次通过适用于所有国家船舶的强制性能效标准。2012年10月海洋环保委员会第64届会议详细研究了基于市场机制的国际航运减排措施对发展中国家产生的诸种影响，并依据《国际防止船舶造成污染公约》附则VI修正案第四章第23条“对需要技术援助的发展中国家提供直接帮助”的规定，要求相关缔约国对发展中国家成员国进行技术援助与技术转让。② 如今，IMO已经针对海运减排问题构筑了技术、营运、市场机制三条路径，其中技术与营运措施已经完成制度设计，并取得了重大突破，而在市场机制方面的讨论也将取得突破性进展。

需要指出的是，作为一个多边协商平台，IMO通过的只针对船舶而不问船舶所属国的强制能效标准，表面看似高效，实质却有失公允，特别是其为发展中国家设定了强制性的量化技术指标，违背了“共同但有区别责任”的原则，而造成这一现象的重要原因是“方便旗船”现象的存在。“方便旗船”是指在船舶登记开放或者宽松的国家进行登记，从而取得该国国籍，并悬挂该国国旗的船舶。简言之，方便旗船是指悬挂非船主国家国旗的船只，而选择挂方便旗的船舶，普遍船龄较大，能效低，减排难度较大。

---

① IMO, *Practical Aspects of a Global Emissions Trading Scheme for International Shipping*, MEPC 60/INF. 8, 18 December 2009, p. 1.

② IMO, *Implementation of Energy-efficiency*, *Ballast Water Management and Ship-recycling Rules on Busy Agenda for IMO Marine Environment Protection Committee*, September 27, 2012, http://www.imo.org/mediacentre/pressbriefings/pages/39-mepc-preview.aspx.

“方便旗”现象导致船舶的实际控制国与登记国不一致，这使得“共同但有区别责任”原则的适用存在很大技术困难。依据联合国贸易和发展会议（UNCTAD）的统计资料，世界56.1%的船舶都在全球十大开放登记国（巴拿马、利比里亚、马绍尔群岛、安提瓜与巴布达、巴哈马、百慕大、塞浦路斯、马恩岛、马耳他、圣文森特与格林纳丁斯，它们皆为发展中国家和地区）登记。目前，最大的方便旗国是巴拿马（占世界船队的21.9%），其次是利比里亚（占世界船队的11.9%）和马绍尔群岛（占世界船队的7.1%）。拥有方便旗船的船东主要来自发达国家或地区，截至2011年初世界商船队吨位达到13.96亿载重吨，排名前35位的船主国控制着其中的95.57%，66%由发达国家船主控制。全世界总吨位中有68.3%悬挂外国国旗，其中发达国家悬挂外国国旗的百分率高于发展中国家，约占悬挂外国旗船舶的74%。[①] 低廉的注册费、低税甚至免税以及可随意雇佣廉价劳动力是船主选择悬挂他国国旗的动机因素，工资水平较高的欧美国家公司对此特别感兴趣。可以说，发达国家比发展中国家更愿意发展方便旗船。这就是说，尽管大多数船舶被发达国家所控制，但名义上却属于发展中国家和地区。如果仅要求发达国家的船舶承担减排义务，则发达国家本国船籍的船舶只占全球船舶的一小部分，因而减排压力较小，并可以通过方便旗制度逃避减排义务。虽然有些国家建议参照“国际独立油轮船东协会”（International Association of Independent Tanker Owners）等一些专业组织的做法，以实际控制人为标准确定船舶的国别属性，从而建立起区别对待不同船舶的减排制度，但却因美欧等发达国家的激烈反对而难以达成共识。

---

① UNCTAD, *Preview of Maritime Transport* 2011, UNCTAD/RMT/2011, pp. 43 - 46, 49.

二、国际海运减排的博弈态势

气候谈判的实质是各国抢占低碳经济控制权的一场博弈，涉及到世界各国的切身利益。从历次气候会议博弈的结果进行观察，不难看出各方基于不同的利益诉求，已初步构成国际海运减排博弈的攻守格局。

由于《京都议定书》具有法律约束力，为近40个发达国家及欧盟设立了强制减排目标，而发展中国家不承担义务，这就使一些发达国家为了逃避出资义务、向发展中国家推卸减排责任，而采用碳交易市场、收取碳税等手段从国际航空、海运领域筹措资金，并利用在国际组织中的优势地位，单方面推行减排标准，从而使发展中国家与发达国家之间围绕国际海运减排责任的认定展开博弈。本书根据各方在海运减排责任问题上的主张差异，将博弈各方分为以欧盟为代表的“无差别责任”派、以中国为代表的“有区别责任”派、以及以美国为代表的“有条件责任”派。

“无差别责任”派的核心主张是，突出减排责任的强制性与减排标准的普适性，其成员包括欧盟、小岛国联盟等。“无差别责任”派认为，船舶温室气体排放是全球性的，区域性减排没有任何实际意义与效果，只有采取全球范围的目标减排，并辅之以市场机制（碳排放交易），才能实现真正意义上的减排。欧盟因具有在节能减排立法、政策、行动和技术等领域的优势，而将自身视为气候议题的领导者。例如：在2012年11月26日开幕的联合国气候变化多哈会议上，欧盟在12天的会期中就安排了80多场会晤，议题从节能减排新技术、新机制到国际和地区间合作，以彰显其应对气候变化的“魄力”。此外，欧洲在海运减排规制构建中当起了急先锋。在欧盟的推动下，IMO下属的海洋环境保护委员会第57届会议通过了国际航行船舶温室气体控制框架的基本原则，由于其中“强制、平等地适用于所有船旗国”的条款，违反了《联合国气候变化框架公约》及《京都议定书》所确立的“共同但有区别责任”原则，引起了中国、巴西、印度等发展中大国的激烈反对。① 2011年7月15日，欧盟等发达国家利用IMO独特的“简单多数”表决机制，在海洋环境保护委员会第62届会议上通过强行表决，以《国际防止船舶造成污染公约》附则VI修正案的方式，对船舶能效方面作出了规定，使《能源效率的设计指标》和《船舶能源效率管理计划》具有强制力。② 该修正案适用于全球400载重吨以上的海运商船，即将于2013年1月1日生效，而这两项标准将于2015年起实施。尽管时任IMO秘书长米乔普勒斯（Efthimios E. Mitropoulos）会后指出：“投赞成票的国家遍布全球，代表了世界商船总吨位的79%，其中既有发达国家又有发展中国家”。③ 但在欧盟等国的推动下，这些强制性修正案的生效，必将为广大发展中国家带来前所未有的海运减排压力。面对发展中国家的反对，欧盟等国采取“技术与市场相分离”的两步走策略，先在技术措施上达成一致，再逐渐引入市场机制，引导船舶节能减排的实施，最终构建海运减排的制度体系。欧盟坚持严格的船舶登记制度，将出入其成员国的船舶纳入其碳排放交易体系，并以港口国监管的方式拒绝减排不符合标准的外籍船舶、特别是“方便旗船”入港，支持使用各种市场手段特别是征收全球航运燃油

---

① IMO, *Environment Meeting Approves Revised Regulations on Ship Emissions*, MEPC 57th Session, 31March－4 April 2008, http://www.imo.org/blast/mainframe.asp? topic_id＝1709&doc_ id＝9123.

② IMO, *Technical and Operational Measures*, http://www.imo.org/ourwork/environment/pollutionprevention/airpollution/pages/technical-and-operational-measures.aspx.

③ IMO, *Breakthrough in IMO-Legally binding agreement to reduce CO_2 emissions from international shipping*, http://www.imo.org/ourwork/environment/pollutionprevention/airpollution/pages/breakthrought-at-mepc-62.aspx.

税、引入排放交易机制等来推行海运减排。欧洲实施单方面区域减排规制的做法，带来了域外管辖的合法性等问题，引起中、美、日等国的反对，使得国际海运减排的博弈平台风高浪急、暗流涌动，将世界各国的海运战略、安全、经济利益都卷入其中。

“有区别责任”派的核心主张是，坚持将《京都议定书》规定的“共同但有区别的责任”原则作为海运减排责任分担的法理基础，反对将发展中国家纳入强制性减排的约束范围，其成员包括以新兴大国为代表的发展中国家集团。这些国家认为IMO出台的任何措施，都不应当有悖于“共同但有区别”的原则，在制定强制性排放标准前，发展中国家需要一个过渡期，IMO减排措施应适用于发达国家，发展中国家不应与发达国家同等承担船舶减排义务。由于“有区别责任”派的国家在国际碳减排问题上存在话语权缺失且内部意见分歧较大等不利条件，因此它们的目标在于维护发展中国家的集体发展权以及在国际碳减排议程中的参与权。这表现为反对西方国家在构建国际减排规制的垄断化趋势与歧视性条款。例如：在海洋环保委员会第57次会议中，中国从“发展及消除贫困是首要与压倒一切的优先事项，发展中国家的履约程度取决于发达国家承担的有关资金和技术转让承诺的履行程度”的立场出发，提出了“制定排放标准不能带来新的技术门槛”的附加要求，反对建立适用于所有国家的强制减排机制，坚持IMO的有关减排安排对其他谈判不构成先例的原则。①

“有条件责任”派的核心主张是，以新兴经济体国家作出减排承诺作为本国承担减排责任的先决条件，其成员包括美国、日本、加拿大、澳大利亚、新西兰等欧盟之外的其他发达国家。它们大多为传统海运大国，因此常常将海运减排议题作为排挤新兴大国、增强

① 国家气候中心：《黄磊参加国际海事组织船舶温室气体减排工作组第一次会间会的总结》，http：//ncc. cma. gov. cn/Website/index. php？NewsID＝3332。

自身实力的工具。如奥巴马政府已经将气候变化谈判作为对中、俄、印等新兴大国施压的重要筹码。在国际海运减排问题上，美、日等国支持“无差别责任派”将发展中国家纳入减排对象的基本主张，但由于这些国家改造本国船队能效的花费巨大，因此在减排标准的强制执行方面态度有所保留，同时也支持对发展中国家进行必要的减排技术援助。

根据上述分析，作为国际海运大国的中国、美国和欧盟所担负国际海运减排压力较高，因此将是国际海运减排博弈中的重要棋手。为了获取构建海运减排规制背后的话语权与海缘政治经济收益，世界各国围绕海运碳减排规制构建的话语权之争将日益激烈，力图在即将出炉的国际海运减排规制中尽可能地维护本国利益。从以上各方的现有力量对比和发展趋势来看，基本构成了以欧美为代表的既有强国与以中国为代表的发展中国家之间的正面博弈。美欧集团仍属于强势方，中国及其他新兴大国的利益诉求则缺乏实质性的安全保障，发展权与履约能力受到极大约束，而大部分发展中国家仍处于前工业化阶段，因各自利益诉求的差异而不断分化，在国际海运减排谈判中日益被边缘化，长期处于失语状态。这种阶梯型的角力态势，使国际海运减排博弈处于变革前的萌动期。

三、国际海运减排中的“碳陷阱”

在政府不干预的前提下，一国经济增长同该国二氧化碳排放量呈正比。由于大多数国家仍然采用高碳经济增长方式，其履行碳减排承诺必将以减缓经济增长为代价。因此，以中国为代表的发展中国家在碳减排问题上坚持“双轨制”，即 1992 联合国《气候变化框架公约》中的“共同但有区别的责任”原则。反观美欧等发达国家，则试图淡化“历史责任”，鼓吹“减排面前无优惠”，在碳减排目标上实施单轨制。中国海运业“船多、量大、面广”与造船业“大而不强”的客观现实，使得中国接受并履行海运减排规制的后果，必将是海运贸易的滑坡引发国内产业链的不断恶化，从而导致国内不稳定因素激增。目前，出口导向型经济仍是维持中国经济高速发展的主要动力，而减排能力薄弱的国内海运业则是其中的短板。在日益苛刻的国际减排标准面前，某些不符合中国国情的国际减排规制的强制推行，会在彰显“环境正义”的幌子下设置针对新兴经济体的“碳陷阱”，销蚀中国来之不易的发展成就。具体而言，“海运减排履约陷阱”、“既有大国的低碳制度陷阱”与“追随战略的碳交易陷阱”共同组成了复合式海运减排“碳陷阱”，中国必须小心规避。

所谓“海运减排履约陷阱”，主要是指按照 IMO 制定的《新船设计能效指数》（EEDI）与《船舶能效管理计划》（SEEMP），所有400 载重吨及以上的国际航运新船，必须符合 EEDI 要求，将能效指数降低 10%，2020—2024 年间再降低 10%，2024 年后要达到减排30% 的目标；已下水的国际航行船舶，亦要符合 SEEMP 中列明的准则。[①] 中国庞大的海运船队普遍船龄较老，设备陈旧，必将为此投入巨额改造资金，减缓对外贸易的增长速度。此外，中国规定在国外购置船舶、建造船舶回国内登记注册的船舶，需缴纳税率为 9% 的进口关税和 17% 的增值税。[②] 这使得中资企业为节省船舶投资成本，纷纷选择国内造船国外注册，或者国外造船、购船，国外注册，而这些新船的船龄较轻，能效较高，大多符合 EEDI 与 SEEMP 等标准。这种状况无疑将增大中国的履约难度。一方面中国经济的发展需要

① Zabi Bazari，*Assessment of IMO Mandated Energy Efficiency Measures For International Shipping*，MEPC 63/INF. 2，Annex，31 October 2011，pp. 1 - 2.

② 《中华人民共和国增值税暂行条例》，http：//www. gov. cn/zwgk/2008 - 11/14/content_ 1149516. htm。

维持较大规模的海运船队，温室气体的排放是生存和发展的刚性需求；另一方面减排履约有助于彰显中国大国责任，但必将改造与淘汰大量超龄船、小运力船，而这些又占中国籍船队的较大比例，不仅耗费大量资金，而且会在一段时期内削弱中国整体海运竞争力，且新造船只又大多为了避税而移籍海外，最终造成旧船越来越少，新船出国难回的不利后果。因此，一面是持续发展的市场需求，一面是步步紧逼的减排标准，面对履约陷阱，中国海运界举步维艰。

所谓“既有大国的低碳制度陷阱”，主要是指发达国家凭借在IMO等国际组织中的优势地位与话语权，推行有利于西方的海运减排制度，对中国等新兴大国进行经济洗劫与市场排挤。例如美欧主导的IMO从成立之初就确立了“简单多数”的议事规则，这一规则大大提高了议事效率，避免了审议事项久拖不决。另外，为使重要公约的修正案能尽快实施，IMO在20世纪80年代初还创制了一种“默示接受”（Tacit Acceptance Procedure）修正程序，[①] 大大加快了公约修正案的生效速度。这种看似高效的议事与表决程序，其实质在于维护西方大国主导权的同时，剥夺了广大贫弱国家的议政权，使其处于“被动接受”的尴尬境地。特别是环保技术发达的欧盟急于将“低碳标识”拓展到IMO减排制度的方方面面，意图让依赖高碳发展的中国等新兴大国在遵循低碳制度的过程中逐渐自废武功。低碳制度陷阱的可怕之处在于，既有大国一旦树立起低碳经济的制度标识，则会迫使国际社会出现政见分野：顺之者可向既有大国讨要减排资金与技术，但须默认欧美制度霸权；逆之者即使经济崛起也会被戴上“破坏人类共同家园”的罪名，难以获得国际社会的承认，更无法改变现有国际秩序，因此日趋衰弱的既有大国仍会拥有

---

① IMO：*Adopting a convention*，*Entry into force*，*Accession*，*Amendment*，*Enforcement*，*Tacit acceptance procedure*，http：//www.imo.org/About/Conventions/Pages/Home.aspx.

大批追随者。对于经济崛起与大国形象并重的中国来说，这不仅是一个要面子还是要里子的经济问题，更是一个关乎中国崛起能否成功的战略问题。中国海运界的荣枯与低碳规制紧密相关，这决定了首要任务则是争取海运减排规制的参与权与决定权。由于这种争取仍在现行国际秩序范围之内，中国在IMO之中又长期处于劣势地位，因此从一开始就阻力重重，并面临被西方国家利用制度优势联合打压的风险。

所谓“追随战略的碳交易陷阱”主要是指：既有大国掌握着国际碳交易市场的主导权与发展方向，并为每一个对国际减排规制实施“追随战略”的博弈者，预设了碳交易陷阱，借此吸纳发展中国家的资金。由于碳交易机制存在买卖双方信息获取不对称的缺点，进入市场的碳配额颇受国际政治经济大环境的影响，极易导致碳交易价格讯号扭曲。尽管中国已占据全球清洁发展机制（CDM）已注册项目和已签发减排量的半壁江山，却没有获得在国际CDM市场上的相应影响力。中国作为一级市场的卖家将CDM项目经核证的减排量（CERs）出售给国外的企业、基金、国际机构等，却未掌握定价权，CERs成交价格与国际市场价格相差较大。例如，受经济危机等多重因素影响，发达国家的碳排放配额需求不振，欧盟作为CDM项目最大需求方尚未走出债务危机的阴影，其碳排放配额已严重过剩，这导致以欧洲碳市场为主要指标的全球碳市场价格持续走低，CERs价格已经从最高时每吨近30欧元跌至目前每吨不足1欧元，使得发展中国家碳资产大幅缩水，其中包括中国目前在联合国注册成功、价值达数十亿欧元的上千个CDM项目。① 项目注册成功并不意味着协议上的价格能得到支付保障，随着国际碳价暴跌，CDM项目国际买家可能通过对已在联合国注册的合同挑毛病，利用规则漏洞或模

① 中国清洁发展机制网：《国际碳价暴跌致中国企业碳资产面临缩水风险》，http：//cdm. ccchina. gov. cn/web/NewsInfo. asp？NewsId =6508。

糊地带，将合同适用于终止条款，或者拒不向联合国申请签发，使得该合同无法生效。由于中国此前与国际买家签订的碳交易的合同价格在8欧元以上，所以国内依靠CDM项目收益支持的企业面临着国际买家集体违约的风险，这将造成中国数百亿美元的损失。

四、中国与国际海运减排规制的构建

面对既有大国在低碳政治中的优势地位，及其在国际海运减排规制中设置的“低碳陷阱”，中国既不能消极抵抗，也不能盲目遵从。无论从自身利益，还是从世界经济协调发展来看，中国都应该在国际海运减排规制的构建过程中发挥积极作用。如何谋划海运减排的应对策略，需要结合国际海运的实际情况与中国国情进行综合考量。

首先，建立国际海运清洁发展机制，努力提出“中国方案”。从清洁发展机制探讨海运减排与“共同但有区别责任”原则的对接，是国际海运减排中国提案的特色，较具可行性。国际海运减排规制固然是推进国际环境善治体系构建的良性补充，但在当前的情势下，坚持“共同但有区别的责任”仍是国际海运减排的前提，而清洁发展机制是唯一将发达国家的减排责任与发展中国家的经济发展相结合的减排机制。发展中国家海运企业可在减少温室气体排放的同时获得发达国家的资金或技术支持，发达国家则可通过购买发展中国家的碳排放额来避免因强制减排带来的经济损失。因此，构建国际海运清洁发展机制较好地将海运减排的效率机制与《京都议定书》下的减排机制对接，既体现了公平和效率，又避免陷入减排导致经济停滞的怪圈。

其次，强调船旗国承担共同但有区别的责任。在IMO的协商机制框架内，倡导在世界前20位船旗国内部，发达国家应对进行减排的发展中国家政府提供一定的经济补偿或技术援助，而对于利比里亚、巴拿马、马绍尔群岛等方便旗国，则采取区别对待的政策，逐步建立不仅针对船舶国籍本身，更注重船舶实际控制权的减排约束规制。对于中国来说，一是强调发展中国家身份与履约困难，在不承诺担负同步减排责任的同时，积极谋求国际经济、技术援助；二是将船舶进口关税和增值税改为境外船舶购置税、并大幅下调税率，辅之以施行第二船籍登记制度和货载保留政策，这样不仅可吸引中资方便旗新船的回籍，还可减少新造船只移籍海外，税收也会因大量船舶回籍而增加，提升中国船业的整体减排能力。

再次，采取拖延战略争取谈判空间。目前，欧盟正在全力推动IMO船舶温室气体减排的进展，在一些技术性的方法学问题上，中国很难阻挡其进程，只能尽量迟滞船舶温室气体减排进程，采取以时间换空间的方法争取谈判空间。在中国外交部“坚持原则，积极参与，主动引导，尽量迟滞”的方针指导下，尽量联合印度、沙特、巴西和南非等发展中国家，坚持“共同但有区别责任”原则，反对建立适用于所有国家的强制减排机制，坚持IMO的有关减排安排对其他谈判不构成先例的原则，防止发达国家从国际航海业方面打开气候变化国际谈判的缺口。

最后，鼓励中国海运业的自主减排。中国海运减排的履约效果直接取决于海运企业是否能够提升船舶设计的能效水平，从而达到排放标准。由于国际海运的世界流动性，使得新船设计能效指标已超出了本身的技术范畴，而扩展为国家、企业之间经济和政治博弈的筹码。中国海运企业应出台相关措施，采取降低航速、尝试新能源、研发更清洁高效的引擎、设计更合理的船型等方式，逐渐符合IMO减排规制要求。此外，加强海运供应链各环节参与者之间的合作，如提高集装箱利用率、降低安全库存以及简化包装等都有助于减排。由于船队的更新，中国海运吨海里油耗逐年下降，面对日益苛刻的环保标准，显然，大力发展船舶节油措施是中国海运减排的关键节点。

目前关于温室气体减排的讨论，大都假定减排与经济发展存在两难冲突。“碳陷阱”的出现是气候问题政治化的必然结果。国际海事组织推行强制性减排措施，虽然展现出国际组织在全球善治中握紧的双拳，但其背后隐藏着既有大国施展制度性霸权的阴影。在可预见的时点之后，现有国际海运气候博弈的格局必将发生重组。目前，IMO 在国际海运温室气体减排方面的进展距离其终极目标还有一段距离，然而，海运业的“国际性”是不争的事实，所以无论面对怎样的结果，中国都需要为新一轮的国际气候谈判作好充分的准备，承担海运减排责任不过是一个时间问题，如何承担海运减排责任才更值得中国认真思考。

第六章

经略海洋：中国崛起的必然之路

21 世纪被喻为“海洋世纪”。随着人类对海洋的认识和开发能力进一步深化，海洋安全问题在国际战略格局中的地位逐年提升。近年来，中国积极推行和平外交政策，大力开展全方位外交，使周边总体安全环境不断改善，但中国面临的海洋安全威胁日益突出。强于海洋者盛，弱于海洋者衰。蓝色的海洋孕育着希望，维系着中华民族的伟大复兴。如何重新审视海洋安全战略，将是影响中华民族重新崛起的关键性因素。

第一节　海洋在国家战略中的作用

马汉（Mahan）、麦金德（Mackinder）、惠特尔西（Whittlesey）、斯派克曼（Spykman）和科恩（Cohen）等人的著作有一条线把它们贯穿在一起，那就是他们都关心位置和空间的因素在大国不断争夺霸权斗争中的意义。马汉比任何其他作者更突出制海权的重要性。他提出对各国制海权有影响的六个条件。这六个条件是：国家的位置、国家海岸线的性质和长度、国家人口的多少、民族特性和政府的品质。前四个条件肯定有助于政治地理学者们进行分析。任何国家的位置将决定该国所能通往的海域的数目，并将影响该国得以控制海洋的战略航路和重要资源的程度。海岸线的性质和长度对有关国防以及有关正在使用的商船和现役海军的行动的政策将有重要的意义。人口的多少和人口对陆地资源的关系，将影响海洋作为粮食和原料来源以及作为与其他地区的商业交往工具的可贵程度。马汉并不公开主张夺取殖民地，但他强调英国从它的一系列海外殖民地所取得的好处则使读者确信，对于海军强国来说，夺取殖民地是一项合理的政策。导致美国在夏威夷、关岛、波多黎各、非律宾、维尔京群岛和巴拿马取得基地的政策，在某种程度上要归功于马汉。但是，包括核武器以及潜水艇和远程飞机的核燃料在内的技术发展，却打破了马汉的概念在实际上的应用，使这些概念成了仅有历史兴趣的问题。

麦金德在各种著作中所关心的是陆军强国和海军强国的力量，以及它们之间可能的冲突。庞兹（Pounds）指出，陆军强国和海军强国之间的对立是不真实的；大国过去都既有强大的海军又有强大的陆军，而且现在还有强大的空军。麦金德的这个基本弱点以及他把亚细亚内陆看作心脏地带的顽固观念，使他对海洋强国的力量和限度作了一些过分简单的论断，他认为：流入海洋的江河的可通航性是决定海军强国和陆军强国支配什么舞台的关键因素，然而，甚至在这个重要方面也是有明显矛盾之处的。他于1904年表示，中东由于有“海洋港湾和入海江河”而成为行使制海权的场所。到了1919年，他却认为除波斯湾和红海沿岸之外，阿拉伯是海军强国所不能进入的广阔地区之一。事实是在他改变看法之后30年，在中东最有势力的大国是所谓海洋国家——英法两国拥有一定程度的政治和战略势力，而就外国投资而言，美国是经济上最重要的国家。麦金德对于心脏地带的沉迷，使他发展了以非洲撒哈拉次大陆为南部心脏地带的概念。然而，就在他撰写关于这个问题的第一篇论文的时候，这个地区虽然没有可以从海岸通航的江河，却受着英法两个海洋国家的支配。

斯派克曼将麦金德的主题颠倒过来，把美国放在地图的中心，极力主张美国应当设法避免大西洋和太平洋两岸在一两个敌对国家的势力下统一起来。对斯派克曼来说，显然，美国的海军战略和全面战略需要卷入苏联周围的边缘国家，并在世界各大海洋周围保持战略基地，而科恩则是建议把世界分为地缘战略区和地缘政治区，然后便对全世界的权力核心和各大国之间的接触地带加以描述。科恩所划分的区域疆界是跨过海洋的，但在什么基础上划分这些海域是不清楚的。主要在以贸易为主的海洋世界与欧亚大陆世界之间加以划分，这在某种程度上是受麦金德心脏地带概念的影响的，而且科恩在他的著作中经常提到海军战略，他极力主张有选择地卷入心脏地带周围的国家，从而使斯派克曼的观点更加精确了。

遗憾的是，虽然全球性研究只是关于海洋政治地理的全部文献中的一小部分，但这却是其他学科的学者们最熟悉的部分，如果政治学家们提到任何政治地理学者的话，被提到的肯定是麦金德和斯派克曼，而且，对于大多数政治学家来说，政治地理和地缘政治之间是没有什么区别的。侥幸的是，基于三个理由，这些全球性战略研究现在在政治地理学者们中间已经引不起什么兴趣了：这些研究一般地都把现实情况过分简单化；它们没有能力考虑到技术的重大变革，而这些变革却要求对地理因素重新加以评估；而且，如果它们有任何有效性的话，也不过是在较短时间内才有效。

政治地理学者们之所以对海洋发生兴趣，是因为在现今国际法的框架内，各国对海洋的一部分提出了主权要求，并在商务和战略活动中使用了一部分海洋，而且因为它们在这些主张和活动中既有几分冲突，又有一些合作。这样的研究有两个主要方面是与政治地理学者们有关的。

第一，各国对使用海洋的需要程度和能力大小是彼此不同的，而海洋各区域因目的不同用途也不一样。因此，政治地理学者们必须研究各国的特征和海洋各区域的性质的不同之处是如何互相发生作用，从而影响不同国家使用海洋的程度的。这方面的研究需要对许多可变因素加以考虑，而下述几个是其中最重要的因素。

影响海洋的使用的关键因素之一是国家的商业、军事和技术力量。在伊丽莎白时代，英国和西班牙海军的力量对比，在很大程度上决定了商船通往的航路和渔民毫无阻碍地进行活动的海滩。今天，日本、美国和英国的渔船队远离本国的海岸，到其他国家附近进行活动。在很多发展中国家看来，美国等西方国家之所以要限制领海的宽度，是因为它们拥有开发公海资源的船舶。还应该指出，日本拥有大规模的远洋渔船队，其部分理由是因为它的稠密的居民对鱼类需求量高，而这种需要量是日木列岛较短海岸的近岸水域所不能满足的，而且西部沿海还必须与苏联和朝鲜共同享用。

第二，研究世界海洋的政治地理学者们所关心的第二个主要方面，是考察各国对海洋各种不同的用途所产生的地理上的后果。最重要的后果也许是，自古以来，各国就主张对某些海域拥有专属使用权，并在这些保留海区的周围划定了疆界。现在，海图上就标有很多的疆界。这些疆界表明了内水、领水、专属渔区、防污染区、可开发的大陆架和保养区的界限。近年来最明显的趋势是为了单一目的而划出的疆界的数目增加了，同时主张专属使用权越来越远离各国的海岸，从而缩小了公海剩下的面积。例如：1965 年，有 7 个个国家主张 10 海里以上的专属渔区；到了 2012 年底，数目增加到了143个国家。另一个例子是：在1972年之前，只有10个国家制定法律法律来惩罚对其毗连海域的污染，而到2011年，几乎所有的国家都制定了类似的法律。

从地理上看，中国是一个海陆兼备的国家。要问海洋对于中国崛起、中国未来的意义，答案是“重要的不能再重要”。随着陆地资源的匮乏，人口的增加，在太空技术依然遥远的当下，中国的未来在哪里？“海洋”。中国国民要转变重陆轻海的这个传统观念，不是一朝一夕的问题。看看日本，日本上下自认为是“海洋国家”，日本人一生下来，就开始接受关于海洋知识的教育，他们的衣食住行，都离不开海洋，如此这般，日本人对海洋的理解自然是深刻的，情感是真切的，很少会流于形式主义。

从历史纵向看，全球霸权国家都是海洋国家，例如，“海上马车夫”荷兰、“日不落帝国”英国，以及当前的超级大国美国，海洋或是海权跟大国战略之间，究竟有着怎样的关系呢？国际社会有一句名言，“谁控制了海洋，谁就控制了未来”。这句话在西方人的脑海中更是根深蒂固。自17、18世纪以来，西方国家就将海洋提升到了很高的认识高度，它们看到了海洋的重要性要远远大于陆地，遗憾的是，数百年后的中国，海洋意识还只能算是开始萌芽。纵观全球霸权国家，不论是历史上的荷兰、英国，还是现在的美国，它们都是真正意义上的海洋国家，它们的霸权也是因海洋而生、因海洋而兴。什么是“海权”？说白了就是指海军力量，历史经验证明，只有拥有强大的海军力量，才能保证海上贸易航道的通畅，这是控制海洋的关键。现在的超级大国——美国，一直都将全球海上航行自由与安全列为国家核心利益，正是基于此考虑。

中国的发展方向和空间在海洋。但显而易见的是，中国在海洋方向面临的压力也是前所未有的，不仅有诸多岛礁主权争端，还有以美国主导的海洋联盟体系。美国在西太平洋海域频频举行的联合军事演习，邀请了区域内的几乎所有国家，但唯独没有中国，当中的玄机不难理解。美国编织的所谓第一岛链、第二岛链，在某种程度上算是中国崛起的拦阻绳。

幸运的是，改革开放 30 多年来，中国终于开始重新重视海洋了。虽然我们还没有明确的海洋战略，但可以肯定的是，延续上千年的以陆权为主的国家发展战略，正面临着革命性的变革。从 1993 年开始发生转向——中国从一个石油净输出国家，变成石油净输入国家。而且中国预见到，经济的发展，制造业的发展，对能源的需求越来越大，中国的石油能源已经不能满足自己的需求，所以进口依赖度必将与日俱增。

从战略来讲，这就是为什么近十几年来，中国很努力地开拓石油进口管道的原因。一条是从俄罗斯进来，一条是从哈萨克斯坦进来，一条是从巴基斯坦进来，再有一条是从缅甸进来。分散的石油运输管道谁来保障其安全呢？实际上，中国有一条很重要的生命运输线，这个利益不能单靠陆军去保障，更多的是靠海军、空军，尤其是海军。

2007 年，中国第一次派出一支远洋舰队，重走 600 年前郑和走过的那条航路，从长江口出发，一路经过台湾海峡、马六甲海峡，最后到马达加斯加。后来，定期的远航就成了一种习惯，中国终于从绿色海军逐渐向蓝色海军挺进。2012 年 10 月 1 日，中国首艘航母“辽宁号”编入海军序列，极大提升了中国维护海疆安全的能力。

所以，光有市场经济不够，光有民营体制不够，光有开放还是不够，中国必须重新抓住 600 年前自己没有把握住的，却让别的国家把握住的海洋时机。中国能否崛起，一个关键标志就是看海洋——中国能否成为一个海洋强国。某种程度上讲，中国崛起的最大障碍可能来自海洋方向，只是现在很多人还没有意识到这个问题。

当中国再次成为全球另外一个海洋大国的时候，必须要面对几个挑战。

第一，中国是一个太平洋的海洋大国，同时也是印度洋的海洋大国，在21世纪也应该是一个北冰洋的海洋大国。要真正成为太平洋的海洋大国、印度洋的海洋大国，关键在哪里？一是中国跟除了印度以外的相关国家发展更多的海防，比如与孟加拉、缅甸的合作，它们都有非常重要的军港，这是成为海洋大国不可或缺的条件。二是走出西太平洋。原来中国没有像今天这样比较有实力的远洋海军，所以只能被美国用这个形式给包围住。但是由于中国的崛起，就必须走出第一岛链。

第二，如果看得再远一点，就是北冰洋。北冰洋的问题是最近一二十年才被重视的，跟天气一样。全球变暖以后，北冰洋加速融化，产生了各种问题。而这个时候会出现两种航道，从伦敦到东京，直接从北冰洋穿过，路程可以节省40%以上，整个战略形势完全改变了。中国走进北极，还在那里的军事价值。美国和俄罗斯将北冰洋看做它们自己的领域，成立了北极理事会，成员包括美国、俄罗斯、加拿大，还有冰岛、瑞典、挪威、丹麦、芬兰这五个北欧国家。他们认为，北极所有的领域属于这八个国家。我认为，对中国来讲，冰岛的意义是很重要的，因为中国必须找到一个踏入北极的地点，而冰岛是北极俱乐部的成员。

第三，走向深海。深水已成为全球油气资源接替的主要领域，也是中国具有良好开发前景的油气接续区。中国深水油气资源开发还处于起步阶段，但却承载着中国“向海而兴”的强国梦。例如“海洋石油981”填补了中国在深水钻井特大型装备项目上的空白，对增强我国深水作业能力，实现国家能源战略规划等具有重要意义。

中国海洋战略可以原则表述为“建设海洋强国”，即以扩大管辖海域和维护中国在全球的海洋权益为核心的海洋政治战略；以建设海洋经济强国为中心的海洋经济战略；以近海防御为主的海洋防卫战略和以高技术和常规技术相结合的海洋科技战略。在 21 世纪的第一个 10 年中，中国海洋事业经历了积极的变革和发展，海洋战略地位日渐重要，民族的海洋意识不断增强；海洋管理立法实现突破，海洋法律体系基本建成；海洋战略研究初见成效，发展规划成果显现；海洋产业不断壮大，海洋经济发展迅速；海洋管理迈出新步伐，维权执法全面推进。

随着中国进入复兴关键期，海洋是成为世界强国的重要方面。中国只有成为海洋强国，才是真正世界强国。在世界各大国中，中国在海域、海岸线、岛屿等方面是大国，却不是强国，这种状况已经制约了中国的发展。在世界各大国中，历史上不重视维护自己的海洋权益和通过海洋来获取利益的，这方面的教训，中华民族永远不能忘记。几百年的“海禁”，是农业社会昏庸统治者的错误决策，不仅严重束缚了中国精英的思想境界，也使后世的中国人自我设限，空对海洋而不知利用。随着“辽宁号”航母的下水与《中国海洋发展报告》的公布，可以预见，未来 10 年中国将大力发展海洋经济与海军，这是中国成为海洋强国的关键 10 年。

第二节　中国的深水开发战略

深水是当今世界油气勘探开发的热点领域，也是中国具有良好开发前景的油气接续区，大国间围绕能源开展的“深海暗战”早已风起云涌。对于能源进口形势日益严峻的中国来说，积极开发深水海域油气资源，在油气增储上产、满足国民经济快速发展需求、降低对外依存度等方面发挥着重要作用，极具战略意义。2011 年 5 月 26 日，中国首艘 3000 米级深水半潜式钻井平台“海洋石油 981”顺利出航，同年“蛟龙号”载人潜水器也成功完成5000米级海试，反映出中国能源开发坚定走向深水的决心。在中国政府开启海洋强国战略的时候，战略学界理应与国家海洋能源战略同行，贡献本学科的知识力量。本节对近年来国际深水油气的开发态势进行简要总结，力求对中国开发深海能源所面临的国内外制约因素有清晰的了解，以期进一步把握中国能源安全的脉搏。

一、中国开发深水能源的背景分析

随着陆地勘探困难的增加，全球油气勘探开发向深海转移的趋势十分明显。为了应对能源困局，近年来中国加大了对近海深水能源勘探开发的力度，但作为深水开发的后来者，中国走向“深蓝”面临着诸多制约因素，路途之上荆棘密布，举步维艰。如何抢抓机遇、理明思路、采取有效举措，又好又快地开发深水能源，已成为亟待研究的重要课题。本文拟就此进行论述。

根据国际海洋勘探界公认的标准：水深不超过300米的水域为浅水（Conventional water），300—1500米之间的水域为深水（Deepwater），大于1500米的水域为超深水（Ultra-deepwater）。① 据美国地质调查局（USGS）评价，全球已探明油气储量约为1000亿吨油当量，其中深水占41%，而浅海和陆地分别占31%和28%。② 海洋是是极具开发前景的新兴产业发展领域和资源接替空间，向海洋要能源是我国在国际、国内大背景下的必然抉择。

---

① Assistant Secretary for Fossil Energy U. S. Department of Energy: “2010 Annual Plan: Ultra-Deepwater and Unconventional Natural Gas and Other Petroleum Resources Research and Development Program”, December 2009, p. 11. http://management.energy.gov/documents/2010_ Annual_ Plan_ December_ 2009. pdf.

② 由然：《深海勘探日渐升温》，《中国石油企业》2008年第9期，第41页。

（一）国际背景

从国际背景看，海洋经济发展正面临经济全球化、知识化、信息化、多极化的机遇与挑战。深水海区作为维护人类社会可持续发展的重要能源接替区，正成为各国科技水平、军事实力和综合国力激烈较量的重要舞台。近几年来掀起了一场在发展海洋科技基础上、以开发海洋资源和发展海洋经济为目标的“蓝色革命”和新的“圈海”运动。美国地质调查局和国际能源机构估计，全球深海区潜在石油储量有望超过1000亿桶。2010年深海石油产量达4.3亿吨，满足全球石油需求的9%。① 深水能源开发作为最有潜力的海洋经济增长极已成为国际社会的普遍共识，而以加快深水科技进步、争夺海底资源、控制海洋空间、取得最大海洋经济利益为特征的国际海洋竞争也日趋白热化。向海洋要能源、要效益、要优势成为国际海洋开发的主流思潮，许多发达海洋国家加紧调整海洋开发战略，向广袤的海洋索取战略资源，争夺在国际海洋竞争中的有利态势和战略利益。

（二）国内背景

从国内背景看，准确把握经济发展阶段与国情世情态势是构建中国深水能源开发战略的重要前提。持续快速发展的经济早已将中国推向石油消费大国行列，而陆上油气资源的日益萎缩，使得开发深水能源战略被越来越多的官员和学者提及。在这一战略思维中，蕴藏着丰富油气资源的海洋成为赋予中国能源未来的希望之地。

一方面，中国远洋能源进口与运输安全形势不断恶化。BP公司

---

① 李晓兰：《深海石油：新一轮竞争角力场》，《海洋石油》2010年第2期，第47页。

公布的《2011年世界能源统计》表明：中国的能源消费量已占全球的20.3%。[①] 2012年中国原油进口2.71亿吨，对外依存率54.1%。[②] 预计到2020年，中国年进口原油将达到4.5亿吨，对外原油依存度超过60%。[③] 国际地缘政治的影响以及国际原油市场的投机状况所导致的原油价格攀升使极为脆弱的中国能源安全形势更加严峻。中国的原油进口国大都集中于大中东地区，而近年来中东政治乱局的持续蔓延，对于日益依赖远洋能源进口的中国来说，无疑雪上加霜。此外，我国远洋能源运输通道面临着海盗侵袭、自然灾害等安全隐患，而开辟新的能源进口渠道的成本也不断提升。因此，如何降低中国对海外能源的依存度，提高能源供给的安全性和多元性，是维护国家能源安全的重要课题。

另一方面，中国陆上油气储量与开发形势不容乐观。目前中国石油资源量约为1072.7亿吨，其中71.61%分布在陆上，约22.93%分布在海洋。[④] 经过几十年的勘探开发，在我国找到陆上大型油田的几率不断降低，而主力油田又面临资源枯竭和开采成本增高的难题，进一步扩大产量的空间十分有限。[⑤] 总的来看，随着勘探开发的不断深入，中国陆上剩余石油资源中质量差、难开采的比重将越来越大。

---

① BP Statistical Review of World Energy 2011，http：//www. bp. com/sectionbodycopy. do？categoryId = 7500&contentId = 7068481.

② 中华人民共和国海关总署：http：//search. customs. gov. cn/dig/search. action？q = 2012% E5% B9% B4% E4% B8% AD% E5% 9B% BD% E5% 85% B1% E8% AE% A1% E8% BF% 9B% E5% 8F% A3% E5% 8E% 9F% E6% B2% B9 + &ty = &w = false&f = &dr = true&tid = &sr = score + desc&p = 1&fq = 。

③ 中华人民共和国发改委：《中国能源问题面临三大挑战》，http：//www. sdpc. gov. cn/nyjt/dcyyj/t20080225_ 193253. htm.

④ 王晓磊、乔跟才、许飞：《中国油气资源简析》，《西部探矿工程》2010年第2期，第60页。

⑤ 于文金、朱大奎：《中国能源安全与南海开发》，《世界地理研究》2006年第4期，第12页。

相比较而言，如果技术进步不能在短时间内实现石油替代，那么油气资源勘探开发转向转向深水则成必然趋势。同时，不断攀升的国际油价也逐步缓解深水油气开发中的高成本问题。国务院 2003 年 5 月 9 日颁布的《全国海洋经济发展规划纲要》表明，中国近海石油资源量约 240 亿吨，2010 年海洋产业增加值将占 GDP 的 5% 以上，海洋经济将成为国民经济新的增长点，其中海洋油气勘探开发业异军突起，年均增长达到 32.3%，迅速成长为中国海洋经济的支柱产业。[①] 因此，从确保能源安全的全局出发，积极开发近海深水油气资源，不仅符合世界性的石油勘探开发潮流，还在油气增储上产、满足经济发展需求、降低进口依存度等方面发挥着重要作用，极具战略价值。

二、国外开发深水能源概述

深水是当今世界油气勘探开发的热点领域，大国间围绕能源开展的“深海暗战”早已风起云涌。美国能源信息署公布的《国际能源展望报告 2010》（International Energy Outlook 2010）预测：世界能源需求将以年增长率 1.4% 的速度稳步增加，2030 年世界一次能源需求将达 171.63 亿吨油当量，2035 年将达 184.68 亿吨油当量。[②] 面对陆上油气开发逐渐走向衰退期的现实，扩展油气勘探范围，促进油气重大发现，成为各国油气勘探开发的首要任务。2009 年世界海洋石油、天然气产量已经占世界石油与天然气总产量的 33% 和

① 贾琇明、岳来群：《有关我国深海油气资源勘探开发的几点思考》，《国土资源情报》2005 年第 7 期，第 5 页。

② U. S. Energy Information Administration: “International Energy Outlook 2010”, p. 81. http://www.eia.doe.gov/oiaf/ieo.

31%，预计到2020年这个比例将会提高到35%与41%。[①] 世界油气勘探业的发展表明：全球海上油气勘探开发向深海转移的趋势十分明显。因此，研究全球海洋油气资源勘探开发现状，分析把握其发展趋势，对于促进中国能源产业可持续发展，保障国家能源安全，具有重要的参考价值。

从全球范围来看，近10年来，由于陆地和浅水石油勘探程度较高，新发现油气田规模越来越小，新增储量对世界油气储量增长的贡献降低，油气产量已接近峰值。相比之下，世界深水油气勘探开发进展迅速，不断发现规模大、产能高的油气田，海上油气产量占世界总产量的比例不断增加。2010年，深海油气勘探开发投资占全球海上油气勘探开发总投资的份额为20%，世界范围内的海洋油气争夺也有愈演愈烈之势。

目前全球深水油气资源主要分布在墨西哥湾、巴西坎坡斯深水油气盆地、西非加蓬、安哥拉、刚果（布）海域以及南中国海。这些地区处于早中期勘探阶段，是最具开发前景的深水油气区，油气勘探和开采活动方兴未艾。令人瞩目的是，在深水、超深水领域勘探出的往往是巨型或超巨型油气田，这不但降低了开发成本，而且将对国际能源资源格局产生重大影响。预计2015年世界深水油气产量将超过5亿吨油当量，其中石油产量4.25亿吨，深水天然气产量可达到1亿吨油当量。

巨大的资源潜力和高油价下的高利润将不断推动深水油气勘探开发的快速发展，开发深水油气逐渐成为各国石油工业发展规划的重点。在全球金融危机尚未结束的大环境下，深水油气勘探仍显示出增长势头。虽然深水开发面临高风险、高科技、高投入等挑战，但国际石化巨头如美国雪佛龙、英荷壳牌、英国BP公司以领先技术

① 牟雪疆：《近海开发举棋不定之间》，《中国石油企业》2010年第7期，第31页。

制胜深水石油开发，占尽优势。很多国家已将开采海洋石油资源上升为国家战略而大力支持本国企业的勘探活动，相比较而言，中国深水开发的步伐则显得缓慢而蹒跚了。

三、中国启动深水能源开发的SWOT分析

SWOT分析法是战略管理中运用最广泛的分析技术之一。利用SWOT法对中国深水能源开发面临的内在竞争优势与劣势，以及外在机会与威胁，进行分析研究，有助于系统把握有利因素，避开不利因素，发现隐患，分清轻重缓急，找出解决办法，明确发展方向，从而为设计一套与内部资源、外部环境有机结合的有中国特色深水能源开发战略，打下坚实的构建框架。

（一）优势与劣势分析

发展的关键在于自身状态。事物未来的发展方向，取决于其内部的优势与劣势。因此，厘清优势（Strength）和劣势（Weakness），是确立中国深水能源开发战略目标的前提。

1. 主要优势（Strength）

（1）制度优势

深水能源开发是一项高投入、高风险、高回报的战略性事业，必须有坚强的组织领导核心和有力的制度依托。我国走中国特色社会主义道路，在政治上有中国共产党作为坚强领导核心，能够确保形成发展的思想共识和组织合力，能够集中全国的力量支持深水能源开发的进程，促进海洋经济产业链的顺畅运转。

（2）规模优势

经过多年来的发展建设，中国海洋能源开发实践已经建立起一套较为完整的经营管理体系，特别是在近海开发中积累了大量宝贵

经验。三大国有油气企业连年跻身世界500强行列，位次不断前移，成为勘探、开发、炼制、运输、国内销售和对外贸易一体化的超大型跨国能源企业。在海上能源开发的国际合作规模也不断增大，例如中海油分别与雪佛龙—德士古、菲利普斯、康菲、科麦奇等国际石油公司合作开采，约占整个渤海油气田的1/3，在积累海洋能源开发经验的同时，建立起采运销一体化基础网络。

（3）储量优势

中国临近的海域有30多个沉积盆地，面积近70万平方公里，石油资源量约240亿吨，天然气资源量约14万亿立方米。此外，我国海上还有极其丰富的天然气水合物（“可燃冰”）资源。目前，这些油气田主要分布在渤海湾盆地、东海盆地、台西盆地、珠江口盆地、北部湾盆地、莺歌海盆地、琼东南盆地。① 仅在南海的曾母盆地、沙巴盆地、万安盆地的石油总储量就将近200亿吨，② 这些尚待开发的大型油藏有一半以上的储量分布在应划归中国管辖的海域。丰富的油气储量为国内石油公司进军深水提供了美好愿景。

（4）资本优势

在中国已成为世界第二大经济体的背景下，中国石油企业不仅积累了巨额的跨国经营资本，还得到政府金融政策的支持。中国海洋石油总公司规划2020年以前在深水投资约2000亿元，打800口探井，体现出企业在维护国家能源安全方面所承担的巨大责任，表明能源开发走向深海得到政府的大力支持。随着国有三大油企的上市，从国际金融市场获得资本的实力有所提高，为深水能源勘探与开发提供了坚实的资金后盾。

（5）技术优势

海洋深水油气勘探开发是一门跨学科、跨部门、多领域的技术

---

① 李晓兰：《中国海疆油气分布》，《海洋石油》2008年第6期，第6页。

② 《中国石油宝库之一——南海》，《油气地球物理》2009年第4期，第42页。

创新工程。在各相关科研部门的密切合作下，我国在深水潜水器等深海仪器研发方面取得了长足的发展，在深水工程技术与装备方面获得了突破性进展。“蛟龙号”潜水器是世界下潜最深的载人潜水器，可使我国的深水勘测范围覆盖世界99%以上的洋底，为我国深水能源开发事业中发挥不可替代的作用。目前，中国海洋石油总公司正在启动深水钻井、铺管装备等方面的前期科研准备，并且我国浮式生产储油装置建造速度和建造质量已达到国际先进水平，平均建造周期为22个月/艘，远低于发达国家36个月/艘的平均建造周期。①

2. 主要劣势（Weakness）

（1）战略规划不明确

中国至今没有出台明确的深水能源开发战略规划。缺乏国家海洋能源开发战略使得中国在战略选区、企业选择、国际合作等问题上非常被动，而且深水能源开发的经营机制、开采方式的转轨也缺乏远景指导。国家涉海部门对海外能源投资贸易的宏观管理、区域布局、适度竞争和联合对外、与国外能源企业战略协作等战略性问题的考量也不够清晰。虽然三大国有油气企业都制定了深水能源开发规划，但在总体上仍属于中短期规划，基本处于各自为政的状态。

（2）软硬件整合乏力

这主要表现在两个方面：一是科研力量分散。国内有20多家涉海机构，互不隶属，存在重复研究，造成资源的浪费。目前国内海洋科研主体是中海油、海洋发展战略研究所和一些科研院所、高校，其中很多是个人研究，缺乏国家部门牵头，无法实现将分散的科研成果进行有机整合，致使中国深水科研队伍在国际海洋研究领域的影响力极为有限，科研成果实效转化过程漫长。二是国产深水设备

① 李清平：《我国海洋深水油气开发面临的挑战》，《中国海上油气》2006年第2期，第131页。

投产周期长，成本高。由于我国深水事业起步较晚，相关科技人才不足，自主研发的深海仪器设备，品种较少，设备稳定性、可靠性及标准化等指标有待进一步完善和提高，并且多数设备处于实验研究阶段，需要通过屡次海试加以技术指标及性能上的改进和升级。①这都造成我国海洋油气资源开采软硬件脱离，开发成本居高不下。

（3）资金投入不均衡

深水油气开发是个系统工程，每个子项目都需要有足够的资金投入。近年来，伴随着海洋经济的进一步发展，国家建设中资金、资源投入的方向和数量逐渐增多，但投入的大方向始终不确定，具有一定随意性，造成了投资回报率不高。一些项目占用了过多资金和资源，挤压了其他科研立项的正常发展，导致整个深水能源研发体系出现“长短腿”等发展不平衡现象。

（4）技术研发较落后

中国深水开发技术与国际水平差距较大（见表6—1）。主要表现为：一是中国深海通用基础件技术较为薄弱。例如：深海浮力材料、海洋工程材料、水密线缆、水下电机及水下通信等一系列相对低价但非常重要的基础材料和元器件，我国几乎全部依赖进口，严重制约了深海技术的发展。二是中国深水高科技研发严重滞后。按照《国家深海高技术发展专项规划》的表述，深水高科技主要包括：深海海洋环境监测技术、深水油气及天然气水合物勘探开发技术、大洋矿产资源勘查开发技术、深海生物资源开发利用技术、深海潜水器与作业技术及深海通用技术等。② 研发这些深水科技的难度不亚于太空技术，中国在以上许多领域还存有不少空白。

---

① 高振会：《深海技术与可持续发展》，《海洋开发与管理》2011年第7期，第46页。

② 高艳波、李慧青、柴玉萍等：《深海高技术发展现状及趋势》，《海洋技术》2010年第3期，第119页。

表 6—1 中国深水开发与世界先进水平对比①

项　目	世界先进水平	中国水平
钻探最大水深/米	3050	505
投产油田最大水深/米	2192	333
铺管最大水深/米	2202	150
起重能力/吨	14000	3800

（5）装备制造不自主

中国海洋石油装备的落后严重制约着深水油气大规模开发的进程。尤其是动力定位钻井船和深水半潜式钻井平台的关键装备长期被国外企业所垄断，即使是中国最先进的“海洋石油 981”深海半潜平台，除平台本体为国内建造外，其他设备几乎全部进口。这种关键设备依赖进口使得设备供货周期长，甚至会不定期延长，同时，由于国内没有替代品，国外厂家常常随意大幅加价，而且采购环节多，成本高，售后服务响应速度较慢，造成营运成本较高。

（二）机遇与威胁分析

发展的依托是外部环境。事物外部环境的机会和威胁，将直接影响其发展过程。所以，明确机遇（Opportunity）和威胁（Threat），是制定中国深水能源开发战略的基础。

1. 机遇（Opportunity）

（1）国际形势尚好

一方面，“和平”与“发展”仍是时代主题，世界反战力量日趋壮大，推动和平发展的呼声不断提高，国家间往往采取和平谈判方式化解军事冲突，世界和平力量仍占主流。另一方面，随着国力

---

① 张位平：《加快中国深海油气资源的经济开发》，《国际石油经济》2007 年第 10 期，第 61 页。

的提升，中国国际危机管理能力也不断增强，只要战略决策得当，发展海洋经济大方向不动摇，就可以延长战略机遇期。

（2）技术发展显著

深水开发，科技先行。随着“蛟龙号”海试不断深入，“海洋石油981号”钻井平台驶入南海，这都表明中国的海洋强国战略已从文件与规划阶段迈入了切实执行的层面。目前，中国海洋石油总公司把深水作为战略目标，正在筹建海洋石油的深水工程重点实验室，为深水能源开发做好前瞻性的技术储备式研究。在海洋高科技这个深水开发竞争的核心领域，中国与世界的差距远没到不可追赶的地步。

（3）国际合作拓展

在信息社会，没有穿不透的技术壁垒。世界范围内的对华高技术特别是深水开发技术的联合封锁，并非牢不可破。所以，当前对待技术封锁，主要还是愿不愿破除困难积极引进、敢不敢创造条件主动引进的问题。例如：掌握世界最先进的深水能源开发技术的巴西石油公司就与中石化签订了《战略合作协议》，由中方提供资金，巴方提供技术，两家公司在未来的石油销售、勘探、生产、提炼、管道、工程服务和技术合作等方面进行合作。

（4）国家政策扶持

在《中共中央关于制定国民经济和社会发展第十二个五年规划的建议》中，“发展海洋经济”首次在国家五年发展规划中被单独列出，并且提出“坚持海陆统筹”、“维护我国海洋权益”，中国海洋经济已剑指深水，气势恢宏（预计“十二五”期间总投资将达到2500亿—3000亿元）。[①] 随着党中央、国务院提出了“逐步把我国建设成为海洋经济强国”的宏伟目标，推动了以能源开发为重点的

① 杨培举：《为中国蓝海战略助力》，《中国船检》2011年第7期，第46页。

海洋经济大发展，为国有油气企业大胆走向深水提供了政策支持，扫清了制度障碍。

（5）能源需求强劲

消费推动生产。作为13亿人口大国和第二大石油消费国，中国的能源形势在相当长的时间内仍处于供不应求的状态。国内经济社会持续发展对能源的巨大需求，将成为推动中国石油企业走向深水的不竭动力。

2. 威胁（Threat）

（1）周边安全形势严峻

自冷战结束以来，中国东南海域的国际安全格局一直在内外力量的交织影响下进行变动与调整。美国等域外国家出于全球和区域战略布局需要，在东南亚大肆散布所谓“中国威胁论”，甚至以“维护海上航行自由”为借口介入南海和东海事务，妄图形成区域性海洋封锁，通过打“南海牌”与“东海牌”对中国实施战略防范和遏制。一些与我国有领海争端的国家为了迎合美国的大国平衡战略需求，与其大力发展政治、经济与军事关系，这增加了东海、南海地区的不确定性因素。地缘政治形势复杂多变，使中国实施深水开发战略难以拥有长期和平稳定的国际战略环境。

（2）国际对华技术封锁

一方面，中国加入WTO后，发达国家对华不再是全面的技术封锁，而是把相对落后的技术产品出口到中国，但从未放松对华的高技术出口管制。中国与国外企业进行的技术转移和国际合作往往受到政府的影响，中国分得的是建造大型深水开采平台钢架和建造储油驳船等低端项目，而国外合作方则对核心设备和技术高度保密，力求保持技术垄断优势。另一方面，推行专利技术标准化是西方国家维持技术垄断地位的杀手锏。由于许多深水勘探高科技设备的生产技术标准已被发达国家所垄断，这些跨国公司对中国油气开发企业先实施"放水养鱼"战略，通过收取各种税费的手段，挤压中国高科技产品的研发空间，从而在知识产权保护的旗帜下，借专利技术为由，在一定程度上达到限制中国高科技产业的发展、保护其技术垄断的目的。

(3) 国际舆情走向负面

中国开发深水能源是实现中国海洋权益的合法行为，却遭到一些国外人士的疑虑和误解，认为中国海洋能源开发从浅蓝走向深蓝，是对美、日等国海洋权益的威胁，尤其是中国航母的远洋海试成功后，更有别有用心者声称中国将采取军事手段维护石油安全，甚至会武力解决南海及东海的领海争端。特别是日本防务省最新公布的2011年度《防卫白皮书》再次出现涉华消极内容，污蔑中国正常的国防与海上勘探行动具有"高压姿态"，肆意渲染"中国威胁论"，妄图在有争议水域逼中国让步。[①] 而中国提出的"搁置争议，共同开发"原则在实际运作中并无多少国家响应，出现南海有关国家"搁置与中国争议，与西方石油公司共同开发"的局面。

(4) 信息安全存在隐患

在一些关键性技术难点上，我国深水技术研发没有获得突破，不得不依赖与外国公司进行技术合作。这样，就容易产生两大问题。一是核心技术难以引进，导致技术真空，形成技术障碍，并制约了战略项目推进和战略技术发展。二是核心技术被单纯买进却没有掌握，形成技术陷阱，而且在科研进度上受制于西方。解决了当前的一些难题，可能会诱发以后更大的风险和问题，如国内能源企业的管理平台基本上都使用西方数字化系统，存在信息泄露、系统崩溃、远程操控等安全隐患，在爆发危机时刻更会导致难以预计的损失。

---

① 中华人民共和国外交部:《外交部发言人马朝旭就日本新版'防卫白皮书'答记者问》，http://www.fmprc.gov.cn/chn/gxh/tyb/fyrbt/t845494.htm。(上网时间:2011年8月8日)

（5）价格歧视日趋恶劣

价格是剥夺利益的利器。近年来，我国深水开发所需的设备与技术购买过程中遭受了严重的价格歧视，国际深水设备制造方一再提价，使得中国海洋油气开发成本居高不下，在对外技术贸易中损失惨重。例如，自升式钻井平台日租费由2005年初的约6万美元上涨到2008年初的20万美元左右，同期深水半潜式钻井平台日租费由17万美元上涨到50万美元。[①] 究其原因：一是遇到国际价格壁垒，被利益团体实施垄断价格剥削；二是缺乏谈判技术和经验，在谈判中处处受制于人；三是被国外安插大量利益代理人，核心信息屡被出卖。

基于以上对中国深水能源开发的SWOT分析，我们可以得出如下结论：

第一，我国开发深水能源既是对油气资源消费本身的需求，也是实现世界现代化大国战略的重要组成内容；第二，未来较长一段时期内，油气资源仍将是我国能源消费中不可替代的常规战略能源资源；第三，“近海远洋两种资源、国际国内两个市场”并重已经是我国能源开发的基本战略选择；第四，开发深水能源有助于拓展我国能源来源渠道，改善过分依赖中东能源的不利格局；第五，发达海洋国家对我国的技术遏制与封锁不会改变。

四、中国开发深水能源的困境破解与策略

既然勘探开发深水油气资源不可避免，那么如何规避风险，制定科学合理的发展战略，就成了解决问题的关键。中国深海能源开

① 张抗：《发展海工设备制造，走向世界海洋石油市场》，《中外能源》2010年第7期，第3页。

发面临两大困境：一是地缘安全环境的掣肘；二是发达国家的“技术霸权”。因此中国规避深水能源开发风险的战略对策，至少包括两个层面：一是中国政府的对策；二是国有企业的对策，当然还包括这两个层面的良性互动。由于深水能源开发是一个复杂艰巨的系统，多项参考指标难以准确定量，这决定了依据SWOT概略分析结论所制定出的战略对策，只能是宏观对策性的战略方针。具体战略对策主要包括以下几个方面（见表6—2）。

表6—2 中国深水能源开发的SWOT分析表

内部优势与劣势 / 外部机遇与威胁	优势（S） S1 制度优势 S2 规模优势 S3 储量优势 S4 资本优势 S5 技术优势	劣势（W） W1 战略规划不明确 W2 软硬件整合乏力 W3 资金投入不均衡 W4 技术研发较落后 W5 装备制造不自主
机遇（O） O1 国际形势尚好 O2 技术发展显著 O3 国际合作拓展 O4 国家政策扶持 O5 能源需求强劲	延展型（SO）战略 SO1 集中外交资源，改善深水油气勘探的国际战略环境 SO2 适度调整海洋能源开发的战略部署	扭转型（WO）战略 WO1 利用当前发达国家的财经困境，采用引进产品或技术——掌握技术——发展技术的模式，实现技术追赶和技术跨越。 WO2 提高深水科研支持力度，缩短国产设备研发—测试—投产周期
威胁（T） T1 周边安全形势严峻 T2 国际对华技术封锁 T3 国际舆情走向负面 T4 信息安全存在隐患 T5 价格歧视日趋恶劣	防卫性（ST）战略 ST1 建立高质量的深水科技与装备研发团队 ST2 实施全方位的能源大外交	多元化（WT）战略 WT1 积累经验再接再厉，拓展多种开发模式 WT2 在自主深水勘探，自力更生的同时，鼓励国际合作开发

（一）中国深水能源开发的延展型（SO）战略

SO 战略是依靠内部优势，利用外部机遇的战略。当前中国开发深水能源可供选择的 SO 战略包括：

一是集中外交资源，改善深水油气勘探的国际战略环境。一方面要采取政治、经济、外交等手段与相关周边国家积极磋商，另一方面要加大中国海监等政府职能部门的维权力度，有效阻止某些国家在争议区海域新的勘探开发活动，以实现真正意义的“搁置争议”，从而达到“共同开发”之目的。

二是适度调整海洋能源开发的战略部署。改变目前由浅到深的开发路径，调集浅海力量布局到有争议的深海水域。当然这种舍近谋远的战略调整不仅需要有舍弃眼前利益的智慧，更需要具有敢于承担巨大风险的勇气。另外，中国各相关主管部门应制订政策鼓励国内石油公司在争议区开展油气勘探开发活动，并积极推动争议区内对外招标活动，加大对外合作勘探开发力度，严肃维护和行使中国海洋权益。

（二）中国深水能源开发的扭转型（WO）战略

WO 战略是利用外部机遇，克服内部劣势的战略。当前中国开发深水能源可供选择的 WO 战略包括：

一是利用当前发达国家的财经困境，采用引进产品或技术——掌握技术——发展技术的模式，实现技术追赶和技术跨越。在国外人才市场紧缩期，国有能源企业应扩大国外高技术工种的引进规模，提高引进质量，给予生活和工作上的优惠与便利，人尽其才，扩充高端人才队伍。

二是提高深水科研资金支持力度，缩短国产设备研发—测试—投产周期。涉海部门可参考国外在国家投资上的经验与教训，引导和规范投资方向，控制和摒除投机性投资，以长远利益和战略利益为着眼，确定重点支持产业，实现深水科技与装备业的均衡发展。

（三）中国深水能源开发的防卫型（ST）战略

ST战略是维持内部优势，回避外部威胁的战略。当前中国开发深水能源可供选择的ST战略包括：

一是建立高质量的深水科技与装备研发团队。通过技术创新，突破关键技术，掌握具有自主知识产权的核心技术，建造一批深水核心装备，形成一支结构合理的技术研发队伍，使深水油气田开发技术能力进入国际先进行列。建立自主、核心的深水关键技术体系，提高深水作业装备、设备制造能力，为开发深水油气资源提供技术保障。①

二是实施全方位的能源大外交。既要重视政府间的互信外交，也要重视民间的交流。要与世界主要油气输出、输入国家和地区形成良好的沟通合作关系。在积极做好东海与南海北部油气勘探开发工作的同时，发展与国际深水开发企业的良性竞争与合作关系，努力推动与有关国家在有争议海域的油气共同开发工作，实现海上油气勘探开发的战略接替。

（四）中国深水能源开发的多元型（WT）战略

WT战略是弥补内部劣势，回避外部威胁的战略。当前中国开发深水能源可供选择的ST战略包括：

一是积累经验再接再厉，拓展多种开发模式。在“十二五”开局的前几年，国家应借助“十一五”期间海洋领域所取得的成绩和

---

① 博陵：《海上油气开发应‘深’谋‘远’虑》，《中国船检》2010年第11期，第2页。

发展势头，进一步加大对深海技术研究领域的投资力度，掀起国内深海技术领域研究高潮。在政府资金有限的情况下，可以采取“投资公司+企业”的合作模式，并且企业不仅限于大国企，如果是实力雄厚的民营企业一样可以考虑寻求合作。只有这样，才能实现深水开发产业化。

二是在自主深水勘探，自力更生的同时，鼓励国际合作开发。鼓励外国公司参与中国深水区风险勘探，实行“以能源换技术”战略，并以各种方式参与中国深水油气开发作业。通过对外区块招标或实施“走出去”战略，收购国外从事深水业务的油气公司或参加国外深水区块的招标，与拥有深水作业能力的油气公司捆绑在一起，从中学习先进的深水勘探开发技术与管理理念。

历史一再证明，中国的国运“向海而兴”，“背海而衰”。增强海洋意识，加紧开发海洋资源，是世界发展的大趋势。在中国“上九天揽月”的嫦娥工程大放异彩的同时，“下五洋捉鳖”的深水开发更需同步进行。在“大庆油田拯救一个中国”的时代渐渐成为历史的今天，我们期待在中国的能源版图上，烟波浩淼的海洋不久将成为新的油气战略接替区。在21世纪的第二个10年伊始之际，中国的海洋强国之路终于从书斋走入执政者的布局谋划，深水丰富的油气资源将给中国经济建设提供可靠的战略保障，沉寂千年的大洋深处承载着中华民族的强国梦想。

第三节　海上恐怖主义与中国利益：以索马里海盗为例

冷战的结束，特别是“9·11”恐怖袭击改变了全球国际安全的样式，使国际冲突的结构在全球范围内连接成为一个整体，即为一场“国际冲突风暴”。中东处于这场风暴的“暴风眼”（eyes of the storm），索马里则位于这个“暴风眼”之中。[①] 局势显现出很大的不确定性，索马里海盗的“恐怖主义化”有发展成一个区域性的安全核心问题的趋势，索马里海盗就像惹人讨厌的虻蝇一样，严重干扰着国际海上运输秩序的稳定与各国的海上安全利益，并有加剧中东地区安全局势动荡的可能。解决索马里海盗问题，不仅需要在联合国主导下的国际合作，更考验着整个人类社会的智慧。

一、海盗行为“恐怖主义化”：概念及成因

海盗行为“恐怖主义化”即海盗行为向海上恐怖主义蜕变的过程，但海上恐怖主义的定义却一直没有被明确地界定。如2005国际海事组织（IMO）年通过旨在打击海上恐怖主义的《制止危及海上航行安全非法行为公约》及其议定书中，只列举了三类威胁海上安全的行为，却没有明确海上恐怖主义的含义。有西方学者将“海上恐怖主义”定义为一种“政治性海盗行为”，即“怀有直接或间接的影响政府或个人团体的意图，对船只及其乘客、货物或船员，或者港口采取的任何非法行为”。[②] 亚太安全合作理事会（CSCPA）为海上恐怖主义制定了一个广义的定义：恐怖分子在海洋环境为特征的行为与行动，攻击在海上或港口的船泊或固定平台，及其上面所

---

① 这里所说的中东是一个严格的地理术语，一般说来包括巴林、埃及、伊朗、伊拉克、以色列、约旦、科威特、黎巴嫩、阿曼、卡塔尔、沙特、叙利亚、阿联酋和也门，巴勒斯坦、马格里布国家（阿尔及利亚、利比亚、摩洛哥、突尼斯）以及苏丹、毛里塔尼亚和索马里。

② Samuel Pyeatt Menefee, “Terrorism at Sea: The Historical Development of an International Legal Response”, in Brian A. H. Parritt, ed., Violence at Sea, CBE, Paris, 1986, p. 192.

搭载的的乘客或船员，袭击海岸的设备或建筑物，其中也包括旅游景点、港口或港口城市等。但这个定义没有说明何谓恐怖主义，以及攻击军舰是否也包含其中？海上恐怖主义研究中心（Maritime Terrorism Research Center）认为海上恐怖主义应包含对船只（民用与军方）使用暴力或威胁使用暴力，对船只上的船员或旅客、货物进行带有政治目的的行为。[①] 上述定义的缺陷在于没有明确说明海事环境的范围，也没有界定何为恐怖主义行为以及背后的政治目的是什么，而更多的是一种法理性的阐述。因此，对海上恐怖主义的定义应该基于国际社会现实之上，只有这样才能够得到各国最大限度的认可与支持。这是因为：首先海上恐怖主义是个跨国性问题，具有流动性的特点，在打击恐怖主义的过程中，需要国际合作。其次，打击海上恐怖主义必须符合各国的利益需求，尤其是安全利益与经济利益需求。所以，海上恐怖主义较合适的定义为“旨在胁迫本国或别国政府以实现某种政治目标而从事的危及国际海运安全或利用国际海运危害本国或别国安全的行为”。

“恐怖主义化”分为两个层次：恐怖“组织化”与恐怖“政治化”。恐怖“组织化”是恐怖活动的初级阶段，其特点为恐怖活动逐渐由个人向集团化方向发展，以获取钱财和实现某些个人目的为目标。恐怖“政治化”是恐怖活动的高级阶段，多表现为民族分离组织、极端宗教组织，特点为恐怖活动具有明确的政治意图。索马里海盗“恐怖主义化”的基本特点是政治目标的外生性与暴力性。前者指的是境外恐怖组织与海盗相勾结，使境外恐怖主义理念“本土化”。索马里政局不稳，安全形势脆弱，武装割据和战乱不止，民族和宗教矛盾错综复杂，极易被恐怖分子利用制造事端。可以预见，恐怖威胁在非洲将长期存在，被列为“基地”组织恐怖活动大本营

---

① Maritime Terrorism. com, “Defining Maritime Terrorism,” http: //www. maritime-terrorism. com/definitions.

之一的索马里地区尤为突出。[①] 其次，索马里海盗几乎无选择地袭击过往商船，并且手段越来越残忍，其中索马里海盗射杀人质、袭击军舰是一个值得关注的新动向。以往海盗劫船只为求财，只要对方不采取武力反劫持和营救人质行动，一般不射杀人质，也不主动攻击护航军舰。但是，近期发生了海盗枪杀人质和袭击护航军舰的事件反映出索马里海盗“恐怖主义化”的暴力性与极端性的特点。[②]

索马里海盗目前处于恐怖“组织化”的形成阶段，即索马里海盗虽然出现了集团化，但仍以抢劫财物为主。但值得警惕的是，海盗行为作为一种恐怖活动，已经显露出与境外国际恐怖主义勾结，加速向恐怖“政治化”发展的苗头。主要表现有二：首先，近年来，“基地”与世界各地伊斯兰教极端原教旨主义武装派别之间的联系日益紧密，国际海事局表示“基地”等恐怖组织用装载炸药的小船袭击油轮和商船这种海上恐怖袭击已成为海上劫掠的一种新趋势，而要消灭有国际恐怖分子介入的海盗集团，难度更大。[③] 甚至在一些贫困的穆斯林民众当中，仍对“基地”组织以维护穆斯林的尊严而向西方社会发动“圣战”存在一定程度的同情。第二，国际恐怖组织的成员年轻化趋势越来越明显，这表明了恐怖组织的某些理念被年轻人接受，随着越来越多的索马里年轻人加入到海盗队伍之中，他们被国际恐怖组织“感召”的可能性在加大。“恐怖分子的最新目标可能是全球航运。索马里海盗事件发生率已经是全球之冠，极有可能发生海洋恐怖事件。”[④] 2008 年总共有 135 起索马里海盗武装袭击事件，44 艘船被

---

① 中国网：http://www.china.com.cn/military/txt/2008－03/03/content_11407410.htm。

② 例如，2009 年 4 月 26 日枪杀“海公主 2 号”一名印度船员，2009 年 5 月 3 日试图袭击法国“雪月”好导弹护卫舰，5 月 6 日追击美国军火船“刘易斯·克拉克”号。

③ 秦萍：《海盗威胁缘何连连升级》，《中国船检》2009 年第 6 期，第 52 页。

④ Dillon D. R. The War on Terrorism in Southeast Asia：Developing Law Enforcement http：//www.heritage.org/Research/AsiaandthePacific/BG1720.cfm.

劫，600多船员被劫为人质。[①] 而在2009年的前9个月，在索马里以东海域就有176起武装袭击事件，几乎是去年同期的两倍。[②]

索马里海盗“恐怖主义化”离不开经济贫穷、政治不稳定、领土争议以及执法不力等因素，总的来说有以下几个方面的原因。

第一，索马里政局不靖。索马里是被联合国列为最不发达的国家之一，长期的战乱造成军阀割据、民不聊生，“一本万利”的海盗成为很多无业青年的投身所在。贫困与动荡，使索马里成为培育跨国犯罪与恐怖主义的温床。与“基地”组织曾经隐匿过的阿富汗不同，如今的索马里过渡政府的有效控制范围仅限于摩加迪沙周边地区，海岸警备部队力量薄弱，对2880公里的海岸线监管能力极弱，这使索马里沿海地区不仅成为“权力真空”地带，更成为海盗的天堂。正如法新社报道所言：由于没有一个强大的政府，缺乏对海盗的强大威慑力，使得索马里海域的海盗行为“风险低，回报高”，造成这里局面越来恶化。地方政府海上警力的薄弱和腐败现象也影响了打击海盗的绩效。

第二，国际恐怖组织的活动平台从陆地转向海洋。“9·11”事件以后，在各国政府加大反恐力度、强化陆上和空中安全的情况下，恐怖分子瞄准了安全防范措施相对薄弱的海域。美国中央情报局称“基地”组织开始扩大在北非与东非以及中东的影响，特别是在也门与索马里。[③] 恐怖组织的恐怖行动需要经费，通过海

① “Piracy in waters off the coast of Somalia”，国际海事组织：http://www.imo.org/home.asp? topic_id=1178。

② “World pirate attacks surge in 2009 due to Somalia”，CBS新闻网：http://www.cbsnews.com/stories/2009/10/21/ap/asia/main5404195.shtml。

③ “CIA warns of increase in ‘western’ terrorists”，http://www.guardian.co.uk/world/2008/nov/14/usnationalsecurity-usa. “CIA chief says al-Qaida still greatest threat-Bin Laden isolated but network spreading influence in Africa, Mideast”. http://www.msnbc.msn.com/id/27703673/ns/world_news-terrorism/.

盗行为获取经费就成为其行动过程中的一个重要环节，同时这些恐怖组织也可以采取专业的海盗战术去实施能够产生严重政治冲击效应的恐怖活动。有分析称恐怖组织可能效仿索马里海盗为自身利益索取赎金从而导致更多军火船和巨型油轮被劫持。[①] 一旦恐怖分子把船只当作重点袭击目标，全球经济可能蒙受巨大损失。从这一角度而言，失去中央政府有效管辖、且组织化程度较高的索马里海盗，极有可能被恐怖主义分子利用和吸引，使之成为进行恐怖活动的中坚力量。尽管索马里一再申明其行动与恐怖主义无关，但随着国际贸易的日益增长，恐怖主义的"全球化"及其恐怖活动方式的转变，海盗与恐怖主义势力的勾结和合流将成为威胁国际经济安全的最大隐患。国际海事组织秘书长米乔普洛斯说，索马里海盗已经不是区域性犯罪，而是同恐怖主义一样，已经成为全世界的公敌。[②]

第三，国际社会的纵容。索马里成为世界上海盗最多的国家，其中的深层原因之一是国际社会的纵容与放纵。面对初期人数与势力都弱不禁风的海盗，国际社会采取一种忍耐的态度，没有下大决心铲除这棵毒苗，以至于海盗的羽翼渐丰，成为世界的公敌。海盗劫持一艘船就能成功要到赎金，并通过各种渠道购买先进武器，"以盗养盗"，使海盗更加如虎添翼，无所忌惮。[③] 海盗以杀害人质、炸毁所劫船只作为威胁，引起包括被劫船员家属在内的众多民众反对政府对海盗的强硬态度，迫使许多国家只能暗中与海盗进行协商、交纳赎金赎回自己的船与船员。乌克兰"法伊尼"号军火船事件就

① Mike Hume, "How to create Africa's Afghanistan", Jan 10, 2007. http: //www.orwelltoday. com/ciasomalia. shtml.

② "Somalia: UN meeting seeks to strengthen battle against pirates", 联合国新闻中心。http: //www. un. org/apps/news/story. asp? NewsID = 29697&Cr = pirates&Cr1 = somalia。

③ 孙国：《索马里海盗》，人民武警出版社2009版，第181页。

是以该船所属国家交纳赎金解决的，而此前该国明确回复不会屈服于暴力付任何赎金给海盗。人的生命是第一位的，面对社会压力与信任危机，没有一个国家和船所属公司能够无动于衷。轻而易举勒索而来赎金，不仅纵容了海盗的嚣张气焰，更为索马里内战提供了支持，增大了剿灭海盗的难度。

第四，美国因素。稳定的索马里政局有利于从根本上解决海盗问题，但美国以反恐的名义干涉索马里事务，反使这个饱受摧残的国家几十年来最好的和平机会化为乌有。例如：当2006年6月，当索马里教派武装“伊斯兰法庭联盟”终于控制住军阀的混战，同时也严厉打击各种海盗活动，索马里无政府主义状况有望结束时（当时的海盗活动也几乎停止），美国支持埃塞俄比亚入侵索马里，在击垮“伊斯兰法庭联盟”的同时也把索马里进一步推向了“基地”组织的怀抱。如今“伊斯兰法庭联盟”的东山再起，其强硬派不仅控制着索马里中南部部分地区，还有可能促使这些地区向“塔利班化”方向发展，① 并激化与别国的矛盾。随着越来越多的外国军舰涌入亚丁湾，海盗们会就此收手，还是对失衡的社会产生更大的抱怨与仇视？显然，一个在独立后近半个世纪里仍然无法掌握自己命运的国家，在任凭别国势力摆布的同时，产生极度的挫折感和失败感是很正常的。这就为以“圣战”的名义发动恐怖袭击的国际恐怖组织提供了天然的同盟军。当索马里海盗的“恐怖主义化”瓜熟蒂落之时，就是另一个非洲版阿富汗诞生之日。

二、索马里海盗“恐怖主义化”带来的“蝴蝇效应”

所谓“虻蝇效应”，是指在国际秩序下，一个微小的不良事件，

① “塔利班化”泛指宗教团体或宗教运动模仿塔利班推行严厉的宗教政策。《“塔利班第二”占领摩加迪沙》，《青年报》2006年6月7日，第15版。

如果不加以及时引导与调节，将会带来一系列的恶性连锁反应。索马里海盗带来“虻蝇效应”主要通过两种途径影响着整个国际体系，一是恐怖主义“国际化”趋势推动索马里海盗向“恐怖主义化”方向发展，使亚丁湾地区成为国际恐怖主义新的活动区域。二是将区域外大国拉入到战略安全环境极端脆弱的中东，大国利益的角逐增加了该地区的动荡因素。如果不妥善处理好索马里海盗问题，任其向海上恐怖主义发展，就会引起中东地区固有的教派矛盾、种族矛盾、跨地区民族矛盾、领土与资源分配纠纷、南北差距以及大国冲突等大爆发，这些不稳定因素会汇集成一股逆流，推动着中东这个国际冲突风暴的“暴风眼”的旋转，最终将世界其他国家都卷入其中，造成国际局势的大动荡与大混乱。所以，随着区域外大国与国际恐怖主义纷纷染指其中，则预示着索马里海盗这群“虻蝇”很可能会在中东掀起一场国际安全与冲突的大风暴。

“虻蝇效应”始于索马里的根本原因在于亚丁湾及西印度洋极为重要的战略价值，以及处于“权力真空”的索马里政局。今天的索马里海盗就像一群惹人讨厌的虻蝇，在向恐怖主义化方向蜕变的同时，还使亚丁湾变成各大国的利益竞技场以及国际恐怖主义的“天堂”。装备精良但数量有限的护航军舰在400万平方公里的海域追逐众多机动性极强的海盗船，这本身就是一个“大炮打蚊子”的讽刺，① 而美、俄等国继续向亚丁湾增派军舰，其中的寓意不言而喻。对于某些大国来说，控制住波斯湾与亚丁湾，就等于控制住了中东的能源、非洲的资源与其他国家的生命线，并最终控

---

① 目前已有17个国家派遣艘海军舰艇在亚丁湾护航，其中北约派遣军舰14—16艘。另有印度塔巴尔号巡防舰；韩国姜邯赞号驱逐舰；中国舟山号驱逐舰，徐州号护卫舰与微山湖号补给舰；俄罗斯“特里布茨海军上将”号大型反潜舰；日本“涟”号驱逐舰和“五月雨”号驱逐舰以及伊朗等国派遣的10余艘护航军舰。美国国防部：http：//www.defenselink.mil/news/newsarticle.aspx？id=15376。

制住世界经济的命脉。而当“无法无天”的索马里海盗最终选择与国际恐怖主义站在一起，那么这种“恐怖主义化”将为国际安全局势带来一系列恶性连锁反应，其中最直接的后果是新一轮海上霸权争夺战与国际反恐多线作战的开始。

索马里海盗带来“蚯蝇效应”首先会影响中东地区的安全局势。在全球范围内，国际安全关系是一个相互联系的整体。外表看起来纷繁复杂的国际安全状况，却存在着内部的联系性，其中有某种难以摆脱的因素决定了国际冲突的整体布局。在当前国际安全与冲突的风暴中，我们拨开纷繁复杂的表象与历史迷雾的纠葛，可以发现中东地区在当代国际安全关系中的特殊地位，它牵动着东西方两个方向的安全问题的神经。也就是说，无论在东方还是在西方，在欧洲还是在亚洲所存在的安全问题，中东局势的动荡会通过自身在地缘政治与经济方面与东西方的联系，将区域的危机传导到世界各地，引发一系列难以预料的连锁反应。索马里海盗的活动范围绝大部分位于亚丁湾与西印度洋，不仅影响到环阿拉伯海各国的安全，更为区域外各大国介入中东提供了借口。索马里海盗问题向“恐怖主义化”方向发展，很有可能将亚丁湾地区变为国际反恐的新前线，而大国武装护航的增加与环亚丁湾的国家对主权侵蚀的担忧，无疑使中东形势变得更加错综复杂，变幻莫测。

三、解决索马里海盗“恐怖主义化”的困境分析

海军护航行动存在的法律问题。2008 年 6 月以来，联合国安理会已就解决索马里海盗问题通过了 4 个专门决议（1816 号、1838 号、1846 号、1851 号），1851 号决议呼吁有能力的国家和区域组织依照安理会有关决议和国际法积极部署军舰和军机，共同参与打击

索马里海盗与海上武装抢劫行为。[①] 美、俄、印、法等国也派出军队进行护航，并有效降低了海盗抢劫的成功率。但海军护航行动仍面临三个方面的法律问题：一是法律作用的局限性，影响了国际反海盗合作的有效进行。从目前适用的法律来看，公海上的海盗行为是国际法公认的犯罪行为，任何国家均可对其进行打击，而对于将海盗作为一种恐怖主义来打击，在法律上则仅限于个别国家和个别情况。二是对海盗行为的定义存在法理学分歧，影响了各国军事行动的有效展开。如《联合国海洋法公约》规定：只有在一国领海之外对商船等从事的暴力行为才属于海盗罪，各国才有权管辖，在一国领海之内从事的同样行为不属于海盗罪，各国无权管辖。[②] 而国际海事局则规定：凡是登上或者企图登上任何停泊或行驶的船只、以暴力手段盗窃船上物资的行为都属于海盗行为。目前国际上对海盗的统计依据的是国际海事局的定义，但国际海事局是民间组织，其法律规定没有法律效力，所以各国护航军舰却只能依据《联合国海洋法公约》进行护航活动，这就使各国护航军舰只能在索马里领海之外打击海盗，海盗在领海与公海之间进进出出，让各国护航军舰投鼠忌器，增大了追捕的难度。而且，虽然紧追权与登临权的有关规定也适合海盗行为，但护航军舰登临某一外国船，必须有足够的理由证明该船从事海盗活动。因为索马里的渔民常常在渔船中藏有武器用以自卫，而常装扮成渔民的海盗，令护航军舰不可能登临检查，而只有在海盗发起进攻时才予以追逐与驱赶，并且越境追踪也没有法律依据的支持。三是打击海盗的军事行动本身也引发出诸多新问题。譬如，打击海盗的刑事执法行动是否是人道主义干预的法律基础？反海盗过程中造成的海洋环境污染等由谁负责？对海盗的羁押

① 联合国安理会 1851 号决议。http://www.un.org/chinese/aboutun/prinorgs/sc/sres/08/s1851.htm。

② 张海文：《〈联合国海洋法公约〉释义集》，海洋出版社2006年版，第189页。

与审判应该由谁来进行？

大国利益分歧难以促成国际合作。尽管各国针对索马里海盗的打击立场空前一致，但是表态与行动千差万别，利益着眼点也不尽相同。索马里海盗所反映出的问题根源与大国卷入就像一面镜子，折射出当今世界大国间的权力博弈，以及全球化时代像索马里一样的极端弱势国家，带给世界怎样的冲击。从目前各国联合打击索马里海盗可以看出：战略利益、大国利益，才是某些大国出兵亚丁湾的第一目标而非打击海盗、反恐。保证在该地区的战略存在，保证稳定的战略资源供给、借打击海盗来彰显本国实力、增强威慑力，这才是其根本战略目标，而打击海盗只是一个附属目标而已。美国有意放松对海盗的打击，是为了迫使非洲国家接纳其非洲司令部，以加强美国在“非洲之角”的军事存在，提升对这一“黄金水道”的实际控制。我们也很容易判断，就像国际社会联合打击索马里海盗成为了一场持久战役一样，大国间基于各自的利益考虑而展开的博弈将持续更长时间。

索马里海盗的战术诡异进一步增大了打击海盗的难度，相反为国际恐怖主义分子的破坏活动提供了经验。根据国际海事局提供的最新数据表明，索马里海盗的劫持战术主要有三种：1. 子母船：索马里海盗通常是以改装过的普通民船作为“母船”，航行到距离较远的外海并找到目标后再放下快艇对目标船只实施包围和袭击。因此，在他们没有出手前，外国军舰很难从外表上判断出哪一艘船是海盗船，而在海盗登船控制船员后，考虑到人质的安全问题，外国军舰此时即使赶到现场也不敢轻易动用武力。2. 守株待兔：海盗将母船分布在联军公布的海上走廊沿线水域或索马里东岸预定水域，伺机袭击过往船只。他们一般选择单独航行、船速较慢、干舷较低的船舶作为袭击对象，一旦发现合适目标，立即采取行动。3. 狼群战术：海盗袭击力量由“单打独斗”向集群团伙扩展。海盗 1—2 艘快艇负责警戒或分散护航军舰注意力，其余小艇集中攻击目标船只，速战速决。据统计，每年通过苏伊士运河的船只约有1.8万艘，其中大多数都要经过亚丁湾，此外，还有大量不经过苏伊士运河的船只在这一海域航行。显然，仅仅依靠目前多国部署在该海域的10多艘军舰难以完全监控整个海域。

亚丁湾沿岸国家自身的问题。索马里海盗活动区域内的国家、地区及其政府本应是反海盗的中坚力量，但是这些国家大多国力弱小，无力来承担打击海盗的重任。此外，由于索马里海盗活动的水域遍及公海与其他国家的领海，所发生的劫掠事件往往涉及到亚丁湾与波斯湾的多数国家，甚至会有跨国刑事犯罪的可能性。只有建立广泛的多国合作体制才能有效打击索马里海盗的跨国性的组织犯罪。但是，许多国家担心国际合作会损害其主权，加之许多相邻的沿海国之间本就存在着主权和海洋资源等的争议，因此对国家间合作打击海盗的方式并不积极。此外，有些国家因不愿意被指责在处理国内犯罪等问题上的无奈，即使是为了消灭海盗主要根源——贫困，而对所需的援助也不接受，更不愿意承认本国的一些海域为危险的海盗水域。

四、索马里海盗“恐怖主义化”的应对之道

遏制索马里海盗向“恐怖主义化”方向发展，应该从宏观、中观与微观三个层面打击索马里海盗入手。宏观层面是在联合国及相关国际组织的协调下，改善索马里等贫困国家的民生状况，铲除恐怖主义繁衍之地，敦促相关国家加入《联合国海洋法公约》及国际海上组织1988年罗马公约（制止危及海上航行安全的非法行为公约），使国际联合打击海盗的有法可依。中观层面的途径是以中东国家为主导的区域治理与区域合作。微观层面则是各国按照平等、公

开、实事求是的原则在亚丁湾进行分区巡逻，分段护航，提高对海盗的监控能力与护航效率。

首先，防止索马里海盗“恐怖主义化”的根本在于稳定索马里的局势，发展当地经济。国际社会在加大对索马里海盗的打击力度外，还应尽力加快索马里的政治重建进程，恢复正常的法律和秩序，特别是发达国家要增加对索马里的经济援助，帮助其人民缓解贫困，改善生活。国际区域组织继续采取行动保护世界粮食计划署海运船队，确保向索马里境内运送人道主义救援物资的海上通道畅通，这样才能从根本上解决索马里的海盗问题。否则，如果索马里继续处于混乱和赤贫状态，海盗活动就不会绝迹。更重要且更现实的是，联合国、非盟、东非地区组织应尽快跟索马里过渡政府和索马里盘踞军阀同时接触，使他们坐到同一谈判桌上，使各方利益均沾，达成协议，然后组成一个联合政府。如果国际社会能使较为极端的伊斯兰派别边缘化，而由温和派伊斯兰人士直接执政，则可能是实现索马里稳定的可行方案。

其次，落实“本土化”政策，深入开展亚丁湾的区域治理。区域治理是指同一地理区域国家为了政治经济文化社会等共同利益和持久发展，在区域组织机制的协调下进行合作与互动的过程，其实质是多边主义在区域框架内的实施。[①] 首先，亚丁湾沿岸各国应尽快加入相关国际公约并加强国内立法，使海盗治理有法可依。海盗问题是一个需要高水准的区域合作才能解决的难题，完成这一任务的途径就是所有签署并批准国际海事组织 1988 年罗马公约的成员国的共同努力。如果亚丁湾、西印度洋沿岸所有国家都能批准且实施上述公约，海盗们才会无处藏身。其次，鼓励在亚丁湾沿岸打击海盗和海上武装抢劫行为的所有国家和区域组织建立一个国际合作机制，

---

① 马嫘：《区域主义与发展中国家》，中国社会科学出版社 2002 年版，第 7 页。

作为国际合作、信息沟通的联络点。例如：红海附近的阿拉伯国家于2008年11月20日决定建立联合机制，加强红海地区航运安全，共同监督、跟踪和打击任何试图进入红海海域的海盗活动。2008年在国际海事组织的协调下，西印度洋19个国家欲效仿《亚洲地区反海盗及武装劫船合作协定》，酝酿执行一项非洲地区协议，商讨开展情报交流与联合巡逻行动。第三，加大阿拉伯国家联盟在亚丁湾区域治理中的作用。索马里是阿拉伯国家联盟成员，与中东的阿拉伯国家有着悠久的宗教、文化与商贸关系。沙特阿拉伯、科威特、埃及、也门、阿拉伯联合酋长国等国是索重要援助国和贸易伙伴。埃及、也门等阿拉伯国家及阿盟曾积极推动索各派实现和解，并成功促成了索马里过渡政府于伊斯兰法庭联盟的两次和谈。① 充分发挥索马里与阿盟国家在宗教、地缘、文化等领域的亲缘性，有助于增强中东地区的内部稳定力量。

再次，降低军舰的护航成本。途径之一是在平等协商、友好合作的原则指导下，各国军舰进行分区巡逻，分段护航，并且可以考虑中国护航舰队近期施行的小艇巡逻的方式，尽可能增大护航船只的机动性。此外，联合护航也是各护航舰队可供参考的模式，如中俄双方护航编队在很短的时间内就进行了联合护航和联合海上演练，效果良好。面对日益网络化的海盗，任何国家都不可能为本国每一艘商船护航，各国军事力量只有加强协调、合作，共同制定和执行打击海盗的有效巡逻机制，协同配合作战，才能消减海盗活动。二是加强商船、渔船的自卫力量。由于当前的国际法不允许商船携带武器的条款，有关方面可以考虑发展可靠的民营安保力量，为商船在海盗出没的海域提供安保服务。三是商船航行线路应在各国海军联合巡航范围之内，加强应急部署和演练，确保各项防范措施落实

① 中华人民共和国外交部网站。http：//www. fmprc. gov. cn/chn/pds/gjhdq/gj/fz/1206_ 45_ 4/。

到位。船舶进入索马里水域前，应按照《国际船舶保安计划》进行防海盗部署，提高海盗预警与通报能力。

最后，充分利用已有的国际组织合作框架，整合各方资源和优势共同打击海盗。国际海事组织（IMO）、国际刑警组织（ICPO）和海盗报告中心是打击索马里海盗的三件利器。除了吉布提之外，亚丁湾沿岸国家以及派出军舰护航的国家都是国际海事组织的成员国，这为索马里海盗的区域治理提供了组织保障。IMO出台了一系列强化海上安保措施，并通过综合技术合作项目向发展中国家提供反海盗帮助，这都有助于打击索马里海盗的合作。ICPO是打击索马里海盗的强力部门，在追踪被盗船只，捣毁海盗团伙方面很有优势。① 各国如能进一步加强在ICPO框架下的合作，必将有力遏制索马里海盗活动“恐怖主义化”趋势的蔓延。海盗报告中心的主要任务是收集可疑船只的动向和海盗袭击的情报，通过国际海事卫星发布最新动态，提醒各国船只保持警惕。② 该中心的数据库一直以来被世界各国执法部门广泛采用，在配合各国警方追踪、拘捕和起诉海盗方面发挥着重要作用。打击索马里海盗、粉碎海上恐怖主义，应充分发挥这些国际组织的作用，利用已有的国际合作框架，做到资源与信息共享。

索马里海盗“恐怖主义化”的本质是一个政治问题、经济问题。防止索马里海盗向“恐怖主义化”方向发展的途径是在继续严厉打击“基地”等恐怖主义组织，粉碎国际恐怖主义与索马里的联系网的同时，帮助索马里恢复统一、安定和正常的秩序，让索马里人民能够化剑为犁，安居乐业，使国际恐怖主义失去容身之地。中国作为一个负责任的大国，理应在索马里国家重建和恢复国家秩序的过

---

① 卢国学：《国际刑警组织》，中国社会科学文献出版社2004年版，第184页。

② 许可：《东南亚的海盗问题与亚太地区安全》，《当代亚太》2002年第3期，第48页。

程中承担包括经济与工程援助、派遣维和部队等力所能及的国际责任。海洋问题关系到各国生存与发展，利益攸关的各方只有兼顾本国国家利益和国际社会共同利益，才能有效推动国际合作机制的建设，共同维护亚丁湾地区的和平与稳定。

第七章

中国的北极战略①

在我们的印象当中，北极是一个非常纯净的土地，那里是北极熊和海豹们的乐园。如今，世界海上军事强国纷纷觊觎这块纯净的土地，甚至大打出手。万里冰封的北极为何突然变得如此炙手可热？这里面究竟隐藏着怎样的秘密？

第一节　北极：大国博弈新焦点

随着北极的气温升高和海冰融化，北极资源的规模化开采和北极航道的商业运营逐渐进入实质化阶段。这些变化促使北极国家进一步重视北极，进而引发对北极的争夺。北极地区因此成为当今国

① 本章为作者主持的2013年度教育部人文社会科学研究青年基金项目：《管理规制视角下中国参与北极航道安全合作实践研究》（项目批准号13YJCGJW012）的部分研究成果。

际政治中的热点之一。在北极地区特殊的地缘政治条件基础上，受冷战后国际政治民主化进程影响，众多国际政治行为体积极参与北极事务，致使北极地缘政治关系日趋纷繁复杂，北极地缘政治竞争兼具传统性与新特点。

一、北极概况

北极是指北极圈（66°34'N）以北、以极昼和极夜为特点的地区，主要由一个被广大冰原覆盖的北冰洋和环绕在其周围的冻土地带所组成。包括整个北冰洋以及格陵兰岛、加拿大、美国阿拉斯加州、俄罗斯、挪威、瑞典、芬兰和冰岛八个国家的部分地区。[1] 文化意义上的北极地区则更为广阔，包括了萨米人、因纽特人等北极原住民的活动范围。此外，北极地区在社会学和政治学上的定义是八个北极国家的北方领土，甚至包括地理上属于亚北极地区的芬兰的拉普兰省。

北冰洋。北冰洋（Arctic Ocean）又称北极海，位于北极圈内，大致以北极点为中心，包括巴伦支海、波弗特海、楚克奇海、东西伯利亚海、格陵兰海、哈得逊湾、哈得逊海峡、喀拉海、拉普捷夫海、白海和巴芬湾等边缘海和陆间海。北冰洋是世界五大洋中最小最浅的，面积1405.6万平方公里，约占世界大洋面积的3.6%。平均深度1200—1300米，为世界大洋平均深度的1/3。最深处为南森海盆，深度为5450米。

地形。北极地区包括北冰洋、周围陆地海岸带及岛屿、北极苔原和泰加林带。如果以北极圈为界，北极地区的总面积为2100万平

---

① 基于气候和生态学因素，北极地区也可定义为七月份时的10℃等温线以北地区，而这一边界与北极树木线大致对应。

方公里，其中陆地占800万平方公里。北冰洋周边的陆地由欧亚大陆、北美大陆与格陵兰岛组成，中间由白令海峡和格陵兰海隔开，总面积约800万平方公里。海岸线蜿蜒曲折，类型众多，有陡峭的岩岸、峡湾型海岸、磨蚀海岸、低平海岸、三角洲及潟湖型海岸等各种类型。

面积约1475万平方公里的北冰洋被陆地包围，近于半封闭。通过挪威海、格陵兰海和巴芬湾同大西洋连接，并以狭窄的白令海峡沟通太平洋。北冰洋可分为北极海区和北欧海区两部分。北冰洋底部有广阔的大陆架，最宽达1200千米以上，所占面积达到总面积的33.6%。洋底中央横卧着两条海岭：雷蒙索诺夫海岭和门捷列夫海岭，将北冰洋地分为三个海盆：加拿大海盆、马卡罗夫海盆和南森海盆。北冰洋周边分布着大部属于大陆架范围的边缘海，如挪威海、格陵兰海、喀拉海、拉普捷夫海、东西伯利亚海、楚科奇海、波弗特海、巴芬湾、哈德孙湾以及加拿大北极群岛间各大小海湾和海峡。

气候。北极地区气候的主要特征是冬季寒冷，夏季凉爽，和南极一样，有极昼极夜之分。极夜从9月23日开始，持续至次年4月，长达六个月。接下来是同样六个月的极昼。降水主要表现为下雪的形式。云雾天是北冰洋夏季典型的天气；疾风很少，月平均风速为4.5米/秒。暴风雪容易发生在边缘地区，尤其在冷暖气团交汇处。

北冰洋有长年不化的冰层，占北冰洋面积的2/3，厚度多在2—4米左右。中央的海冰已持续存在300万年，是永久性的海冰。水温大部分时间在0℃以下。当海水向南流进大西洋时，瓦解的冰山就随之流入大西洋，给航运带来威胁。1912年4月15日，泰坦尼克号客轮就是撞到漂流的冰山而沉没的，造成巨大的人员和财产损失。

资源。北极地区拥有可观的自然资源，比如石油、天然气、矿产资源、森林资源以及丰富的渔业资源。阿拉斯加已探明石油储量达70亿桶，天然气达8千亿立方米，据估计石油和天然气储量可达380亿桶和40万亿立方米。加拿大北部的石油和天然气储量与阿拉斯加相当或更多。而俄国北部的油气资源的储量又远远超过前两者。除油气资源外，北极地区还发现了世界上超大型的煤矿以及铁矿、铜矿、铅矿、锌矿、石棉矿、钨矿、金矿、金刚石矿、磷矿和其他贵金属矿。近年来，出于对神秘而寒冷的北极地区的兴趣，北极地区的旅游业也逐渐兴起。此外，北极地区还有大量的未开发的水电资源。

二、北极的地缘政治形势

北极的战略地位。出于地理上的原因，通过北极地区是从东西半球到另一半球的最短航线。为此，许多探险家前仆后继，打通了欧亚大陆与北美大陆之间的东北航线和西北航线。二战期间，英美为了向苏联输送战略物资，开辟了北极航线，后者成为了同盟国与苏联联系的重要交通渠道。北极航线起点一般是冰岛，终点主要是苏联北方的两个港口，摩尔曼斯克和阿尔汉格尔斯克。北冰洋航线由1941年9月28日开通，由英国和苏联海军联合掩护。至1945年5月，同盟国向苏联先后派出37支护航船队和37艘单独航行船只，共计743艘运输船，损失85艘。同盟国提供的战略物资对苏联起了很大作用，也鼓舞了士气和民心。

冷战时期，由于北极地区是美国和苏联间最近的通道，双方都在北冰洋沿岸部署了大量的陆基洲际弹道导弹发射场。加上北极的冰层为潜艇提供了躲避雷达等传感器追踪的绝佳场所，在冷战期间，北极地区一直是美苏潜艇角逐的舞台。双方潜艇多次在北冰洋冰盖地下遭遇。美国还曾经通过窃听苏联地下电缆和潜艇来获取机密情报。[1] 特别是俄罗斯北方舰队的潜艇部队是西方海军最不愿面对的对手，风靡80年代的美国惊险小说并最终被改拍电影的《猎杀“红色十月”》就是描写苏联核潜艇的巨大威慑力，西方对北方舰队潜艇部队的害怕程度由此可见一斑。

2007年至2008年是国际极地年，新一轮的北极主权争议也再次响起。俄罗斯在北极点下海床插旗之后，加拿大在2007年8月7日至17日举行了名为“Operation Nanook”（北级熊行动）的军事演习。8月10日，加拿大总理宣布，将在北极地区新建一个军事训练中心和一座深水港。美国也计划于2008年在阿拉斯加北段的巴罗观察站建立季节性基地，部署直升机、小型船只或者固定翼飞机，用于执行海上搜索、救援等任务。

北极领土争端。早在18世纪，环北冰洋国家就意识到北极地区的重要性。1784年，俄罗斯曾对阿拉斯加、白令海峡、阿留申群岛等地区宣示主权，并进行捕猎海豹的活动。

1920年，大不列颠联合王国、美利坚合众国、丹麦、挪威、瑞典、加拿大、澳大利亚、南非、意大利、日本、荷兰等18个国家签署《斯瓦尔巴条约》，承认挪威对斯匹次卑尔根群岛具有充分及完全主权。各缔约国的公民可以自主进入该地区，但活动受挪威法律管辖。1925年，中国、苏联、德国、芬兰、西班牙等国家亦参加该条约。

1933年，美国国务院发表了题为“两极地区：在南极与北极领土要求的研究中，对地理与历史资料的考虑”的报告。1941年，美国与丹麦共同在格陵兰岛建立空军基地。

根据联合国海洋法公约，一个国家可以有十年的时间来宣告对其专属经济区的主权。据此，美国、加拿大、俄罗斯、挪威和丹麦

---

① William J. Broad, “Tale of Daring American Submarine Espionage”, *New York Times*, 1998-11-08.

都开展了对某些北极海区的领土要求计划。

2007 年 8 月 2 日，一艘俄罗斯的探测深海小潜艇和平一号和和平二号在北极点附近成功下潜至海床，并一面 1 米高的钛金属制的俄罗斯国旗插在北极点下的海床上，以“证明北极附近海域就是俄罗斯的领土范围”。尽管这次下潜为科学探测，但在北极点下的海床插旗的行为引起了是否会展开对北冰洋海底的巨大油气资源的争夺的担忧。

美国和加拿大都对俄罗斯插旗的举动提出抗议，并宣布会以北极科考和军事演习等途径作出回击。

北极的环境政治。在全球气候变暖的影响下，近年来北极地区的冰盖厚度在不断下降。有证据表明，最迟到 2080 年，北极地区在夏季时将不再为冰所覆盖。[①②] 2012 年 8 月 27 日，美国国家冰雪数据中心显示在 8 月 26 日的卫星观测，北冰洋的海冰面积已经缩减至只有 410 万平方公里，北冰洋夏季的海冰量已减少超过 40%。美国国家航空航天局科学家科米索（Joey Comiso）表示，2012 年北极的夏天气温未见不寻常高温，北冰洋夏季的溶冰量更令人惊讶。冰雪数据研究中心指出，此现象是长期气候暖化的强烈信号，不少科学家均预测 2015 年或 2016 年可能会出现夏季北冰洋彻底无冰的情况。

核污染也是北极环境政治的核心问题。冷战期间，作为世界上最不公开、高军事化的摩尔曼斯克洲，是对斯堪的纳维亚半岛军事和环境安全威胁的主要源头。摩尔曼斯克在苏联的战略核威慑中发挥了至关重要的作用，这与苏联政府在这里全力发展战略核潜艇密

---

① Solomon, S., D. Qin, M. Manning, Z. Chen, M. Marquis, K. B. Averyt, M. Tignor and H. L. Miller (eds.). *IPCC*, 2007: *Summary for Policymakers. In*: *Climate Change* 2007: *The Physical Science Basis. Contribution of Working Group I to the Fourth Assessment Report of the Intergovernmental Panel on Climate Change*, PDF. Cambridge, United.

② Barbara Miller. Arctic ice melts worse than predicted: scientists. www. abc. net. au. 2007 - 12 - 13.

切相关，使之成为一个核设施多、核污染风险极高的地方。例如摩尔曼斯克西北部的科拉港，就是拆解报废核潜艇的专用港口，每年有十数艘报废的核潜艇在这里被集中拆解，因此摩尔曼斯克又有一个令人生畏的称号——“核潜艇坟场”。

由于长时间地遭受风吹雨淋和海水的侵蚀，同时又缺乏必要的维护措施，这些庞然大物已变得锈迹斑斑、满目疮痍。每艘核潜艇上有 2 个核反应堆，从这些反应堆里卸下来的核废料首先被封装在特制的绿色钢罐里，在由专列送往马雅克核废料处理场之前，先存放在码头密封的仓库里。而这些仓库由于年久失修，许多已经破损的相当严重。此外摩尔曼斯克州地区共有 220 个核反应堆，其中一半以上已处于衰变后期，科拉半岛核泄漏事故频繁、警报迭起，其状况令人堪忧，核辐射的恐怖后果如一团挥之不去的阴云始终萦绕在人们心头。

北极是地球上最后的大片未开发的土地之一，因此保护北极地区的物种多样性和基因多样性日显重要。北极生物圈的弱小的生产力以及简单的生物链结构使得北极地区的生态系统十分脆弱，自修复能力不强。越来越频繁的人类活动已经对北极地区的生态环境造成影响。北极地区的地被植物很容易遭到破坏。作为众多动物（其中不乏濒危物种）的繁衍地，北极地区生态受到破坏将会对这些物种产生巨大影响。北极地区向来是国际政治的焦点之一，如今北极科考作为全球探测和研究的一部分，也取得了很大进展。1973 年，美、加、丹、挪、苏签署旨在保护北极熊的多边协议。1976 年，美、苏签署保护候鸟及环境的公约。1986 年，环北极健康国际联盟成立。1990 年，环北极的 8 个国家联合正式成立国际北极科学研究委员会。

第二节 中国崛起的北极视野

北极航道因为北冰洋的加速融化与全线通航的美好愿景，将对世界海运格局及国际安全态势产生巨大影响，其日益国际化的趋势引起各国北极战略的纷纷调整。航运利益是中国最现实、最直接的北极利益，不仅较易实现，而且政治敏感度较低。推动航道安全合作将是北极国际治理的主要内容，亦是中国介入北极事务的最佳切入点之一。如何制定合适的航道管理新规制，则成为北极航道安全合作的核心问题。

一、北极对中国崛起的战略意义

对于中国来说，北极具有重要的战略意义，主要体现在如下三个方面：

第一，这有利于中国更靠近世界下一个能源和资源宝库，拓展能源合作的新领域。近年来，北极地区的油气储量勘探结果引起了世界的热议，被称为“世界最后的宝库”。根据已探明的储量，北极地区拥有 90 亿桶的原油，石油储量占全球未开采石油的 13%；天然气资源更多，有 1670 万亿立方英尺的天然气，占全球天然气资源的 30% 以上，此外，北极地区拥有大量的优质煤炭资源以及大量的铜、镍、钚复合矿以及金刚石、钛、铀、铁等矿藏。[①] 因此，北极又有

① Arctic Oil and Gas Development，http：//csis. org/event/arctic-oil-and-gas-development.

“第二个中东”之称。北极油气资源已经成为美国、俄罗斯、欧盟等全球大国能源战略中的重要组成部分，也已经被挪威、加拿大、丹麦等国家视为未来经济发展的重要支柱。可以说，这些潜在的油气资源对世界各国有着极大的吸引力，因此，在巨大的利益驱使下，诸多国家都着手研究怎样开发或争夺北极资源。

第二，与传统航线相比，北冰洋航道将大大缩减中国的船运航程。由于各国间超过90%的国际贸易通过海运实现，所以，海上货运堪称国际贸易的生命线，北冰洋是联系大西洋与太平洋的便捷通道，北冰洋的开通必将更加有效地紧密联系欧洲、北美、东亚三大经济区，造成世界经济、政治格局的重新调整。因此，对中国而言，北极地区的地缘政治经济因素与油气资源同样重要。通过北极将有利于缩短中国与西欧以及北美之间贸易的航程和时间，节约运输成本，就中国目前的航运路线来看，由于受大陆阻隔，中国与西欧及北美之间海上贸易运输迂回曲折，绕航现象非常突出，导致运输成本居高不下，货物贸易运输周期长，不利于产品的保质及资源的优化配置。北极航线的开通，对于我国的对外贸易、航运市场、国内生产布局等都将产生极为重要的影响。

第三，在索马里海盗猖獗、巴拿马运河和苏伊士运河部分限运及日益堵塞的情况下，选择北极航道有利于减轻中国对马六甲海峡等海运要道的过度依赖，减少远洋海运的安全风险。而且，对于中国北方港口来说，利用北冰洋航线到欧洲西部、北海、波罗的海等港口具有缩短25%—55%航程的优势，越往北的港口越具有优势。这有利于中国北方经济的发展，有利于中国区域经济平衡发展。因此，中国极地研究中心王建忠研究员指出：“中国地处西北太平洋，北极的变化会对中国工业中心重新布局产生重大影响，中国北方城市的发展将迎来更大的机会”。①

因此，不论是资源方面，还是航道方面，北极对中国都十分重要。这就引出了本文的核心研究问题：中国如何参与其中？这是一个国际关系的重要问题，这方面需要构建新的国际机制。一方面，北极对于中国来说，具有重要的战略意义，这显而易见；另一方面，北极自然条件复杂，地理条件上，中国又不是环北极国家，中国凭靠一己之力，难以单独开发北极，必须与其他大国进行协调，中国进行协调的对象必须冲破环北极国家的局限，中、日、韩、欧盟、美国成为可以进行合作的新力量。

二、开通北冰洋航线的现实依据

随着北冰洋海冰的不断消退，沉寂多年的北冰洋航线问题呈现出加速升温的态势，开通北冰洋航线成为可能。挪威、加拿大、俄罗斯等国已制定出各自的北极战略，其中开拓北冰洋航线成为各国争夺的焦点。中国作为近北极国家，深受北极气候变化的影响，尤其是在当前中国海运航线面临诸多安全隐患的背景下，开通北冰洋航线将对中国的经济发展与海洋运输线的畅通产生积极且深远的影响。迄今为止，国内关于北极的研究多集中于气象、地质、水文及生物研究等地理学领域，尚未形成与国家发展紧密相连的重点方向，尤其是从国际政治经济学角度对北冰洋航线问题进行的研究更显不足。中国的和平发展必将走向海洋，确保海运航运安全是维护中国经济稳定高速发展的战略性问题，本书尝试对开通北冰洋航线对维护中国航运安全的意义进行分析，以期望起到抛砖引玉的作用。

---

① 杨亮庆：《北极冰融暗藏中国发展良机》，《共产党员》2008 年第 9 期，第 41 页。

北冰洋位于亚洲、欧洲和北美洲北岸之间，面积1475万平方公里，岸线曲折、岛屿众多。北冰洋一侧以白令海峡与太平洋相通，另一侧通过挪威海、格陵兰海、巴芬湾等众多海峡与大西洋相连。近年来，随着北极海冰融化，开通北冰洋航线再次升温。

北冰洋航线是指穿越北冰洋，连接大西洋和太平洋的海上航线。[①] 由于国际上尚未确定北冰洋航线的起点与终点，本文以新版《系列世界地图》为基础、结合中国"雪龙号"破冰船四次北极科考的实际航线，将北冰洋航线分为三个部分。

第一条是东北航线（Northeast Passage），西起摩尔曼斯克，经巴伦支海、喀拉海、拉普捷夫海、新西伯利亚海、东到符拉迪沃斯托克，是连接东亚与西欧最短的海上航线。由于该条航线大部分位于苏联境内，所以苏联和俄罗斯又将其称为"北方航线"。东北航线开通于20世纪30年代，目前全线通航期近3个月。

第二条是西北航线（Northwest Passage），西起白令海峡的普罗维杰尼亚，向东沿美国阿拉斯加北部离岸海域，穿过加拿大北极群岛，直到戴维斯海峡。西北航线在从波弗特海进入加拿大北极群岛时，分成2条支线：一条穿过阿蒙森湾、多芬联合海峡、维多利亚海峡到兰开斯特海峡；另一条穿过麦克卢尔海峡、梅尔维尔子爵海峡、巴罗海峡到兰开斯特海峡。

第三条是穿越北极点航线。这条航线从白令海峡出发，直接穿过北冰洋中心区域到达格陵兰海或挪威海。但是由于北冰洋中心区的海冰最为密集和厚实，几乎难以融化，因此这条航线目前仅在理论上可行。本文中的北冰洋航线主要是指东北航线和西北航线。

北冰洋地区由于常年被冰雪覆盖、天气恶劣、通航条件复杂，一直被认为是国际海运的禁区。但随着全球气候持续变暖，北冰洋

---

① 郭培清等：《北极航道的国际问题研究》，海洋出版社2009年版，第4页。

冰盖的融化呈现出加速的趋势，开通北冰洋航线再次成为各国关注的焦点。因此，需要对北冰洋通航期及其通航前景进行较为科学地预测，以充分挖掘北冰洋对我国经济发展的战略价值。

通航期是指：海冰密集度低于15%，在没有破冰船护航的情况下，船舶可以安全航行的时间。现代遥感技术的发展为准确监测全球海冰密集度提供了一个极为有效的高技术监测工具。对北冰洋通航期的预测需要对北冰洋气温变化、海冰覆盖面积及多年冰厚度的变化趋势进行综合分析，

美国地球物理学协会（American Geophysical Union）对30年来北冰洋年平均气温变化统计表明，进入21世纪以来，北冰洋温度改变的总体趋势是绝大部分地域和各月份的温度都呈现出不同程度的增长，某些无冰海域的年平均气温比有记录以来的平均气温高出5摄氏度。[①] 随着时间的推移，北极温度上升的趋势更加明显，幅度不断增加，到21世纪末夏季温度甚至可高达14摄氏度左右。[②]

1979年至2009年3月份，北冰洋海冰范围总体平均变化趋势是以每十年11.2%的趋势不断减小，平均每年减少4.4万平方千米。[③] 美国冰雪数据中心（National Ice and Snow Data Center）2012年3月10日的卫星图片表明北冰洋夏季的结冰面积仅为15%。[④] 美国航天航空局2010年12月份公布的卫星观测资料表明，北极海冰的平均厚度由20世纪80年代初的4.88米减少至2.45米。[⑤] 根据美国国家

---

① R. Kwok and J. Morison, *Dynamic topography of the ice-covered Arctic Ocean from ICE Sat*, 2011, p. 7.

② World Wild life Fund, *Arctic Climate Feedbacks: Global Implieations*, 2009, p. 4.

③ "Average monthly Arctic sea ice extent variability in March 1979—2009" http://nside.org/aretieseaieenews/2009/030309.html.

④ National Ice and Snow Data Center, *Atmospheric And Sea Ice Characteristics of the Arctic Ocean and the Sheba Field Region in the Beaufort Sea*, 2012, p. 4.

⑤ National Aeronautics and Space Administration: *Satellites Show Arctic Literally on Thin Ice.* http://www.nasa.gov/topics/earth/features/arctic_ thinice.html.

海洋与大气管理局（National Oceanic & Atmospheric Administration）2011 年2 月的报告显示，在过去的5 年里，全球气候持续变暖导致北冰洋冰冻面积达到历史最低，北冰洋地区海冰厚度平均每年减少约17 厘米，作为航运安全最大隐患的多年冰的厚度降低了35%。① 该报告利用遥感技术预测北冰洋海冰厚度将持续变薄，到2035 年左右海冰厚度将不足一米。② 这样的海冰厚度即时没有破冰船的协助，普通商船或者冰区加强型船舶依据自身也可以正常航行。

由此可见，通过对北冰洋目前冰情的变化情况以及对未来变化趋势的预测和分析不难发现，由于北冰洋在夏季海冰范围的不断减少，北冰洋航线区域海冰密集度的总体减小趋势是有事实依据支撑的。北极理事会在2009 年北极气候影响评估报告（ACIA）中对未来几十年北冰洋海冰范围在3 月份和9 月份变化趋势的预测表明：到2020 年，加拿大北极群岛除小部分区域的海冰密集度仍保持70% 左右外，其他部分已基本无冰，西北航道的西部海冰密集度约在20% 多一点，船舶基本可以通航，东北航道密集度均低于20%，可以夏季全线通航。到2040 年，西北航道大部分水域接近无冰，东北航道的海冰密集度也均在10% 以下，完全适合船舶航行。③ 届时，它将成为连接中国与欧洲、北美洲的新海上“丝绸之路”，开辟国际航运新格局，并对国际贸易产生重大且深远的影响。中国作为近北极国家，无疑将大大受益于“黄金水道”的开通，北冰洋航线的开通不但使中国较容易获得北极的资源，而且还能够拥有一条新的、便捷的、经济的国际战略通道，拉近中国与北美、欧洲之间的距离。

---

① National Oceanic & Atmospheric Administration，*NOAA's Arctic Vision& Strategy*，2011，p. 3.

② National Oceanic & Atmospheric Administration，*NOAA's Arctic Vision& Strategy*，2011，p. 7.

③ Arctic Council：*Arctic Marine Shipping Assessment*，2009，Report，p. 11.

因此，北极必将成为新的国际战略高地。

三、开通北冰洋航线对中国航运安全的战略意义

开通北冰洋航线对维护中国航运安全、特别是是维护中国重要海运通道安全方面具有十分重大的战略意义。中国对外贸易的70%以上依赖于海上运输，因此，研究国际安全的学者有必要从维护中国重要海运通道安全的战略高度来审视开通北冰洋航线对中国经济发展的战略价值。

目前，中国海运远洋航线主要由 4 条贸易航线和 5 条能源航线组成，它们与中国的和平崛起紧密相关。“四条贸易航线”指的是中国—日本—北美的东向航线、中国—印度洋—地中海—欧洲的西向航线、中国—东南亚—澳大利亚的南向航线和中国—日本海—俄罗斯远东的北向航线。“五条石油运输线”包括波斯湾—霍尔木兹海峡—马六甲海峡—台湾海峡—中国大陆的中东航线、西非—好望角—印度洋—马六甲海峡—台湾海峡—中国大陆及北非—直布罗陀海峡—地中海—苏伊士运河—红海—亚丁湾—印度洋—马六甲海峡—台湾海峡—中国大陆的非洲南北两条航线、马六甲海峡—台湾海峡—中国大陆的东南亚航线、南美东海岸—墨西哥湾—巴拿马运河—琉球群岛—中国大陆的南美航线。这就决定了中国对外战略通道除了传统的陆上“丝绸之路”外，还有“两洋通道”：南海——马六甲海峡——印度洋通道；“渤海、黄海、东海”——南太平洋——巴拿马运河通道。其中印度洋、太平洋成为中国海运航道最密集的海域，然而却都不同程度地存在着各种安全隐患。因此，开辟一条较为安全的海上运输线，减少中国对外交往过程中不必要的风险成本，是保障中国经济发展的一大战略需求，而北冰洋航线不仅可以绕开国际海运高风险地区，而且尤为适合大载重吨位的船舶

通行，因此是一条较为理想的选择。考虑到地缘政治、战争阻塞等因素，未来有可能被北冰洋航线替代或分担物流的航线是中国到北美洲东岸航线、中国到西北欧航线，因为稳定增长的中—欧、中国—北美贸易量是中国开发北冰洋航道的主要动力之一。此外，随着大中东地区与非洲的政局发生动荡，中国通往西亚、欧洲的海上运输线存在着诸多不确定因素，开辟北冰洋航线对维护中国航运安全具有较强的现实意义。

开通北冰洋航道将彻底颠覆全球海运地理格局与贸易格局，同时对中国的经济发展和国家安全带来深远的影响（见图6—3）。开通北冰洋航线对中国的战略价值主要表现为节约航运资本、开辟新的能源与资源进口格局、避开航运风险、优化产业布局等方面。

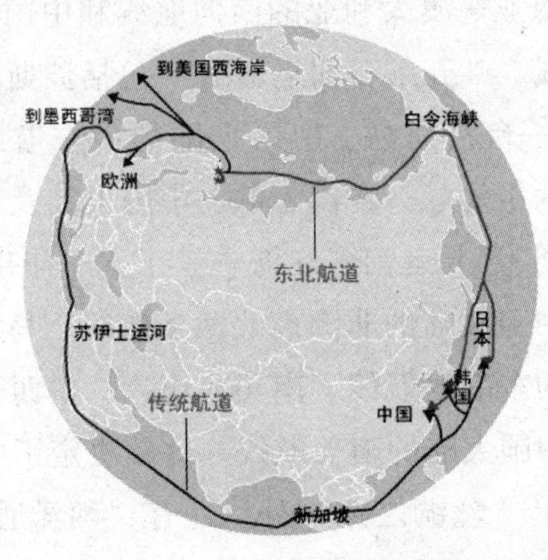

图7—1 北极航道示意图

首先，有利于缩短中国与西欧以及北美贸易的航程和时间，节约运输成本。就目前航运地理格局来看，中国与西欧以及北美的海上贸易由于受大陆阻隔，其间的贸易运输迂回、绕航现象较为严重，导致运输成本过高，产品贸易周期长，不利于资源的优化配置。而北冰洋航线的开通，将成为新的“大西洋—太平洋轴心航线”，使中国在现有东、西向两条主干远洋航线上再增加两条更为便捷的到达西欧和北美的航线，即到北美东部沿海港口走西北航线，到北欧、西欧和波罗的海的港口走东北航线。表7—1 显示了中国通过传统航线和北冰洋航线到北美、欧洲的海运距离。如从上海经苏伊士运河到伦敦的习惯航线总航程约 10413 海里，而走东北航线航程仅为 8046 海里，航程缩短约 2000 海里。再如从上海经巴拿马运河到格陵兰的努克港，习惯航线总航程约为 13098 海里，若采用北极的西北航道航程仅为 6058 海里，距离缩短了 7000 多海里，航程仅为传统航线的一半。从地缘经济地理来看，目前亚洲——欧洲的远洋航线大约为 13000 英里，东北航线全线通航后，则亚洲——欧洲远洋海运航程至少可以缩短到 7900 英里，整整少走了 5100 英里。[①] 北冰洋航线比传统远洋航线节约 11.6%—27.7% 运费成本。[②] 成本降低主要缘于航程缩短节省了油耗。由于油耗占到海运成本的 50% 以上，油价越高，油耗在总海运成本中所占的比重越大，北冰洋航线航程短的优势就越明显。按照中国海运运费支出一般占外贸进出口总额 10% 左右计算，[③] 2020 年中国对外贸易总额将达到 5.3 万亿美元，[④] 海运运费约 5300 亿美元，如果利用北冰洋航线则可节省 614 亿—1468 亿美元，北冰洋航线的经济优势非常明显。

---

① 李振福：《北极航线的中国战略分析》，《战略与决策》2009 年第 1 期，第 2 页。

② 李振华，徐剑华：《洲际集装箱船航线即将进入北极航录》，《中国海事》2009 年第 1 期，第 66 页。

③ 彭福永：《国际贸易实务教程》，上海财经大学出版社 2009 年版，第 112 页。

④ 21 世纪经济报道：《商务部研究院：中国贸易额 10 年倍增》，http://epaper.21cbh.com/html/2010-05/18/content_121161.htm。

表 7—1 中国港口到北美、欧洲的海上距离 （单位：千米）

起点——终点	巴拿马运河	西北航线（过麦克卢尔海峡）	东北航线（过喀拉海峡和堪察加半岛）	苏伊士运河与马六甲海峡
上海——鹿特丹	25588	16100	15793	19500
上海——波尔多	24980	16100	16750	19030
上海——马赛	26038	19160	19718	16460
上海——纽约	20880	17030	19893	22930
香港——纽约	21260	18140	20985	21570
香港——巴塞罗那	25044	18950	20090	14693
香港——乔亚陶罗	25934	20230	20950	14093

资料来源：使用 MapInfo 与 ArcGIS 等地理信息系统软件估算而成。

其次，有利中国开辟能源与资源贸易新格局，拓展国际经济合作新领域。根据美国地质调查局对北极自然资源的最新评估，北极地区未探明的石油储量达到 900 亿桶，天然气 47.3 万亿立方米，可燃冰 440 亿桶。① 北极的铁矿资源也很丰富，仅挪威可采铁矿就有 3000 万吨，钛为 1800 万吨，加拿大北极巴芬岛的玛丽河铁矿可采储量为 4.5 亿吨。② 北极地区比非洲、南美洲更为接近中国，北冰洋航线的开通可以改变中国目前的石油和天然气等能源主要依靠从政局不稳定的中东和非洲地区进口的格局。③ 北极地区的能源和资源储量决定了其在中国能源和资源全球战略中的地位将不断提升，开通北

① U. S. Department of interior: *Circum-Arctic Resources Appraisal*: *Estimate of Undiscovered Oil and Gas north of the Arctic circle*, July 2008, pp. 6 – 8.

② Canadian International Council: *The Panda Bear Readies to Meet the Polar Bear*: *China Debates and Formulates*, June 2010, p. 8.

③ 国家海洋局极地考察办公室对外联络处、中国极地研究中心极地信息中心：《国外极地考察信息汇编》2010 年第 18 期，第 6 页。

冰洋航线有利于使该地区的经济潜力转变为现实吸引力。事实上，俄罗斯的油气、加拿大北极地区的钨矿石、美国阿拉斯加和挪威的海产品早已成为中国进口对象。此外，北冰洋航道开通后，必然会引发北冰洋沿岸港口、仓储、道路、管道、冰区船舶、炼油基地等基础设施的大规模建设与移民。这为中国与有关国家开展建筑材料、工业产品的出口贸易与工程承包等领域的合作提供新的机遇。

第三，有利于减轻中国对马六甲海峡等海运要道的过度依赖。马六甲海峡等海运要道存在以下问题：一是政治风险高。中国的航运安全存在的隐患，主要是指穿越岛链的几条重要海上通道都位于外国，往往面临受制于人的风险。特别是作为海运航线咽喉点的各大海峡是所有从事海洋运输国家的必经之地，因此这些海峡一旦被封锁，世界上绝大多数国家的经济发展都要受影响，中国更是难以置身其外。二是过于拥堵，超大型船舶无法通过。近年来马六甲海峡、苏伊士运河、巴拿马运河等传统航道的劣势日益突出，根据剑桥大学北极海上运输工作组的统计，以目前海上货物运输量每年递增6%的发展趋势，苏伊士运河和巴拿马运河的通航能力将于21世纪中叶达到饱和。此外，巴拿马运河、苏伊士运河对经过船舶有船宽、吃水、载重吨等船型条件的限制。目前各海运枢纽的载重吨上限为：巴拿马运8万吨，马六甲海峡为10万吨，苏伊士运河16万吨。① 随着中国原油进口量的不断攀升，对大型运输船舶的需求也日益迫切。2012年中国原油进口2.71亿吨，从俄罗斯和哈萨克斯坦以陆路运输原油量为3503万吨，仅占10.58%，海运量近90%。② 预计到2020年，中国年进口原油消耗总量将达到4.5亿吨，对外原油

---

① 《北极航道——改写海运格局》，《中国海事》2010年11期，第13页。

② 中华人民共和国海关总署：《2012年12月全国进口重点商品量值表》http://www.customs.gov.cn/publish/portal0/tab400/module15677/info281219.htm。

依存度达60%。[1] 届时，中国每年将有3.2亿吨原油需用油轮运输，这需要建造上百艘载重吨超过20万吨以上的巨型油轮才能满足运输需要，如此庞大的运输船队规模，必将进一步加剧传统海运航道的拥挤程度。三是面临海盗等非传统安全威胁。由于海运是中国能源运输的主要方式，中国海运油轮的巨型化趋势将导致中国的能源海上运输将不得不放弃传统航线而绕道龙目海峡、好望角、几内亚湾等海盗出没的海域。由于近年来海盗劫持巨型油轮的案件不断攀升，这无疑增大了中国能源运输的风险。根据国际海事组织的数据表明，全球共有六大公认的海盗多发区——红海和亚丁湾附近水域、孟加拉湾沿岸、东南亚水域、加勒比海、秘鲁沿海、智利沿海，中国的主要海运线路均经过海盗多发区，尤其是60%的进口石油要走印度洋——马六甲海峡——中国南海。时至今日，海盗袭击已经对中国海运业、远洋渔业造成的影响越来越明显。因此，在索马里海盗猖獗、苏伊士运河和巴拿马运河日益淤塞、海运成本不断上涨的情况下，开通北冰洋航线将使中国海上运输避开索马里海域、马六甲海峡、苏伊士运河等高风险海区，从而提高海上运输的安全性和可靠性。

第四，有助于优化中国沿海地区经济发展战略布局。航运及其船舶建造、港口建设、仓储转运及海洋信息服务等相关产业在沿海地区经济产业中占有重要地位。中国地处西北太平洋，北冰洋航线的开通将有力推动上述产业在沿海地区的发展，中国北方城市的发展将迎来更大的机会。[2] 尤其是上海以北港口城市利用北冰洋航线到

---

① 中华人民共和国发改委：《中国能源问题面临三大挑战》，http://www.sdpc.gov.cn/nyjt/dcyyj/t20080225_193253.htm。

② 杨亮庆：《北极冰融暗藏中国发展良机》，《共产党员》2008年第9期，第14页。

西北欧港口具有缩短25%—55%航程的优势，越往北的港口优势越大。[①] 沿海城市的港口是来自北极地区的能源和原材料上岸地点和第一转运点，未来我国与北极地区的能源和原材料贸易的增长将对我国港口分工和布局产生影响，比如大型天然气码头、油码头和煤码头等需要根据各港口接纳、转运、原地加工能力而重新调整。这对于中国北方经济的发展，特别是对实施东北振兴规划和大连东北亚国际航运中心建设极具积极意义，有利于中国区域经济的平衡发展。例如：在利用北冰洋航线缩短中欧海运航程方面，利用图们江出海口到北欧和到北美东岸的海运航程缩短一半左右，优势在沿海地区各港口中最大，与日本横滨港的优势相当。如果北冰洋航线开通，借助图们江出海口，必将加强东北三省、内蒙古与日本、韩国甚至与西欧、北欧的市场联系。有助于推动东北地区经济发展，成为继珠三角、长三角和京津冀地区之后的中国经济增长第四级。

四、中国开发北冰洋航线面临的机遇与挑战

开通北冰洋航线必将对全球经贸与国际政治格局产生重大影响，因此中国应未雨绸缪，尽快谋划北冰洋航道战略与策略。然而，中国开辟和利用北冰洋航线既存在有利条件，又面临巨大挑战，对此我们要保持清醒的认识，做出实事求是的评估与谋划。

中国参与开发北冰洋航线具有制度层面、信息储备、经济层面与国际法方面的有利因素。

第一，拥有管理北极事务的参与权。中国是《斯瓦尔巴条约》和《联合国海洋法公约》的缔约国，同时也是国际北极科学委员会

---

① 史春林：《北冰洋航线开通对中国经济发展的作用及中国利用对策》，《经济问题探索》2010年第8期，第48页。

的成员国。中国于 1925 年就成为了《斯瓦尔巴条约》的缔约国，该条约在将斯瓦尔巴群岛主权赋予挪威的同时，确立了缔约国国民平等待遇原则以及和平利用群岛原则，各缔约国的公民有权自由进入该群岛，在遵守挪威法律的范围内从事正当的生产、商业以及科学考察等活动。因此中国拥有了进出斯瓦尔巴群岛地区从事科研、考察和开发等活动，分享北极资源的权利，这为中国开辟和利用北冰洋航线创造了有利条件。此外，作为《联合国海洋法公约》缔约国，中国有权进入北极公海地区进行包括海洋科学研究在内的各项活动。中国虽然没有对北极提出主权诉求，但始终强调北极属于全人类，任何一个国家或集团都不能据为己有。北极的大片区域属于“国际海底区域”，目前由国际海底管理局代表全人类进行管理。北冰洋海底和海底资源既然是全人类的共同财产，则应全球共享，这是全世界绝大多数国家的共识。

第二，拥有一定的北冰洋航线相关信息储备。中国对北极的科考为中国开辟和利用北冰洋航线打下了基础。20 世纪 90 年代以来中国在北极科考方面进行了卓有成效的工作，取得了丰硕的成果：一是 1996 年中国成为国际北极科学委员会第 16 个成员国。二是 2004 年在北极斯瓦尔巴德群岛上建立了中国第一个北极科考站黄河站。三是 2005 年云南承办了北极科学高峰会议。四是 2007 年中国参加了国际极地年有关活动。五是 1999 年、2003 年和 2008 年、2010 年 6 月 25 日利用“雪龙”号科考船组织了 4 次北极科学考察。① 以上这些活动为中国开辟和利用北冰洋航线积累了气象、水文、海冰等情况的宝贵资料，熟悉了极地航行环境，培养了一批极地航海的骨干。

第三，稳定增长的中国与欧美贸易是中国开发北冰洋航线的推

---

① 中国极地研究中心：http：//www. polar. gov. cn/portal/portal/default/iframe? pageurl = http：//birds. chinare. org. cn/xinwendongtai/news/2011_ 4_ 28。

动力。2010 年中国与美、加、俄、丹、挪的进出口总额为 3967.68 亿美元,[①] 并且呈逐年增长的趋势。这就为中国开辟和利用北冰洋航线提供了充足的货源基础。2010 年 8 月 25 日，1 艘俄罗斯油船装载 7 万吨原油在破冰船导引下顺利穿越东北航道到达中国宁波港，同年 9 月 4 日，丹麦货轮“北欧巴伦支”号从挪威希尔克内斯港启航，在 2 艘俄罗斯破冰船的随航下，经东北航线，运载 4 万多吨铁矿石到达中国青岛港,[②] 揭开了北冰洋航线商业化航行的序幕，标志着北冰洋航线走进了中国的视野。

第四，北冰洋主体部分尚处于公海自由航行的地位。对于北极及其周边地区的法律地位，国际上还没有一个公约将其确定下来。虽然有关国家在关于东北航线和西北航线的法律地位问题上存有争议，并且试图努力扩大对北冰洋海域的管辖权，但总体上看来北冰洋主体部分还是属于公海。国际法承认公海自由，即可以在公海进行航行、开发、铺设电缆和管道等活动。[③] 这就为中国开辟和利用北冰洋航线提供了有利的客观环境。

尽管开通北冰洋航线对中国来说极具战略价值，但中国毕竟只是个近北极国家，对开发北冰洋航线及后续开发北极规划尚缺乏完

---

① 2010 年中国与这五国的进出口总额分别为：中俄 296.13 亿美元，中加 222.17 亿美元，中美 2833.04 亿美元，中挪 538.04 亿美元，中丹 78.3 亿美元。中华人民共和国商务部综合司：《中国对外贸易形势报告（2011 年春季）》，2011 年 4 月 22 日，http://zhs.mofcom.gov.cn/aarticle/cbw/201104/20110407511679.html。中华人民共和国驻丹麦王国大使馆经济商务参赞处：《中丹商贸关系》，2011 年 5 月 9 日，http://dk.mofcom.gov.cn/aarticle/zxhz/hzjj/201105/20110507540424.html。中华人民共和国驻挪威王国大使馆经济商务参赞处：《2010 年 1－12 月挪威与中国双边货物贸易统计》，2011 年 1 月 31 日。http://no.mofcom.gov.cn/aarticle/tjsj/201102/20110207387599.html。

② 《北极航道，改写海运格局》，《中国海事》2010 年 11 期，第 13 页。

③ 张海文主编：《联合国海洋法公约释义集》，海洋出版社 2006 年版，第 153 页。

整的战略规划与知识储备，在北极事务的制度建设问题上，更面临着种种掣肘之处。下面将着重分析中国参与开通北冰洋航线所面临的挑战。

首先，中国缺乏完整的北冰洋战略规划。中国虽然是具有广泛影响力的大国，但在北极政治和战略舞台上发挥的作用还十分有限。根本原因在于中国北极人文领域研究滞后于国家发展的实际需要，未能像其他国家一样开展对北极地区人文、政治、自然环境和国家战略等领域的系统研究，难以为中国制定北极战略与策略提供基础素材和科学依据，这不仅制约了中国在北冰洋航线问题中的话语权，还限制了中国对开发北极应有的权益和国际地位的争取。长此以往，必将影响中国在北极和全球战略中的长远利益。

其次，中国对北极事务的制度性参与度较低。目前，在众多北极国际机构中中国只参加了北极理事会、国际北极科学委员会等少数几个，国内对北极问题的研究也刚刚起步，在有关北极论坛和国际会议上很少看到中国学者的身影。这既不利于我们了解北极国家的政策趋势，也无法向国际社会传达我们的声音。虽然开通北冰洋航线只是时间问题，但中国应该高度重视参与北极相关国际制度建设对于中国有效开发北冰洋航线的重要作用。

再次，中国航运企业将面临更加残酷的竞争。中国虽然是海运大国，但还算不上是海运强国。北冰洋航线开通，首先受益的是俄罗斯、美国等传统海运大国，而中国与海运关系密切的航运业普遍存在规模偏小，竞争力较低、缺乏相关航行经验等软肋。从操作层面来说，中国不仅缺乏能在北冰洋航行的船只，在生产大吨位、高科技极地船舶面临技术瓶颈，仅有一艘“雪龙”号破冰船可以进出北极冰区，获得的航线相关资料极为有限，而且中国远洋船上的船长和船舶驾驶人员绝大部分都缺乏冰海航行经验，这将直接影响到中国能否有效开发出北冰洋航线的经济价值。

最后，中国参与开发北冰洋航线还面临国际压力。这主要表现为北冰洋航线的地缘格局以及北冰洋航线国际协调机制中出现的利己主义倾向。一方面，环北极国家早已占据了北极地区的陆上土地，并不断提升对北极事务的干预能力，例如，俄罗斯拥有迄今为止最先进的18艘破冰船队，完全有能力在北极水域航行。这些破冰船结合抗冰性能极好的商业船只将会有助于俄罗斯在其北部海岸进行开采石油、天然气和采矿的活动。另一方面，历史上环北极国家倡导的“扇形原则”和现行的国际海洋法中的“大陆架制度”又使北冰洋航线有可能被沿岸各国分段控制；另外，北极理事会作为北极事务的国际协调机制，近年来出现明显的利己主义倾向，特别是北极国家对北极之外的国家参与北极事务的讨论设置制度障碍，部分国家试图抛开中国，私下协商成立地区性多边条约体系，这都有可能使中国在未来北冰洋航线的管理中处于不利地位，即使北冰洋航线全线贯通如期而至，中国参与北冰洋事务也难以摆脱受制于人的局面，必将损害长远利益。

北冰洋航线的开通是全球气候变化带来的为数不多的积极影响，它的开通只是时间问题。北冰洋的巨变也许给生态学家带来了种种疑惑，但也为国际关系学界打开了一扇新窗。提出开设北冰洋航线的构想，并对此导致的国际政治经济格局的变化进行战略分析无疑极为有益。在全球化的今天，开通北冰洋航线绝非简单的区域性事务，而是具有深远影响的国际性事务。考虑到中国的地理位置及其发展模式，维护海上运输通道的畅通在中国的整体发展与安全中的地位日益重要。随着中国航运安全面临的隐患日益增多，开通与利用北冰洋航线将有助于缓解中国经济发展在运输通道上的安全困境，因此极具战略价值。开通北冰洋航线关乎中国的整体发展与总体安全，将会随着北冰洋融化预期的提前而迅速升温。因此中国应密切关注北极地区的政治经济发展态势，针对北冰洋航线权益格局演变做出恰当反应，适时参与北冰洋航线问题协调机制的制定，及早制定符合中国长远利益的北冰洋航线战略，以维护应得的权益。在当前阶段，采取一些前瞻性的战略举措，加大先期投入很有必要。这些举措包括：在国内层面建立国家级北极战略，建造先进的军民两用破冰船与具有破冰能力的大型商船，出台优惠政策鼓励航运企业试航北冰洋、加强北冰洋航线相关领域的科考力度等。在国际层面上与环北极国家，特别是俄罗斯、挪威、冰岛、加拿大等国合作开展北冰洋海底资源勘探和海运航道测量，争取成为北极理事会的会员国，增加对北极事务决策的影响力。

第三节　中国参与北极航道安全合作的路径

中国参与北极事务有很多渠道，北极理事会是重中之重。2013年5月15日，北极理事会在瑞典北部城市基律纳召开的第八次部长级会议上，批准中国和日本、韩国、新加坡、印度、意大利成为该组织正式观察员国。正式观察员国虽没有在理事会的表决权，但自动享有参与理事会的权利，同时拥有发言权、项目提议权，还可以参加北极理事会下设工作组。从此，中国参与北极事务进入了一个机制化的新时期。

一、国内外研究现状述评

（一）环北极国家北极战略及其北极航道管理规制研究

曹升升（2011）认为《伊卢利萨特宣言》表明丹麦在和平协商的基础上反对北极问题国际化，而倾向于由环北极 5 国建立北极航道共管机制。李振福（2010）认为环北极国家在北极问题确立了“内部协商，外部排他”的共识，对于中国争取北极航线权益极为不利。郭培清等（2010）认为控制北极航道是苏联/俄罗斯北极战略的核心，但俄罗斯北极战略的实现面临着其他大国的竞争压力、脆弱的生态环境、较高开发成本等制约因素。何奇松（2010）认为欧洲国家参与北极事务起到了牵制作用，推动了北极问题国际化，在构建北极治理新秩序方面具有积极影响，与中国具有共同利益。白佳玉等（2009）认为美国坚持北极航道的“公海性质”，通过双边与多边协商机制防止北极航道被俄加等航道沿岸国强力控制。俞天颖（2006）认为加拿大北极战略的目标是获取对北极航道控制的合法性。

Michael Byers（2010）、Scott G. Borgerson（2008）认为北极治理需要制定完整的条约体系，并以集体的方式进行经济开发。Brubaker R. D（2001）认为东北航道与西北航道是过境通行制度适用的冰封海峡，应受《联合国海洋法公约》第三部分“用于国际航行的海峡”的调整，俄罗斯、加拿大关于北极水域的管理制度构成了对他国主权豁免船舶在北冰洋航行权利和自由的非法干涉。

（二）中国北极航运安全问题的外部障碍研究

柳思思（2012）认为北极的三种治理机制都存在局限：“扇形原则”只有利于加拿大与俄罗斯；“环北极八国、五国机制”明显将中国排除在北极治理圈之外；“全球共管北极”又被所有“环北极国家”坚决反对，不具有现实性。因此，“近北极机制”的构建与完善将成为北极治理路径的新选择。潘敏（2010）认为“与北极航道的地缘关系”和“北极航道国际协调机制的利益倾向”是中国参与北极航道权益博弈的掣肘之处。刘惠荣（2010）认为环北极国家之间的领土争端是北极航道安全的最大威胁。刘玲（2010）认为环北极国家先进的科考技术使其在北极航道开发管理方面具有持久性垄断优势。常晶（2007）认为虽然环保合作与海上救援是北极航道安全合作的重要方面，却常被迫从属于国家安全。

Rob Huebert（2004）认为北极航道管辖权之争是北极航道安全合作的主要障碍。Franklyn Griffiths（2003）认为俄罗斯、加拿大加强对北极领土的武装控制增大了北极航道军事冲突风险。Ian Townsend Gault（1983）认为加拿大将北极群岛水域视为内水，而其境内的北极西北航道并非适用于国际航行，因此过境通行制度在此并不适用。

（三）海洋与国际治理问题研究

金灿荣（2011）认为加强中国对海洋的开发能力需要构建新型海洋管理体系。陆俊元（2010）认为北极治理应倡议涵盖中国的"近北极国家"概念，推进近北极国家与非北极国家的合作。秦亚青（2010）认为，改革国际制度以适应全球治理的需要成为新兴国家与美欧合作的关键领域，而合作的关键在于原有大国和新兴大国的良性互动。王逸舟（2007）认为，中国安全内涵包括为维护与中国相关的各种国际"通道"的安全稳定，推动符合各国利益和愿望的安全机制构建。阎学通（2003）认为安全利益对国家战略关系的重要性超过经济利益，在军事实力有限的情势下，经济利益的维护需要推动国际安全合作来实现。蒋晗晖（2003）认为在"共同安全"理念制度下对国际海运通道管理进行国际合作，有助于增强中国航运安全的保障能力。

Risto Laulajainen（2009）、Donat Pharand（2007）认为北极航道的竞争优势取决于抗冰货船的数量与航道的商业化程度，而冰海航行安全需要增强国际合作来实现，因此北极航道国际化趋势将推动俄罗斯、加拿大等国减少现有航道管理机制强制性与排他性的特点。

Jill Grob（2007）认为北极存在两种规制冲突：国际法的冲突和国际法与国内法的冲突。北极新秩序的构建，难以改变多个条约同时适用、规制冲突长期存在的状况。

由上可见，现有成果认识到海洋安全是现代国际关系研究的重要内容，北极航道安全问题的实质是利益攸关国之间的北极战略博弈，但较少从制度层面探讨北极航道管理规制对环北极国家实施其北极战略的支撑作用，在新兴国家与原有大国进行北极航道安全合作的模式及路径选择问题上仍留有学术机遇。此外，现有研究侧重以经济学数据论证北极航道对中国外贸经济的利好前景，却较少关注北极航道管理规制中单边强制性条款对中国海运权益的负面影响，对环北极国家北极战略——北极航道管理规制——中国北极航运安全三者间关系缺乏深入解析，对北极理事会与环北极国家出现的“内部协商，外部排他”的趋势重视不够。因此，如何构建符合中国航运利益的北极航道安全合作新机制，则成为中国北极外交的重要战略目标。

二、现有北极治理机制的分歧与缺陷

北极地区是地球上的“未定区域”之一，从国际法看，北极地区尚未形成一个完整的、被世人公认的条约体系，现行有关北极地区的国际法规只局限于解决某一具体问题，尚未出现把北极地区或北冰洋视为一个整体进行治理的法律。北冰洋沿岸国有俄罗斯、加拿大、美国、丹麦和挪威五国，国土进入北极圈内的国家还有瑞典、芬兰和冰岛。上述国家统称为环北极国家。环北极国家根据国际形势的变化在不同时期制定不同的北极战略，在环北极国家激烈争夺北极主权的同时，一些北极国际组织顺势而生。

如图 7—2 所示，对于北极的归属与治理问题，目前学界主要存

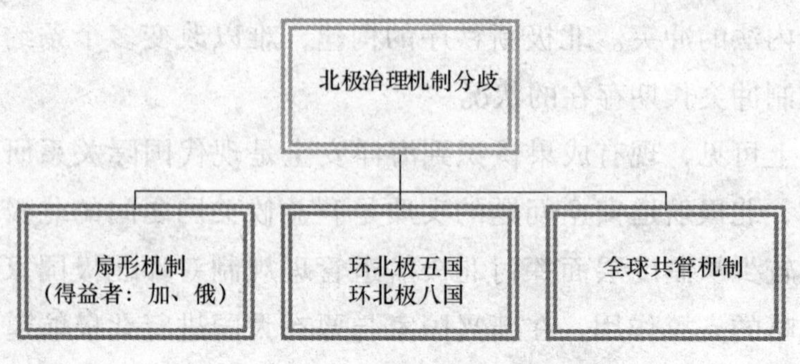

图 7—2 北极治理机制分歧示意图

在三种观点：一种是将北极依照“扇形原则”来明确北极的法律性质，将其瓜分后纳入北极国家的领土主权管辖范围，这也导致了环北极国家很长时间的主权之争。在环北极国家之中，最早对北极提出领土要求的是加拿大，1907 年加拿大参议员帕斯尤可 · 普瓦里耶首次提出“扇形机制理论”，作为加拿大对北极岛屿拥有主权的基础。他声称：“位于两条国界线之间直至北极点的一切土地应当属于邻接这些土地的国家。”① 这就是“扇形机制”，据此进行划界，加拿大和苏联是最大受益者，北极的大部分领土几乎能完全被这两国瓜分，加苏两国大力支持。但这一做法遭到美国、挪威等到其他环北极国家以及非北极国家的强烈反对。因此，“扇形机制”被长期搁置。

二是在环北极国家之间建立共管机制。如“环北极五国”、“环北极八国”机制。“环北极八国”主要通过北极理事会进行运作。“环北极八国”源自 1990 年 8 月 28 日，在加拿大的雷索鲁特市，八个环北极国家成立国际北极科学委员会。② 次年，为了便于政府间在

① 王军敏：《关于北极法律地位的新动向》，《理论前沿》2009 年第 20 期，第 1 页。

② International Arctic Science Committee，http：//www. iasc. info/index. php/home/iasc/history.

保护北极地区环境的合作，在芬兰的倡议下建立了四个分委会，其中之一便是关于北极地区海事环境的保护委员会。“北极五国”是指2008 年5 月27—29 日，加拿大、丹麦、挪威、俄罗斯、美国五个环北冰洋国家在格陵兰岛伊鲁丽塞特进行政治磋商，商定在现有国际公约基础上开始谈判北极分割事宜。①

但无论是“环北极五国”还是“环北极八国”的机制安排都遭到了国际社会的反对，并且环北极国家内部之间也矛盾重重，将北极视为环北极国家私有财产的企图明显不符合国际法的要求，与前两种“环北极国家”的机制相反，这就对应了第三种机制，即“全球共管北极模式”，强调北极完全的全球性，将北极列为与海底、月球相同的“人类共同遗产”，或是具有同南极相似的国际法地位。有些学者建议在北极也适用“斯瓦尔巴模式”，即主张北极国家将对北极的具体权益无条件、无偿让渡出来，北极完全由全球共管，这种观点在学界颇有影响，但是为所有环北极国家所排斥，在实践中很难实行。

总体而言，无论在多边领域还是双边层次，无论是对于北极资源、北极航道还是安全问题，目前的北极治理机制都存在不同局限与问题，或是集中在某几个国家之间，或是短期的浅层次安排，还不时的掺杂各种反对的声音，推进得尤为困难。概而言之，该地区目前还没有一种占据主导性的、能为多国所接受的政治与法律机制，就北极的资源开发或航道使用问题，更缺乏一种能够多层次、多角度深入协调各国分歧并形成共识的机制。可见，相关国际机制的缺失或不完善，是关于北极开发与治理亟待解决的头等问题，而我们提出构建与完善北极治理的国际机制，将有利于北极从“争议之北极”、“隔阂之北极”迈向“和谐之北极”、“共

① 肖洋：《北冰洋航线开发：中国的机遇与挑战》，《现代国际关系》2011 年第 6 期，第 52 页。

赢之北极”。

三、近北极机制

尽管以地理条件来说，中国不是北冰洋沿岸国，没有北冰洋岸线，中国也不是北极理事会成员国，可以说，中国在现有机制安排下，参与北极处于劣势地位，但如前文所述，中国高度重视北极地区，清晰地认识到北极资源与北极“无冰期”带来的商业机会与战略机遇，中国政府也在着手制定帮助中国在北极地区有所作为的政策，中国积极寻求参与未来北极事务中政策与基本法律框架的新机制。[①]

（一）“近北极机制”的提出

本书依据国家“十二五”规划中关于“保障海上通道安全，维护中国海上权益”的战略安排，并结合中共十八大报告中关于“建设海洋强国”的战略部署，深入思考中国领海之外的海洋权益的维护与拓展途径，特别是中国参与北极航道安全合作的机制构建问题。

中国是北半球国家，中国也是近北极国家。地理角度上北极的面积是2100万平方公里，有1300万平方公里是海洋。北极环境的任何变化，都将影响到中国经济和社会的巨大变化。北极与中国乃至所有近北极国家的人民生活都是息息相关的，北极的任何变化都影响着包括中国在内的所有近北极国家的生活和社会变化。中国在北极的航行权益、贸易权益以及环境变化的权益，都

---

① 柳思思：《“近北极机制”的提出与中国参与北极》，《社会科学》2012年第10期，第26—33页。感谢柳博士的文章对本节写作带来的启发。

是我们应当主动维护的权益，这就是“近北极机制”诞生的背景。

“近北极机制”的提出是一个创新，与“环北极机制”相较，“近北极机制”是适用于所有环北极国家与近北极国家共同治理北极的模式，对于北极，近北极国家并不执着于领海主权的要求，近北极国家更关注的是关于北极的航道使用、合作开发能源与环境保护等具体问题领域，因此，这就比原环北极国家的合作更具有现实可行性。属于“近北极机制”的国家必须符合如下三项标准：1. 地理位置上属于北半球国家；2. 地缘政治上与北极密切相关；3. 经贸上高度关注北极航道。就这一标准而言，“近北极机制”的重要成员国除了环北极国家之外，还应包括中、日、韩以及欧盟。“近北极机制”要把握以下两个基本原则：首先应加强更多的重要行为体对北极事务的协调和介入，提升治理机制的开放度和民主度，防止个别国家垄断北极事务；同时还应尊重部分环北极国家的既得利益。

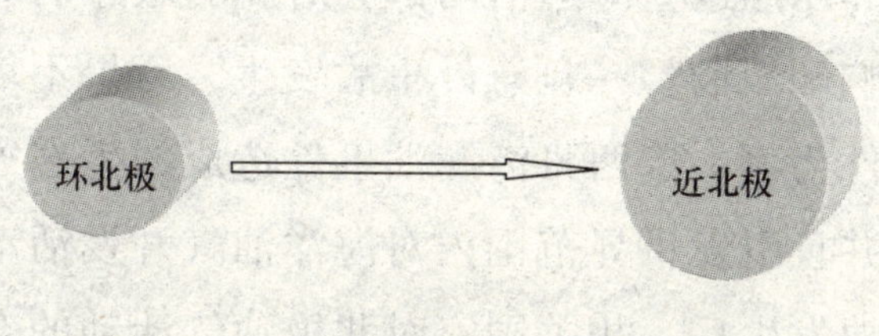

图 7—3 “环北极”——“近北极”

（二）“近北极机制”的合法性依据

“近北极机制”的合法性依据主要包括如下三点：第一，根据国际法，在环北极国家主权属地和北极之间，是由国际海底管理局监管的中立区，北冰洋是国际海域，不是只属于某个国家的领海。根据 1994 年生效的《联合国海洋法公约》规定，一国可把其海岸线 200 海里（约 370 公里）以内的水域当作专属经济区，可以根据大陆架的自然伸延，将专属经济海域由200海里扩大到350海里。[①] 如果环北极国家能证明其大陆架在地理上与北极海床相连，就可以对北极领土提出更多的要求。但是迄今为止，还没有一个北冰洋沿海国家的大陆架远到足够名正言顺地对北极提出主权诉求（俄罗斯的申请就被联合国拒绝）。此外，依据《联合国海洋法公约》的精神，用于国际航行的海峡实行“过境通行制度”，即给予外国船舶和飞机享有继续不停和迅速过境为目的而行使的航行和飞越自由。过境通行制度比无害通过制度更为自由，该制度可防止我国船舶在途经北冰洋沿岸国时受到歧视待遇或出现阻碍航行的行为，从而有利于中国航海贸易的发展，有利于中国走向海洋和世界。[②]

第二，北极是所有近北极国家共同的北极，不是哪一国单独的权益与义务。海上运输，如果操作不当，会对临近的自然生态环境造成难以恢复的破坏，无论是排放到到大气中还是水中的物质，由于海事而引起的原油或其他危险货物的泄漏，还是通过大型船只的引入和入侵，北冰洋这些海运活动都会对脆弱敏感的周边生态环境产生潜在的影响和威胁。一旦意外事故发生，后果不堪设想。以墨西哥湾漏油事件为例，墨西哥湾漏油事件造成的生态灾难与经济损失难以估量，并且引发世界范围内对海洋油气开发活动的环境安全关注。漏油事故发生后，相关国家对北极油气活动的态度变得小心谨慎。墨西哥湾事件发生后，美国政府宣布暂停北极近海石油勘探活动。[③] 加拿大也对格陵兰近期日趋活跃的北冰洋巴芬湾、戴维斯海峡区域的油气勘探活动表示担忧。

---

① United Nations Convention on the Law of the Sea，http：//www. un. org/Depts/los/index. htm.

② 刘楠来、王可菊：《国际海洋法》，海洋出版社1986年版，第23—25页。

③ 国际石油网：http：//www. in-en. com/oil/html/oil－0841084173660548. html。

在航行营运的过程中，船舶可能以不同的方式向海洋中排放某些有害物质，这包括污水、洗舱水、生活垃圾、生活污水与废气等。尤其是燃烧后排放到大气中的废气含有大量的二氧化碳、硫化物，这就会对北极地区以及周边地区的气温变化、臭氧层等产生极大的影响和破坏。此外，船舶噪音可能会导致某些海洋物种生理机能的变化，严重时甚至危及它们的生命，例如大型船舶会发出各种低频率的噪音，这就与鲸的听力所及区相近。人对北极生态资源的影响从古代就非常明显，现在，人类对北极的影响更具有破坏性了，北极驯鹿的数量从300万只减少到20万只，北西伯利亚珍贵的紫貂实际上几乎已经完全灭绝，另外有海冰范围的季节性变化，使得北极地区的环境噪音比其他地区更加复杂和多变。

第三，“近北极机制”的提出不是对环北极国家主权的颠覆。环北极国家主要关注的是主权与所有权，即“为我所有”的问题；而近北极国家主要看中的是使用权与治理权，即“为我所用”的问题。“近北极机制”包括所有环北极国家，并不质疑环北极国家在主权诉诸上拥有优先权，但在治理与利用北极上，近北极国家同样与北极密切相关，因此，近北极国家也应当享有相应的权益并承担对称的义务。两者不但不相矛盾，还可以共容共存。

（三）“近北极机制”的合理性依据

“近北极机制”的合理性依据主要在于如下两个方面。其一，北极地缘政治区域呈现逐渐扩大化的趋势。在冷战后急速发展的全球化背景下，在国际政治和国际关系中，北极的地位在不断升高，北极与世界政治的联系在增强，导致了北极地缘政治的空间不断膨胀，北极地缘政治的边界与范围拓展延伸，越来越多的外部国际行为体开始介入，北极地缘政治局势呈现一定的扩散化、膨胀化特点。[①] 北极地缘政治格局是建立在北极地缘政治区域基础上的，北极地缘政治区域是北极地缘政治发生与发展的空间依托。北极问题的重要性及其影响范围越来越大，如气候变暖造成的影响几乎是全球性的，北极航道的战略影响也完全超出了北极地区本身，北极地缘政治空间除了在水平层面表现出向全球方向扩大趋势的同时，还在垂直方向向外层空间发展。[②] 如美国对于欧亚大陆主要战略大国部署的导弹防御系统，将北极上空从大气层到外层空间都变成了它的地缘政治竞争领地。总体而言，北极地缘政治空间的发展呈现出立体化、多样化趋势。

其二，北极地区的开发，北冰洋航线的开通对所有近北极国家具有极大的经济意义和航运价值，单个国家不可能完成如此庞大的工程。在开发北极资源与使用北极航道时，由于北极特殊的自然环境与气候条件等影响因素，无论是进行勘探钻井、铺设管道、建设基础设施，还是设置航标，获取地图等，需要人力、物力、财力的巨额投入，需要不同国家进行合作，降低风险，同时，为了保护北极良好的生态系统，对整个北极区域气候进行科学考察，各国必须进行合作。

科学研究预测，从现在起到2060年，由于全球气候变暖，北极西北的冰川会在夏季完全融化，北极海域夏季大型船舶能够顺利通行，如果穿过白令海峡的北极航线能够开通，那亚洲远洋海运的航程可以从现在的20930公里缩短至12719公里，而北美至亚洲航线则缩短了6500公里，相较于传统航线，通过北极航线的运输成本大

---

① 地理概念的扩展化、膨胀化是新特点，正如在地理意义上，“东亚”并不应该包括美国等国家，但在国际关系上，提及“东亚国家”，也默认为包括美国等国家。

② 陆俊元：《当今北极地缘政治格局特征分析》，《世界地理研究》2010年第1期，第1页。

约是原来的3/5。[①] 世界发达国家大多处于北纬30度以北地区，这个地带生产了当今世界80%的工业产品，占据70%的国际贸易。[②] 因此，北极航道的开通将改变世界贸易格局，进而影响整个世界的经济和地缘政治格局。

四、中国构建“近北极机制”的路径

北极的气候环境影响我国的气候与环境变化，北极航道的开通直接关系到我国未来国民经济的可持续性发展。因此，中国对北极的战略选择应该是我们发挥大国作用，致力于构建北极地区新秩序。无论从自身利益，还是从世界经济协调发展来看，中国都应该在北极新秩序的构建过程中发挥作用。那么中国具体应该如何做？主要从以下几个方面进行综合考虑：第一，中国应该积极联合近北极国家；第二，基于共同利益与立场上来说，在环北极国家之中，美国是可以重点考虑联合的对象；第三，推动近北极机制议程具体化、可操作化。

（一）积极联合近北极国家

中、日、韩都是地理上的近北极国家，在很多地区纬度相近，又都高度依赖石油、天然气等外来资源，无论是在北极潜在的油气资源联合开发上，还是北极航道的开辟利用上，日本和韩国都是中国可以重点联合的力量。第一，在联合日本方面，我们不难发现，日本在逐步加大对于研发北极的投入力度，包括日本与气象信息服

---

① National Aeronautics and Space Administration, *Satellites Show Arctic Literally on Thin Ice*, http://www.nasa.gov/topics/earth/features/arctic_ thinice.html.

② 胡琳琳：《冰区船市场引群雄逐鹿》，《中国船检》2010年第9期，第1页。

务商合作，研发世界首颗专门用于监测北极海域海冰状况的超小型卫星，为北极航道上的船舶导航，日本还将组建公私合营公司参与北极圈油田开发。

第二，在北极问题领域，中国要积极联合韩国。2011 年 1 月，韩国知识经济部在一份声明中宣称，世界最大的液化天然气（LNG）购买公司——韩国天然气公司（KOGAS）的董事会会议已决定收购加拿大 MGM 能源公司在北极乌米艾克（Umiak）天然气田储量的 20% 股份，这是韩国公司获得的首份北极资源开发协议，声明没有透露协议的价值，但称此项协议将帮助韩国天然气公司获得 672 亿立方米的 LNG（液化天然气），相当于韩国 2009 年 LNG 进口量的 5.6%。该公司将在下个月签署最后的合同并计划从 2020 年起生产天然气。[①] 由于这是韩国在北极的第一个资源开发项目，因此具有重要意义。

第三，在北极问题上，中国应加大与欧盟的合作。如果没有丹麦的格陵兰，欧盟也属于地理意义上的近北极国家（位于北极圈以南、邻近北极圈的国家）。在法律上来说，格陵兰属于欧盟的海外领地，因此，欧盟政策不能自动适用于格陵兰。所以，当前欧盟在北冰洋的实体控制力与影响力都不大。欧盟的北极目标是维护北极与人类的和谐关系，推动北极资源的可持续利用，致力于提高北极多边治理，这一定程度上与我们的立场接近，是我们可以靠近联合的对象。

（二）在环北极国家之中，美国是中国可以重点说服联合的对象

可以预计，如果中国提出“近北极机制”，态度强硬的将是加拿

① 韩国首次取得北极圈资源开发权，“中国石油新闻中心”，http：//news. cnpc. com. cn/epaper/sysb/20110126/0051426004. htm。

大与俄罗斯，因为依据最早的“扇形原则”，这两国是最大的受益国，而在环北极国家之中，要着重指出的是，美国是中国可以重点联合的对象。相较态度强硬的俄罗斯、加拿大而言，美国对待中国的态度会相对松动，因为从地理意义上而言，尽管美国通过阿拉斯加北部海域实际掌握和控制了一部分北冰洋油气资源，美国也算环北极国家，但北冰洋大陆架油气资源主要分布在俄罗斯、加拿大、挪威等国海洋管辖区域，上述这些国家掌握实体资源，控制能力强，相较而言，美国则不具有这方面的优势。此外，由于西方与俄罗斯关系日渐缓和，加拿大、挪威、丹麦等国对美国的安全依赖减弱，其北极战略的独立性加强，美国不易控制。为了实现美国自身的利益，美国的对策是通过多边论坛强调北极地区可持续发展，为其新北极战略部署和实施争夺时间，这就使得我们与美国之间有了可以合作的前提与基础。

此外，北冰洋主权之争日益激烈，这个争夺不会停止，而且还会继续，建立符合国际利益的北冰洋新秩序，可以缓解由于主权争夺造成的紧绷的国际关系，协调各方的利益。进入全球化时代，尤其进入21世纪以后，根据中国的新安全观和地缘政治观，“互信、互利、平等、协作”，北极的争议也是要通过谈判探讨，构建互相合作的新机制来解决。北冰洋主权之争，中国可以从中斡旋，构建符合多方利益的北冰洋新秩序。

（三）推动“近北极机制”议程具体化、可操作化

推动“近北极机制”议程具体化、可操作化，这是关键点。具体来说，有如下几个方面：第一，建立紧急事件处理机制与应急反应措施。这样能够最大限度的保护北冰洋和降低对北冰洋环境的威胁和污染，使突发性事件能够快速有效地被处理，最大限度地降低经济损失，保障北冰洋海域的环境与原住民的健康，降低北冰洋油

气开发的成本和环境风险。特别是在目前人类缺乏该地区的航行经验的前提条件下，建立应对措施具有一定的难度，这就突出了有效预警措施的重要性。还有我们必须进一步完善合作研发深海勘探技术的议程，采取降低海洋原油污染风险的方式进行开采油气。

鉴于目前环北极地区的特殊性和海域界限仍存在分歧，建立国家之间的密切合作也就显得更为重要。例如，溢油问题的反应机制。溢油事故发生的位置、对事故的快速反应能力等都直接影响到事故对环境的破坏程度。① 我们对于溢油事故所采取的处置措施尤为重要，而北极地区温度低和海冰的存在也会给溢油的回收和分解造成很大的阻碍。一旦发生船舶溢油事故，救助的速度和能力显得尤为重要。以溢油回收工作为例：设备吊运、组装、下水，布放围油栏、开启收油机、抛撒吸油毡、喷洒消油剂，各项溢油应急处置程序必须进行得有条不紊。

第二，共同完善北极的航标等设施与破冰船维护。助航标志是反映航道尺度，确定航道方向，标志航道界限，引导船舶安全航行的标志，其主要功能是标示航道的方向、界限与碍航物，揭示有关航道信息，为船舶航行指出安全、经济的航道。目前北冰洋地区的助航标志的数量还比较少，远远不能满足通航后的导航需要，另外由于海冰的存在，使得航标需要每年反复设置和撤除，这不但耗费大量的人力、物力和财力，还对航行造成极大的不便，因此这一技术难题需要各国共同合作才能得以解决。

破冰船是维护北冰洋地区海上运输的重要因素。破冰船可以维护冰区船舶航道的畅通，护送和领航其他船舶，进行搜救作业与应急反应。破冰船的工作原理是靠船上的强大的动力，机器在开动时，把自己的船首移到冰面上，此时船就使用自己的全部重力，而这个

---

① 曹玉墀：《北极航线探讨》，《世界海运》2010年第10期，第18页。

极大的重力就能把冰压碎。它的船首的水下部分倾斜度很大以便于破冰。目前世界上的破冰船队正不断老化，在今后很长一段时间内，对于船舶搜救、应急反应而言，北冰洋将会是一个充满巨大挑战的区域。随着该地区船舶数量的不断增多，需求援助的船舶也会更多、更频繁，可以充分利用和整合现有资源来扩大和提高北冰洋地区的搜救能力，当离事故地点较近时，各国的破冰船可以及时对其他船只提供搜救与援助。

第三，极地科学研究互助机制。因为自身的科技实力局限，绘制海图所需巨大的人力与财力，北极天气海况的复杂多变等原因，当前对于北极地区的测量程度远未达到其他海域的覆盖面和精准度，有很大一部分水域没有进行探测，或者仅仅涉及到水深等基本信息。因此，北极地区绝大多数地区的海图根本无法满足目前和将来海上航行的需求。例如：加拿大约有 240 张海图关于北极海域，而其中仅有 10% 能够达到相关标准的规定和满足航海需要。① 俄罗斯也存在类似的情况。此外，目前关于北极地区的海图在质量和精度上存在很大的地区差异，有的地方可能使用现代的、高精度的水道资料，而有的地方却连最基本的水深信息都没有。②

中国是世界上极地考察最强国之一。目前，中国在北极地区的主要活动是对北极气候和环境的科学考察，中国在北极科考领域可以与其他国家建立互助机制。科考将主要针对北极气候变化对我国气候变化的影响、北冰洋独特的生物资源和基因资源、北极地质和地球物理等展开研究。这主要集中在下列两个方面：一是研究北极的快速变化及其生态、环境和气候效应；二是探索北极环境的快速

---

① Jonathan Seymour Associates Inc, The Mariport Group Ltd. Canadian Arctic Shipping Assessment Scoping Study, 2005. p. 6.

② 李树军等：《编制北极地区航海图有关问题的探讨》，《海洋测绘》2012 年第 1 期，第 1 页。

变化对中国气候、海洋环境及经济社会的影响。

“近北极机制”的提出是对“环北极机制”的超越。中国不是北冰洋沿岸国家，并不意味着中国对北极没有参与权，中国是近北极国家，应该防止部分环北极国家将近北极国家排除在参与北极的机制构建之外、边缘化近北极国家的行为。下一步中国如要更积极地参与北极治理机制的构建，可以从以下几个方面着手：首先，应加强研究，组建科研团队，进一步推动对北极的科考，同时积极开展与北极国家的重要研究机构和学者的交流；其次，在北极问题上，应深化与日本、韩国、欧盟等近北极国家的合作；第三，在环北极国家之中，美国是可以重点说服的对象；第四，应尽快制定中长期的中国北极战略规划，并提升到国家战略的高度，积极维护中国在北极的权益。

参考文献

1. 汉斯·J. 摩根索:《国家间的政治——为权利与和平而斗争》,商务印书馆1993年版。

2. 马克斯·韦伯:《新教伦理与资本主义精神》,三联书店1996年版。

3. 谢俊美:《政治制度与近代中国》,上海人民出版社1995年版。

4. 威廉·奥尔森等著:《国际关系理论与实践》,中国社会科学出版社1987年版。

5. 李路曲:《东亚模式与价值重构:比较政治分析》,人民出版社2002年版。

6. 刘惠荣:《海洋法视角下的北极法律问题研究》,中国政法大学出版社2012年版。

7. 詹姆斯·德·代元主编:《国际关系理论批判》,浙江人民出版社2003年版。

8. 钱穆:《中国历代政治得失》,三联书店2005年版。

9. 熊玠:《无政府状态与世界秩序》,浙江人民出版社2001年版。

10. 弗朗索比·基佐:《欧洲代议制政府的历史起源》,复旦大学2008年版。

11. 克瑞斯汀·丝维斯特:《女性主义与后现代国际关系》,浙江人民出版社2003年版。

12. 马基雅维里：《君主论》，上海三联书店 2006 年版。

13. 巴瑞·布赞、奥利·维夫、迪·怀尔德：《新安全论》，浙江人民出版社 2003 年版。

14. 柏拉图：《理想国》，上海三联书店 2009 年版。

15. 常士訚：《现代国家及其政治制度：东亚与西方》，中国社会科学出版社 2008 年版。

16. 约翰·鲁杰主编：《多边主义》，浙江人民出版社 2003 年版。

17. 《中国革命战争的战略问题》，《毛泽东选集第一卷》。

18. 吕芳：《制度选择与国家的衰落》，中国政法大学出版社 2007 年版。

19. 弗朗索比·基佐：《欧洲代议制政府的历史起源》，复旦大学 2008 年版。

20. 罗伯特·吉尔平：《国际关系政治经济学》，经济出版社。

21. 亨利·基辛格：《选择的必要》，世界知识出版社。

22. 谭索：《叶利钦的西化改革与俄罗斯的社会灾难》，社会科学文献出版社 2009 年版。

23. 汤林森：《文化帝国主义》，上海人民出版社 1999 年版。

24. 阿尔蒙德：《比较政治学：体系、过程和政策》，东方出版社 2007 年版。

25. 亨利·基辛格：《大外交》，海南出版社 2012 年版。

26. 肯尼斯·沃尔兹：《国际政治理论》，上海人民出版社 2008 年版。

27. 余兴光：《中国第四次北极科学考察报告》，海洋出版社 2011 年版。

28. 托克维尔：《论美国的民主》，商务印书馆 1988 年版。

29. 罗伯特·杰维斯：《国际政治中的知觉与错误知觉》，世界知识出版社 2003 年版。

30. 卡赞斯坦：《文化规范与国家安全》，北京大学出版社 2009 年版。

31. 奥尔森著，陈郁译：《集体行动的逻辑》，上海人民出版社 2011 年版。

32. 星野昭吉著，刘小林等译：《全球政治学：全球化进程中的变动、冲突、治理与和平》，新华出版社 2000 年版。

33. 米尔斯·海默：《大国政治的悲剧》，上海人民出版社 2008 年版。

34. 王沪宁：《比较政治分析》，上海人民出版社 1987 年版。

35. 西奥多·A. 哥伦比斯、杰姆斯·H. 沃尔夫：《权力与正义：国际关系学导论》，华夏出版社 1990 年版。

36. 罗伯特·基欧汉：《霸权之后》，上海人民出版社 2001 年版。

37. 洛克：《政府论》，商务印书馆 1982 年版。

38. 林尚立：《国内政府间关系》，浙江人民出版社 1998 年版。

39. 莫顿·A. 卡普兰：《国际政治的系统和过程》，中国人民公安大学出版社 1989 年版。

40. 亚历山大·温特：《国际政治的社会理论》，上海人民出版社 2008 年版。

41. 胡康大：《欧盟主要国家中央与地方的关系》，中国社会科学出版社 2000 年版。

42. 张占海：《快速变化中的北极海洋环境》，科学出版社 2011 年版。

43. 陆俊元：《北极地缘政治与中国应对》，时事出版社 2010 年版。

44. 潘敏：《北极原住民研究》，时事出版社 2012 年版。

45. 《北极问题研究》，海洋出版社 2011 年版。

46. 尤·库库尔卡：《国际关系学》，中国人民公安大学出版社 1991 年版。

47. 兹比格纽·布热津斯基：《大棋局——美国的首要地位及其地缘战略》，上海人民出版社 1998 年版。

48. 保罗·肯尼迪：《大国的兴衰》，中国经济日报出版社 1992 年版。

49. 托克维尔：《论美国的民主》，商务印书馆 1991 年版。

50. 兹比格涅夫·布热津斯基：《大失控与大混乱》，中国社会科学出版社 1995 年版。

51. 罗威尔：《英国政府》，上海人民出版社 1959 年版。

52. 赛缪尔·亨廷顿：《文明的冲突与世界秩序的重建》，新华出版社 2010 年版。

53. 斯坦利·霍夫曼：《当代国际关系理论》，中国社会科学出版社 1990 年版。

54. 李道揆：《美国政府与美国政治》，中国社会出版社 1990 年版。

55. 山本吉宣主编：《国际政治理论》，生活·读书·新知三联出版社 1993 年版。

56. Alan Platt, *Arms Control and Confidence Building in the Middle East*, Washington DC: United States Institute of Peace Press, 1992.

57. Barry Buzan, *People, States and Fear: The National Security Problem in International Relations*, North Carolina: The University of North Carolina Press, 1983.

58. Barry Buzan, *The United States and the Great Powers: World Politics in the Twenty-First Century*, Cambridge: Polity Press Ltd., 2004.

59. Benjamin Miller, *States, Nations, and the Great Powers: The*

Sources of Regional War and Peace, Cambridge: Cambridge University Press, 2007.

60. Bill McSweeney, *Security, Identity and Interests: A Sociology of International Relations*, Cambridge: Cambridge University Press, 1999.

61. Bonnie Glaser Brad Glosserman, *Promoting Confidence Building across the Taiwan Strait*, Wahington DC: CSIS Press, 2008 september.

62. Charles W. Kegley, Jr., Eugene R. Wittkopf, *World Politics Trend and Transformation*, Beijing: Peking University Press, 2004.

63. Eugene R. Wittkopf and Christopher M. Jones, *The Future of American Foreign Policy*, Beijing: Peking University Press, 2004.

64. John Borawski, *Avoiding War in the Nuclear Age*, Colorado: Westview Press, 1986.

65. John C. Baker and David G. Wiencek, *Cooperative Monitoring in the South China Sea, Satellite Imagery, Confidence-Building Measures, And The Spratly Islands Disputes*, Westport Connecticut: Praeger Publishers, 2002.

66. Joseph S. Nye, Jr., *Understanding International Conflicts: An Introduction to Theory and History*, Beijing: Peking University Press, 2005.

67. Marie-France Desjardins, *Rethinking Confidence-Building Measures*, NewYork: Oxford University Press, 2004.

68. Masafumi Iida, *China's Shift: Global Strategy of the Rising Power*, Tokyo: The National Institute for Defense Studies.

69. Michael Krepon and Amit Sevak, *Crisis Prevention, Confidence Building, and Reconciliation in South Asia*, New Delhi: Rajkamal Electic Press, 1996.

70. Zdzislaw Lachowski, *Confidence-and Security-Building Measures in the New Europe*, NewYork: Oxford University Press, 2004.

后 记

“为天地立心，为生民立命，为往世继绝学，为万世开太平”，是我最喜欢的一句话。

写这本书时，我要感谢很多人。首先，我想感谢的人是始终相信我、支持我的家人。他们给予我爱与信任，让我走出写作困境。要不是他们常常鼓励我、耐心地做文字修正，这本书是无法完成的。我还想感谢编辑高冉女士，是她让书籍文字更为精炼。最后我还想感谢董秀丽教授给予我无私的指导。最后，我要感谢所有为本书的写作带来启发的先行者。不过，由于作者学识有限，功力不逮，文字粗疏浅陋，尤其是我们在缺乏独立研究的领域内，尽量吸取国内外学术界的研究成果。以升量石，谬误之处在所难免，谒诚欢迎学者、读者批评赐教。

读博士的时候，我喜欢夜莺唱出的那朵血红的花未眠，花开过了时间，却没能开过心头的锈迹斑斑。如果有人能够明白：每个人都没有错，结局还是无能为力的苦难，那就是对在解构与建构之间的期待。

如今，我入职已满两年，深深觉得有一方讲台让我谈古论今真是好幸运，那里是我微笑的方式，是我逐梦的渡船，是我奏鸣生活的琴弦，是我勾勒阳光的声线。在二外精致的校园里，我是一株不起眼的薄荷草，在寒冷中吐露疏影横斜的清香，于疲倦中锻造生生不息的花瓣，在孤独中沉淀墨迹斑驳的醇香，于旷野中浸染漫天星宿的金黄。

肖　洋

2013 年 3 月　北京 艺水芳园